PSICOPATOLOGIA EVOLUTIVA

Sobre o autor

Francisco B. Assumpção Jr. é Psiquiatra da Infância e da Adolescência. Doutor e Mestre em Psicologia pela Pontifícia Universidade Católica de São Paulo. Professor livre docente pela Faculdade de Medicina da Universidade de São Paulo. Professor associado no Instituto de Psicologia da USP. Membro da Academia Paulista de Psicologia, cadeira nº 17.

A618c   Assumpção Jr., Francisco B.
            Psicopatologia evolutiva / Francisco B. Assumpção Jr. – Porto Alegre : Artmed, 2008.
            224 p. ; 23 cm.

            ISBN 978-85-363-1118-0

            1. Psicopatologia. I. Título.

            CDU 616.89

Catalogação na publicação: Juliana Lagôas Coelho – CRB 10/1798

PSICOPATOLOGIA EVOLUTIVA

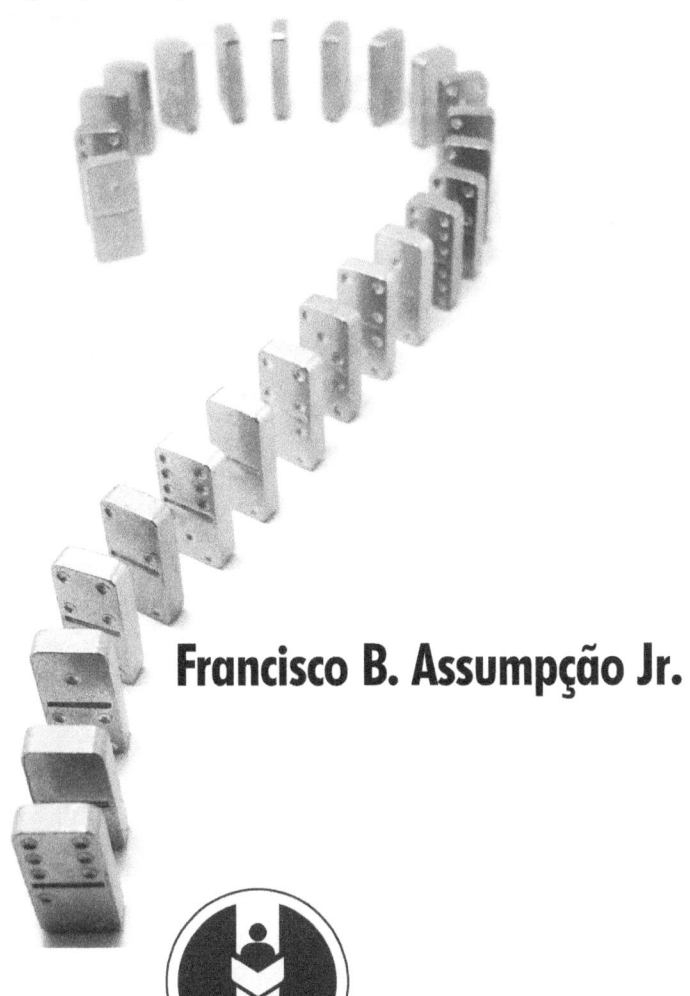

Francisco B. Assumpção Jr.

© Artmed Editora S.A., 2008

Capa
Gustavo Macri

Preparação do original
Rubia Minozzo

Leitura final
Osvaldo Arthur Menezes Vieira

Supervisão editorial
Mônica Ballejo Canto

Projeto e editoração
Armazém Digital Editoração Eletrônica – Roberto Vieira

Reservados todos os direitos de publicação, em língua portuguesa, à
ARTMED® EDITORA S.A.
Av. Jerônimo de Ornelas, 670 - Santana
90040-340 Porto Alegre RS
Fone (51) 3027-7000 Fax (51) 3027-7070

É proibida a duplicação ou reprodução deste volume, no todo ou em parte, sob quaisquer formas ou por quaisquer meios (eletrônico, mecânico, gravação, fotocópia, distribuição na Web e outros), sem permissão expressa da Editora.

SÃO PAULO
Av. Angélica, 1091 - Higienópolis
01227-100 São Paulo SP
Fone (11) 3665-1100 Fax (11) 3667-1333

SAC 0800 703-3444

IMPRESSO NO BRASIL
PRINTED IN BRAZIL

APRESENTAÇÃO

Este livro tem características muito próprias e um significado muito especial. Em primeiro lugar, pela temática que procura pensar a psicopatologia infanto-juvenil dentro de uma ótica evolucionista sem se perder em aspectos eminentemente biológicos, derivados de um modelo positivista de pensamento, no qual toda a problemática é analisada em função do balanço de neurotransmissores e, por que não dizer, da demanda mercadológica dos modelos psicofarmacológicos que levam a propostas no mínimo cômicas (ou trágicas, dependendo do olhar). Essa temática foi escolhida porque considero que os fenômenos psicopatológicos devem ser analisados não de maneira linear, mas sim de maneira multidimensional, envolvendo não só aspectos biológicos e como também aspectos psicossociais, uma vez que o homem é um ser que altera seu ambiente e é por ele alterado, dentro de um modelo chamado hoje de plasticidade cerebral.

Em segundo lugar, porque esta obra não se propõe a ser um trabalho de referência, mas um trabalho que tenta trazer questionamentos que possam ser pensados pelo leitor sem que haja a necessidade de considerá-los como dogma, fato esse que aliás é totalmente oposto ao espírito deste livro. Assim sendo, embora ele aborde aspectos clínicos e terapêuticos, seu maior objetivo é questionar e fazer pensar a patologia mental no homem em desenvolvimento, com as diferentes formas de influência que lhe são peculiares.

Dessa forma, em vez de enfocar os tradicionais aspectos trazidos pelo pensamento psicopatológico descritivo anglo-americano, tão em voga nesse momento, procurei trazer uma reflexão que utiliza parâmetros das ciências cognitivas e da clínica psiquiátrica da infância, mas como uma tentativa de pensá-los dentro de um espírito crítico no qual o homem, como espécie, constrói-se a partir de aspectos constitucionais, sendo moldado pelo ambiente que cria. Procurei ver o homem, durante seus períodos de desenvolvimento como criatura e criador, deixando de lado a visão causal pura, mecanicista e utilitária, porque não me parece razoável pensar algo tão complexo como o ser humano.

Assim, conforme refere Schrodinger,[1] a importância biológica do comportamento é indiscutível uma vez que, embora não diretamente herdado, a relação das faculdades inatas a um determinado ambiente, de maneira adaptada, pode acelerar o processo evolutivo em uma determinada espécie. Em conseqüência, a expectativa de que poderemos esperar um desenvolvimento biológico no homem, talvez visualizado nas modernas interações homem-máquina na qual aquele passa a ser considerado somente como um sistema de informações que pode gradualmente ser melhorado em termos de desempenho, não deixa de ser possível e, até mesmo, esperada, embora tenhamos de pensar nas questões éticas e humanas decorrentes dessa proposição.

Outra questão extremamente própria é a que tenta pensar, também de maneira ética, as questões do desenvolvimento que se mostram, no mínimo, paradoxais quando avaliadas somente sob uma visão descritiva e adultomorfa ou de uma maneira puramente psicossocial sem que nos preocupemos com as questões evolutivas nela implícitas observáveis em fenômenos do tipo, também como refere Schrodinger (1992),

> efeito anti-seletivo da moderna mortalidade em massa de jovens saudáveis de todas as nações, mal e mal contrarrestado pela consideração de que, em condições mais primitivas, a guerra possa ter tido um valor seletivo-positivo ao permitir que a tribo mais adaptada sobrevivesse.

Em um momento em que diferentes pensadores procuram pensar o homem como um sistema informático com um *hardware* bastante limitado e, por isso mesmo, passível de substituições e melhoramentos, posso dizer que este trabalho é uma tentativa simplificada de refletir a respeito de alguns fenômenos piscopatológicos durante o desenvolvimento do ser humano no período que se estende de sua concepção até a adolescência, período esse que considero único e significativo.

Baseado na idéia moderna que propõe fusões entre homem e máquina ou tentativas de controle genotípico com o intuito de criar um ser mais adaptado e eficaz, acredito que essas transformações devem trazer à baila a questão do quanto de humanidade preservaremos a partir delas ou, então, que novo tipo de espécie estaremos nos dispondo a criar com todas as implicações éticas e morais que essa escolha proporciona.

Dentro desse espírito é que este trabalho foi criado. Espero que seja apreciado pelos leitores.

---

[1] SCHRODINGER, E. *O que é a vida?* O aspecto físico da célula viva. São Paulo: UNESP, 1992.

SUMÁRIO

Apresentação v

1. Introdução 9
2. Filogênese 25
3. Herança e meio 67
4. Gravidez 89
5. O 1º e o 2º anos de vida 111
6. Dos 2 aos 6 anos 131
7. A idade escolar 149
8. A adolescência 187

Referências 221

INTRODUÇÃO

Eis aí a fronteira, ainda quase tão intransponível para nós quanto o era para Descartes. Enquanto não for vencido, o dualismo conservará em suma sua verdade operacional. A noção de cérebro e a de espírito atualmente não se confundem mais para nós do que os homens do século XVII. A análise objetiva nos obriga a ver uma ilusão no dualismo aparente do ser. Ilusão, porém, tão intimamente vinculada ao próprio ser que seria vão esperar um dia dissipá-la na apreensão imediata da subjetividade, ou aprender a viver afetivamente, inicialmente sem ela. E, aliás, por que isso seria necessário? Quem poderia duvidar da presença do espírito? Renunciar à ilusão que vê na alma uma "substância" imaterial não é negar sua existência, mas começar a reconhecer a complexidade, a riqueza, a insondável profundidade não só da herança genética e cultural, como também da experiência pessoal, consciente ou não, que juntas constituem o ser que somos, único e irrecusável testemunha de si mesmo (Monod, 1976).

O CONCEITO DE PSICOPATOLOGIA EVOLUTIVA

Ao nascimento, podemos dizer que a criança é um ser indiferenciado, que apresenta as características de sua espécie, representadas, entre outras coisas, por um sistema reflexo que lhe permitirá sobreviver nos primeiros tempos. Assim, como refere Ajuriaguerra (1977), ela se constituirá de um "equipamento" genético constitucional, sobre o qual o "investimento" ambiental inscreverá suas características, fazendo que ela cresça não somente mantendo um padrão de desenvolvimento característico da espécie, mas também com características singulares que a farão um ser único e irreprodutível.

Esse desenvolvimento faz-se por meio de mecanismos de assimilação e de equilibração que possibilitam que novos esquemas sejam incorporados gradativamente a esse indivíduo que, assim, se constrói pouco a pouco, tornando-se, no dizer de Piaget (1994), seu próprio epistemologista. Dessa maneira, em um primeiro momento, entre o nascimento e o 4º mês, a partir dos esquemas reflexos e das experiências cotidianas, essa criança passa gradativamente a explorar seu corpo e começa a ter as primeiras noções de corporeidade, estágio inicial de uma futura consciência de *eu*. Da mesma forma, ela passa a identificar o outro, embora de maneira ainda indiferenciada, saindo de uma fase pré-objetal para outra em que se constitui um objeto intermediário (Spitz, 1996) ainda não singularizado, mas já diferente dele próprio.

Até os 8 meses, outras aquisições serão feitas com a estruturação de esquemas de causalidade e de persistência de objeto, que servirão de base inclusive para que a criança passe da fase de objeto intermediário para a objetal, em que o outro já é reconhecido e individualizado, constituindo-se, assim, sua primeira relação social elementar. Nesse momento, ela estabelece um diálogo emocional com o ambiente, organizando seu funcionamento afetivo e seus esquemas sociais, criando, inclusive, um sistema comunicacional pré-verbal, que lhe permitirá mostrar às pessoas mais próximas seus desejos (Greenspan, 1986).

Entre o 2º e o 3º ano de vida, surge uma função fundamental a partir da qual a criança se liberta das amarras da inteligência sensório-motora, inserindo-se em um padrão comportamental totalmente diferente. Ela passa a poder utilizar-se de símbolos que lhe permitem liberar-se do problema presentificado, uma vez que, valendo-se das imagens mentais e da memória, ele passa a poder ser solucionado, de maneira diversa do esquema tentativa e erro característico do momento anterior, ganhando velocidade de processamento e maior eficácia na condução de suas dificuldades. É nesse momento que surgem as imagens mentais, os primeiros processos de pensamento, a memória de armazenamento e que seu comportamento passa a apresentar características de extrema importância, como a socialização no seio familiar e posteriormente na sociedade, com a inclusão de novos elementos em seu universo de relações. Da mesma maneira, surgem o grafismo, caracterizado pela construção dos badamecos e badamecos girinos com apêndices filiformes, o jogo simbólico (Piaget, 1994), a tipificação e as primeiras noções de papel sexual (Kohlberg, 1966), bem como a moral heterônoma (Piaget, 1994), fazendo que esse indivíduo passe a se diferenciar de maneira flagrante daquele anterior quanto à concepção de si mesmo, do outro e do próprio mundo.

Quando a criança atinge os 7 anos, um novo salto evolutivo pode ser observado, uma vez que seu padrão de pensamento passa a se valer de um raciocínio hipotético-dedutivo, em que, a partir de dados observáveis, deduções lógicas são estabelecidas. Desse modo, gradativamente, categorias físicas são estabelecidas, e a criança passa a compreender as noções de espaço físico, com conceitos referentes a tamanho, distância, massa e volume; e de tempo, com a estruturação do tempo cronológico. Assim, define-se de forma cada vez mais precisa a consciência de si mesmo e de realidade, bem como a noção de tempo, definições essas de fundamental importância para a constituição do ser humano adulto. Em termos de comportamento, observa-se a constituição de uma moral autônoma, derivada da própria convivência com seus pares, que permite à criança estruturar grupos embasados em valores próprios e não mais copiados do mundo adulto. O jogo evolui para os jogos de regras e jogos de construção, e o grafismo torna-se realista, copiado da realidade objetiva.

Finalmente, ao redor dos 11 e 12 anos, concomitantemente com as alterações corporais da puberdade, inicia-se a adolescência, caracterizada pelo advento do pensamento formal a partir do qual esse ser passa a poder raciocinar sobre hipóteses também abstratas. Dessa maneira, liberta-se da concretude do pensamento anterior, passando a abrir infinitas possibilidades existenciais para si. Estrutura-se um espaço percorrido e de significados que, associado a um tempo vivido, lhe permitirão estruturar os projetos existenciais que, quando escolhidos e assumidos, o farão entrar no mundo adulto. Esse período irá, assim, caracterizar-se pelas dificuldades que a abertura dessas infinitas possibilidades apresenta, com o surgimento dos mecanismos de enfrentamento, de oposição social, de construção de uma cultura própria e, principalmente, da angústia conseqüente ao perceber-se só enquanto ser único, responsável pelos seus próprios atos e, principalmente, artífice de seu próprio futuro com suas conseqüências.

O processo de desenvolvimento possibilita, então, a passagem de um ser francamente dependente e heterônomo para um ser autônomo e independente, que se constitui gradualmente a partir de suas próprias potencialidades e características, bem como das influências ambientais a que se encontra submetido.

Considerando-se essas questões, relativas ao desenvolvimento ontogenético, temos que parar para pensarmos o conceito daquilo que estamos chamando de *psicopatologia evolutiva*. Esta, para Monedero (1976), corresponde ao estudo do panorama psicológico do homem, sob o ponto de vista de seu desenvolvimento histórico, na tentativa de descoberta de seus nexos relacionais.

Mithen (1998) propõe uma história evolutiva da mente baseada em três fases arquitetônicas diferentes partindo de uma idéia, em sua origem, aristotélica, ou seja a de que "a ontogenia recapitula a filogenia". Isso possibilitaria pensar que "a recapitulação prometeu revelar não somente a ascendência animal do homem e sua linhagem de descendentes, como também o método de origem de suas faculdades mentais, sociais e éticas; embora não possamos afirmar de maneira insofismável que os estágios de desenvolvimento infantil sejam similares ao processo de evolução mental da espécie humana, podemos utilizar o modelo de pensamento para tentarmos melhor compreender o homem dentro de uma perspectiva desenvolvimentista".

Uma psicopatologia do desenvolvimento corresponde, então, a uma ciência "do e para o homem", em uma unidade corpo-mente que abarca o desenvolvimento com suas infinitas variedades e patologias desde o nascimento até a idade adulta quando o psiquismo já se encontra configurado e, então, passaria a ser estudado pela Psicopatologia Geral e Especial.

Temos de imaginar que, considerando-se as características genéticas de cada indivíduo, bem como o padrão ambiental a que ele se encontra submetido, não encontraríamos dois indivíduos similares. Entretanto, considerando-se os padrões da espécie, similaridades devem ser encontradas e, assim, com o passar do tempo, mutações genéticas ocorreram e fizeram que padrões fossem selecionados de maneira a serem mais eficientes no que se refere à adaptabilidade. Temos de pensar também que alterações ambientais e de estimulação selecionaram padrões de funcionamento que se mostraram mais adaptados para aquele momento histórico. Em outros termos, assim como o animal homem foi adaptando-se aos ambientes físicos e sociais que se alteraram, hominídeos foram selecionados de acordo com sua maior capacidade adaptativa dentro de um determinado momento.

Para Mithen (1998), três grandes fases poderiam ser identificadas, conforme descrito a seguir.

Na fase 1, as mentes são regidas por um domínio de inteligência geral – uma série de regras sobre aprendizado geral e tomada de decisão. Nesse momento, a informação entra por meio de *inputs* sensoriais diferentes que seriam processados todos em um mesmo módulo de processamento de informação, com regras fixas de aprendizado e tomadas de decisão que modificam qualquer comportamento a partir da própria experiência.

A fase 2 compreende mentes nas quais a inteligência geral foi suplementada por inteligências especializadas devotadas a domínios específicos de comportamento e com funcionamento isolado.

Nesse padrão de pensamento, embora continuemos a pensar em um módulo central de inteligência, as atividades de pensamento se processariam em pequenos módulos especializados em determinados domínios comportamentais. Provavelmente esses módulos teriam-se desenvolvido durante o período de caçadores-coletores que, para sua subsistência, exigiam um padrão específico visando a sociabilidade (permitindo que "se lesse a mente do outro"), o naturalismo (para a compreensão do mundo natural circunjacente) e a técnica (possibilitando a fabricação dos primeiros utensílios e constituição do *homo faber*). No entanto, esses conhecimentos não são combinados e restritos.

A fase 3 compreende mentes nas quais múltiplas inteligências especializadas parecem trabalhar juntas com fluxo de conhecimentos e idéias entre os diferentes domínios comportamentais.

Pensando-se hoje, poderíamos observar inter-relações entre os diferentes módulos que se constituiriam como uma rede de relações com a experiência de um domínio comportamental podendo auxiliar na construção de um modelo em outro domínio propiciando-se novas formas de pensamento e de comportamento. Essa rede de processamento é que teria feito o bicho-homem se desenvolver e se adaptar sucessivamente a todas as mudanças a que foi submetido, sempre de maneira eficaz.

Entretanto, essa mesma rede de informações, construída de maneira arborizada e tridimensional, é que ocasionaria rotas de decisão mais (ou menos) eficazes em função de um padrão informacional construído no decorrer da vida e profundamente influenciado pelos aspectos afetivos decorrentes da experiência e que facilitarão ou dificultarão o acesso a determinados padrões. Seria aqui que, em nosso momento presente, teríamos um *gap* interessante no modelo psiquiátrico, uma vez que, na busca da semelhança com as demais especialidades médicas, se propõe estabelecer categorias diagnósticas e métodos de avaliação de sintomas válidos dentro de um modelo de pesquisa predominantemente experimental e empírico. Isso porque, ao agir dessa forma, se perde aquilo que mais caracteriza a psicopatologia do desenvolvimento justamente como especialidade médica, que é a possibilidade de abordagem dos fenômenos mentais não somente a partir de eventos casuais, mas também a partir da compreensão da doença associada a seus mecanismos etiológicos e padrões de defesa do próprio organismo, fato esse utilizado de maneira freqüente e usual nas demais especialidades médicas.

Quando pensamos nos mecanismos de febre, pensamos não apenas em sua etiologia, mas também principalmente dentro da visão desta como um mecanismo evolutivo, desenvolvido pelo próprio organismo com finalidade de defesa, proteção e alarme. Somente assim é que ela pode ser compreendida.

Da mesma forma, se pensarmos em fenômenos genéricos como a ansiedade, por exemplo, mais do que somente pensarmos em sistemas de neurotransmissores ou módulos cerebrais envolvidos, temos de, pensando-se evolutivamente, imaginá-los como um complexo processo mental, desenvolvido nos últimos milhares de anos (evidentemente com base cerebral, uma vez que falamos de um animal dentro da escala zoológica) com uma provável finalidade de defesa frente a objetos ameaçadores, situações de perigo ou outras formas frente às quais o organismo necessita proteger-se, da mesma maneira que a dor, em uma outra série de fenômenos, serve de sinal de alerta para que se compreendam os fenômenos com ela envolvidos.

Somente a partir dessa compreensão do fenômeno, com todos os matizes individuais envolvidos (e aí é que acreditamos que essa possibilidade de pensarmos evolutivamente interfere), é que poderemos melhorar nossa abordagem terapêutica e compreensiva dos complexos fenômenos mentais.

A QUESTÃO MENTE-CORPO

A questão mente-corpo, embora de extrema complexidade, é um tema que mobilizou diferentes pensadores desde o início de nossa civilização. Isso porque, pensando popperianamente, embora nos seja fácil constatar a existência de um mundo que corresponde a objetos e grandezas físicas, existe um outro correspondente composto por estados de consciência e conhecimentos subjetivos com todo um modelo de pensamento e de cultura tentando compreender a totalidade dos fenômenos. Assim, em nosso caso de construir teoricamente um sistema que permita a inter-relação entre os dois aspectos, a maior dificuldade é a de se pensar como o primeiro se transforma no segundo e vice-versa.

Isso em nossos dias poderia ser transformado na questão proposta por Penrose (1991) quando pergunta "como um objeto material (um cérebro) pode evocar consciência?". Essa relação traz implicações de caráter monista, ou dualista, na concepção da dicotomia mente-corpo ou, para tentarmos nos atualizar, da dicotomia mente-cérebro.

Para Platão e, posteriormente, Descartes, corpo e alma (mente) seriam categorias independentes que englobariam dois tipos diferentes de realidade, ao passo que para Spinoza tanto o pensamento como a matéria seriam atributos de uma única substância real. Leibniz refere que ambos os fenômenos (quer materiais, quer mentais) seriam "preestabelecidos harmonicamente", influenciando-se mutuamente (Goodman, 1991; Castiel, 1992).

Todas essas afirmações teóricas sustentariam então aquilo que pode ser denominado de "paralelismo psicofísico", ou seja, os processos físicos sendo paralelos aos processos psíquicos ou mentais.

Hobbes, dentro de uma visão eminentemente materialista, refere que realidade é uma "realidade física", e, assim, o fenômeno mental fica reduzido ao físico com as características mentais se constituindo em um simples epifenômeno (Goodman, 1991).

O pensamento monista, ao contrário das visões dualistas anteriormente expostas, não vê um problema específico no que se refere à relação entre os processos corporais e os mentais. Assim, a "teoria da identidade" considera que a referência aos fenômenos mentais é neurofisiológica, com diferentes estados cerebrais referentes a diferentes estados mentais (Castiel, 1992).

Em uma tentativa simples de melhor delineamento da questão podemos imaginar que existe inicialmente um sentido exterior relacionado às percepções (um *input* sensorial) que é seguido por um sentido interior dado pelo processamento cognitivo. Concentra-se, desse modo, o desempenho cerebral, inicialmente, naqueles processos que chamamos de atencionais.

Posteriormente surgem experiências da mente auto-consciente, relacionadas a eventos normais no cérebro de ligação. Ela se engaja na leitura de pontos ativos localizados em centros superiores de atividade cerebral. Fatos são selecionados e integram informações de forma a estruturar uma unidade proporcionada por essa mente autoconsciente, e não por uma simples experiência neuronal pura. Dessa maneira, ela lê e seleciona padrões diversos da atividade cerebral, integrando-os e organizando-os (Eccles, 1992).

Como conseqüência, uma trilha associativa é seguida, produzindo o pensamento racional, escolhendo-se as conexões necessárias para a realização de um propósito. A precisão dessa linha não é absoluta nem predeterminada, independentemente da eficiência dos sistemas de controle, havendo a possibilidade de desvios que, em sua diversidade, proporcionam a multiplicidade da existência humana (Luria, 1979).

Ainda que de forma simplista, podemos pensar que a mente passa a existir enquanto materialização de um algoritmo complexo, executado por objetos físicos, o que na espécie humana corresponde às redes neurais. Caberia então a pergunta "o que consideramos uma rede neural?".

Podemos dizer, simplificadamente, que ela consiste em um conjunto de unidades de processamento interconectadas nas quais os *inputs* viajam e são analisados paralela e serialmente. Logo, os nós seriam elementos computacionais em que, quando um determinado padrão de neurotransmissores fosse acumulado, se desencadearia o potencial de ação (Cross, 1995).

O poder de processamento não seria dado pelo potencial computacional de cada elemento, mas sim pela complexidade das interconexões, o que permitiria que os dados fossem armazenados e distribuídos por toda a estrutura e, em conseqüência, pudessem ser alterados e modificados pela experiência, sendo checados a partir dos resultados obtidos. Esses algoritmos, ou processos de informação, embora pertençam ao mundo platônico das idéias, assumem uma característica de realidade ligada diretamente ao mundo físico (Penrose, 1991).

Voltando então ao conceito popperiano de mundo, temos um componente do mundo físico (cérebro como estrutura física) que se encontra alheio ao que chamamos de mente autoconsciente (produção da resposta); porém a relação entre o mundo representado pelos sistemas de idéias e o mundo dos sistemas físicos é requisito indispensável para a criação desse universo humano como representações sócio-históricas codificadas dentro das estruturas de armazenamento.

Conforme refere Pinker (2002), o mundo mental é alicerçado em um mundo físico a partir de conceitos hoje por nós conhecidos como os de informação, computação e *feedback*, sendo as crenças e lembranças coleções de informações residentes em modelos de atividade cerebral. Uma seqüência de informações armazenadas biologicamente reflete uma seqüência de deduções obedientes às leis da lógica, gerando predições corretas em relação ao ambiente e à capacidade de realizar esses padrões de predição. Isso seria, entre outras coisas, aquilo que usualmente denominamos de inteligência refletindo capacidade de julgamento, reflexão e criatividade, todas implementadas por um sistema de tipo computacional.

Outra idéia interessante desenvolvida também por Pinker (2002) é que nossa noção de mente não poderia derivar de uma suposta "tábula rasa", uma vez que desta nada poderia originar-se. Assim, à semelhança de qualquer computador, a mente humana deve nascer com um equipamento básico, similar a um sistema operacional, que permite seu funcionamento. Padrões básicos de regras de funcionamento deveriam ser inatos e característicos da espécie.

Poderíamos pensar também que os diferentes padrões comportamentais observados na espécie humana poderiam ser decorrentes de programas combinatórios existentes na própria estrutura mental humana, o que a faria capaz de produzir qualquer combinação de condutas, bem como as diferentes variedades culturais a partir de mecanismos universais biologicamente característicos da espécie. Um exemplo marcante disso pode ser observado na teoria lingüística de Chomsky (apud Pinker, 2002), para quem as gramáticas gerativas das línguas individuais seriam variações de um único padrão. Por essa ótica, a idéia de que aspectos universais estariam embutidos nos circuitos neurais já presentes na criança faria que o bebê, ao prestar atenção aos diferentes comportamentos verbais e não-verbais a que é exposto, construísse um sistema lingüístico e conductual característico de seu ambiente e, gradualmente, de si mesmo.

Essa idéia de mente seria, então, correspondente a um sistema composto por diferentes partes que interagem entre si, ou seja, composta por diferentes módulos com conteúdos diferenciados e definidos geneticamente como característica de espécie, o que produziria comportamentos também característicos.

Para os padrões de aprendizado na espécie humana, a questão da memória passa a ser de suma importância. Há algumas décadas já sabemos que diferentes moléculas (substrato biológico) existentes no sistema nervoso de humanos e outras espécies animais participam desse processo de armazenamento de informações. Elas medeiam a transmissão sináptica, sendo influenciadas pela expressão de diferentes genes a elas ligados. Experiências realizadas em invertebrados, com diferentes fatores químicos, apontam que mudanças em estruturas celulares, número de receptores de determinadas enzimas (administrados por determinadas proteínas-chave), refletem-se na alteração de comportamentos específicos dependentes de padrões de memória (tanto de curto quanto de longo prazo), como, por exemplo, reconhecimento de odores (Cooke, 2003).

Por outro ângulo, o animal humano pode ser considerado um sistema instável, uma vez que, diferentemente de outras espécies animais, sofre influências (com capacidade de modificá-lo) de elementos físicos, psíquicos e sociais. Podemos dizer então que é um sistema aberto, o que nos proporciona um melhor padrão de plasticidade e de adaptabilidade, embora também de maior vulnerabilidade, capaz de trocar energia e matéria com o ambiente externo para utilizarmos conceitos que nos remetem a conceitos físicos.

Pensando-se no homem, poderíamos, entretanto, transformar esses conceitos de matéria em todas as trocas biológicas que envolvem o homem e seu meio e o de energia como as inter-relações com os sistemas sociofamiliares, simplesmente com a finalidade de facilitarmos nosso raciocínio. Não devemos esquecer, porém, que, mesmo que essas forças provoquem alterações significativas nos sistemas em questão, existem as características de invariância e de teleonomia descritas por Monod (1971) e que garantem as características da espécie como tal.

Se pensarmos dentro dessa idéia de sistemas instáveis, aproveitando as idéias provenientes da física, é possível que imaginemos três possibilidades distintas (Prigogine, 1988). Em uma delas, devido a um valor máximo de entropia, o sistema se encontra em caos total em nível de trocas com os ambientes exterior e interior, estando, portanto, em equilíbrio e, conseqüentemente, pela nossa primeira afirmação, não podendo ser pensado como um indivíduo.

Em uma segunda possibilidade, pouco diferente desse estado de equilíbrio, o sistema se move para o mais próximo possível do ponto anterior, permitindo o aparecimento de uma nova estrutura que se mostra mais ou menos adaptada a sobreviver. Esse seria um ponto de inflexão que proporcionaria a mudança do sistema como indivíduo ou mesmo como espécie.

Finalmente, em uma terceira possibilidade, encontrado um novo ponto de equilíbrio a partir da melhor adaptabilidade, estabilizam-se novas estruturas que se constituem em formas de ser. Cabe pensar que, considerando "um" indivíduo à medida que ele é conduzido para fora do sistema original de equilíbrio para geração de outro, as soluções possíveis ramificam-se infinitamente (em nível físico, psíquico e social), afastando-se cada vez mais da situação anterior de equilíbrio e constituindo uma nova. Matematicamente, essa característica poderia ser pensada como uma "bifurcação".

Se voltarmos a pensar em um sistema de rede com uma série de unidades, estas podem apresentar modificações locais devido a mudanças, aleatórias ou não, das próprias subunidades com um movimento contínuo para que o organismo estabeleça um ponto de equilíbrio mais estável. Isso faz que qualquer pequena flutuação em qualquer um dos elementos do sistema (subunidades capazes de processar aspectos específicos) reflita uma resposta comportamental diferente que vai alterando o meio e levando o organismo a um novo estado de equilíbrio.

Teríamos, assim, uma idéia totalmente oposta à daqueles teóricos de uma teoria eminentemente cultural, uma vez que a espécie humana se comportaria de maneira flexível exatamente porque essa flexibilidade já seria programada geneticamente já que seu cérebro apresentaria características combinatórias capazes de gerar um conjunto imenso de possibilidades naquilo que se refere a pensamentos ou comportamentos.

Sob o ponto de vista teórico, essa ordem macroscópica poderia ser visualizada por meio da integridade física e da capacidade adaptativa expressa por seu comportamento, descrito por Goodman (1991) como sendo um conceito físico representando o conhecimento por descrição e sendo passível de confirmação intersubjetiva.

Esses comportamentos seriam originados a partir de instabilidades determinadas por flutuações de desenvolvimento rápido que levariam o sistema a novos estados diferentes que, para que fossem mudados, demandariam novas perturbações do equilíbrio. Um estado uniforme e diferenciado se desestabiliza devido a pequenos desvios que originam novos estados que proporcionam novas possibilidades de maneira tão irreversível que um novo estado não volta ao estado anterior. Cabe lembrar que essas modificações seriam macro e microestruturais, afetando, portanto, não somente a conduta, mas o próprio sistema de rede uma vez que a alteração de um sistema levaria a mudanças de microestrutura que ocasionariam mudanças de macroestrutura (conduta) que, alterando o meio, levariam novamente ao início do ciclo. O homem, como organismo, poderia ser considerado como estando em constante mutação, visando à sua constante adaptação ao próprio meio que é continuamente modificado por ele. Entretanto, essa característica, ao lhe permitir extrema plasticidade visando a adaptação progressiva, também se constitui em fator de extrema vulnerabilidade, posto que a uma maior complexidade temos como correspondente uma maior fragilidade aos fatores externos e internos que afetam o sistema.

Voltando à tentativa de utilizarmos termos tirados da física, poderíamos ver esse ser humano como um estrutura *dissipativa* (Prigogine, 1988). Dentro dessa concepção, estamos pensando o homem como um *continuum* organizado hierarquicamente por unidades complexas menores e mais simples, ligadas e inter-relacionadas entre si.

Ao pensarmos esse organismo multifatorial, veremos que sua vertente biológica permitirá pensarmos suas alterações a partir de modelos causais que incluem, principalmente, o campo da genética e das neurociências. A vertente psicológica inclui fatores causais ligados a processos cognitivos e comportamentais. Paralelamente, influências emocionais contribuem para a psicopatologia por meio de aspectos sociais e interpessoais da mesma maneira que aspectos desenvolvimentistas se apresentam diretamente ligados aos mecanismos causais encontrados na psicopatologia infantil.

Por essas razões, uma conduta considerada anormal tem de ser considerada como resultado de influências múltiplas, como um sistema (da maneira como já citamos antes) que se retroalimenta e que pode ter *inputs* independentes em diferentes pontos (Durand, 2003), não podendo, portanto, sua variabilidade ser considerada fora de um determinado contexto.

PSICOPATOLOGIA EVOLUTIVA OU PSICOPATOLOGIA ADULTOMORFA NA INFÂNCIA?

Por uma mera questão semântica, pensar Psicopatologia Evolutiva significa também pensar a Psicopatologia Infantil, e esta, como parte da Psiquiatria Infantil, é uma especialidade bastante recente e, podemos dizer, pouco sistematizada, tendo conseguido algum *status* acadêmico somente em 1938, com a primeira cátedra de Psiquiatria Infantil sendo criada na Universidade de Paris, pelo professor Georges Heuyer. Em seu bojo, ela engloba uma série de fenômenos com características biológicas, psicológicas e sociais (Fernandes, 1979), todas imbricadas de uma tal maneira que se torna muitas vezes difícil a linearidade direta e a compreensibilidade de todos os quadros por ela estudados. Isso porque, pensando-se a criança como um ser em desenvolvimento, nela observamos a presença de forças biológicas atuando de maneira clara ao início de seu desenvolvimento, forças e características essas que vão sendo modeladas, pouco a pouco, pelo ambiente no qual ela se insere dentro do processo de socialização.

Sob o ponto de vista metodológico, ela assume características ligadas ao modelo proveniente das ciências naturais, no qual o pensamento causal, de base analítico-dedutiva, é o ponto básico e central. Todo o cabedal fornecido pelas neurociências, com um conhecimento cada vez maior dos mecanismos de neurotransmissão e das estruturas cerebrais, faz que se consiga compreender cada vez melhor as patologias psiquiátricas na infância e na adolescência, em que pesem os riscos de uma neurologização excessiva que a descaracteriza.

Por outro viés, dadas as influências oriundas da Psicologia do Desenvolvimento, vale-se também de um pensamento analógico, no qual, conforme refere Marchais (1973), a dedução e a indução intervêm secundariamente, submetendo-se assim aos imperativos dominantes da analogia. Dessa maneira, juntamente com todos os modelos psicoterápicos de base compreensiva, somam-se os modelos pedagógicos e educacionais, que se mostram com valor imenso dentro desse contexto já que se constituem fontes básicas no processo de socialização do ser humano durante seu desenvolvimento.

Finalmente, considerando-se essa questão social, o estudo das famílias e suas influências fundamentais no desenvolvimento e no crescimento da criança, outros fatores se sobrepõem, passando-se a valorizar as inter-relações vividas, também apoiadas metodologicamente no processo analógico. Isso porque esse conhecimento envolverá a formação da própria matriz de identidade social, sem a qual se torna impossível o trabalho com um ser heterônomo e dependente, como o é a criança em seu processo de desenvolvimento.

As características da Psicopatologia Evolutiva são muito particulares. Apesar de ela estar dentro de uma especialidade médica, com raízes muito profundas na pediatria, na psiquiatria, na neurologia e na genética por suas origens e, principalmente, pelo seu objeto de estudo, apresenta também uma interface extremamente importante com as correntes da Psicologia do Desenvolvimento, da Pedagogia e dos Estudos Sociais ligados à família, e isso porque temos de considerar que a criança não corresponde a um ser passível de generalização e, muito menos, de estudos transversais encarados de forma absoluta. Ela é, antes de mais nada, um ser em desenvolvimento no qual as alterações, sejam de base biológica, sejam de origem ambiental, interferem de maneira intensa, uma vez que alteram sua própria curva de desenvolvimento, fazendo que se constitua de modo peculiar quanto ao estilo de funcionamento futuro. Assim sendo, seu estudo, ao apoiar-se em um modelo de desenvolvimento ontogenético, tem obrigatoriamente a necessidade de se remeter a modelos dinâmicos de pensamento mais do que a matrizes puramente descritivas.

Assim como para a Psicologia do Desenvolvimento, para a criança é importante a compreensão de como as forças maturacionais de origem biológica, em seu inevitável contato com a experiência, produzem comportamentos, habilidades e motivações.

A metodologia de estudo da psicologia do desenvolvimento pode, então, possibilitar duas abordagens, uma baseada em cortes transversais nos quais se estudam crianças de um mesmo grupo, permitindo-se posteriormente a comparação com outros grupos, e outro baseado nos estudos longitudinais, nos quais um mesmo grupo de crianças é estudado ao longo do tempo para que as transformações decorrentes de seu processo de desenvolvimento possam ser observadas (Kagan, 1998).

Embora não se acredite que possamos pensar a Psiquiatria da Infância e da Adolescência unicamente como uma Psiquiatria do Desenvolvimento, uma vez que isso talvez pudesse apresentar-se de maneira reducionista, é indiscutível que temos obrigatoriamente de pensar aquela como uma Psiquiatria durante o processo de desenvolvimento, pois somente dessa forma poderemos ter as condições necessárias para compreendermos esse indivíduo com suas características particulares que fazem que a expressão de sua doença tenha características peculiares e que algumas delas sejam encontradas somente durante determinados períodos do desenvolvimento. O contrário disso é reduzi-la (e a criança) à visão de um adulto miniaturizado, de forma similar ao que se fazia em pediatria há alguns séculos.

Uma Psicopatologia do Desenvolvimento teria como principal característica o procurar "ver" esse ser (a criança) como um indivíduo único e irreproduzível, que caminha de maneira própria e constante para sua autonomia, podendo ser estudado a partir de modelos filo e ontogenéticos.

Essa preocupação com a criança como ser em desenvolvimento não significa retroceder muito tempo na História, pois, conforme refere Ariés (1981), a preocupação com ela é, em si, recente, considerando-se seu período de duração bastante reduzido, assinalando seu final com o aparecimento das primeiras mudanças físicas, quando o indivíduo passa a ser visto como jovem, com novas responsabilidades e deveres, de maneira a se enquadrar diretamente dentro da sociedade em que se encontrava.

Com o surgimento da escola, em meados do século XVII, uma situação eminentemente adultomorfa passou a se alterar e, a partir do século XVIII, começou a florescer uma vasta literatura sobre a criança, produzida principalmente por médicos que visavam principalmente aos costumes educativos, orientando a separação da criança dos serviçais (costume esse bastante popular nos tempos anteriores), para que não fossem absorvidos os maus costumes provenientes dessas classes menos favorecidas (Donzelot, 1977).

O final do século XVIII trouxe à tona um fato que, talvez, possa ser considerado um dos mais importantes nessa concepção de desenvolvimento. Ele corresponde à descrição de Vitor, o menino selvagem de Aveyron, por Itard (Postel, 1994), marcando a primeira abordagem médico-pedagógica de uma criança portadora de um transtorno de desenvolvimento que, diferentemente do que se pensava até então, é abordada de uma maneira reabilitadora, voltada para a recuperação das faculdades atingidas pelo transtorno. Isso só foi possível em função da mudança do paradigma filosófico que embasava a prática médica, afetada, no caso de Itard, pelos pensadores que, como Locke e Condilac, propunham o homem como uma "tábula rasa", na qual os estímulos provenientes do ambiente escreveriam uma história.

Poderíamos dizer que esses primórdios relacionam-se diretamente com o estudo da deficiência mental com Falret, em 1821, tentando agrupar na Salpetriére as crianças idiotas (Postel, 1994), fato esse reforçado em 1833 por Voisin, que organizou no hospício da rua de Sévres um serviço temporário para crianças epilépticas e idiotas (Postel, 1994). Iniciaram-se, então, os primeiros estudos sobre a psicopatologia da infância e da adolescência, surgindo, a partir daí, os primeiros trabalhos teóricos, como os tratados de Maudsley em 1867, o de Moreau de Tours em 1888, o de Manheimer em 1899, o de Eminghaus em 1887 e o de Ireland em 1898 (Bercherie, 1992).

O início do século XX marcou a preocupação com a descrição de patologias específicas, como a demência precocíssima de Sancte de Sanctis descrita em 1906, a demência de Heller e a demência de Kramer (Ajuriaguerra, 1977), bem como o aparecimento de novos tratados, como o de Strohmayer em 1910, o de Homburger em 1926 e o de Sancte de Sanctis em 1925 (Bercherie, 1992). A década de 1930 trouxe, naquilo que podemos pensar como referente a uma Psicopatologia do Desenvolvimento, uma divisão em duas áreas principais, uma ligada às deficiências mentais e outra aos distúrbios de conduta, da maneira como o tratado de Psiquiatria Infantil de Nobécourt (1939) apresenta.

Esse fato é compreensível, em que pesem suas desastrosas conseqüências, se considerarmos que uma das preocupações da época é ligada à melhoria das espécies (conceito ligado à eugenia do final do século XIX e início do século XX) visando a um melhor desenvolvimento da espécie e das sociedades humanas.

No início dos anos de 1940, Leo Kanner (1943) descreveu aquele que seria o quadro clínico mais marcante na Psiquiatria da Infância, o autismo infantil precoce, aventando causas psicológicas e ambientais que permeariam a especialidade nos próximos 30 anos. Entretanto, é com ele que a psicopatologia da infância e da adolescência constituir-se-á de maneira mais específica, possibilitando seu crescimento nos próximos anos. Essa visão, privilegiando a questão ambiental e psicológica, encontrará um terreno bastante fértil na escola francesa, com Lebovici, Diatkine, Misès, Ajuriaguerra e muitos outros, que serão a base da Psiquiatria Infantil até o final dos anos de 1970 quando, em função de aspectos diversos, o pólo cultural passou a sofrer um intenso processo de dominação norte-americana, passando assim de um embasamento humanístico e compreensivo para outro modelo de pensamento empírico e pragmático que alteraria, totalmente, suas características, afastando-a das ciências humanas e aproximando-a cada vez mais das ciências naturais e das abordagens positivistas de pensamento.

É exatamente nesse momento em que nos encontramos, no qual a idéia de uma Psicopatologia do Desenvolvimento defronta-se com o dilema de se neurologizar cada vez mais, perdendo assim aquela que seria talvez sua característica mais importante, a possibilidade de servir como ponto de convergência entre os conhecimentos provenientes das ciências naturais e das ciências humanas, homogeneizando-os e imbricando-os de forma a poder compreender de maneira efetiva os processos de desenvolvimento e de hominização desse ser, desde seu nascimento até sua maturidade, propondo, então, as possibilidades de intervenção e de prevenção para seu melhor crescimento.

Talvez uma das maiores dificuldades em relação a essa concepção seja pensar em uma linha teórica de abordagem dos fenômenos psicopatológicos porque, conforme já falamos, ela se caracteriza pela abordagem multifatorial com perspectivas biológicas, psicológicas e sociais. Pensar em um perfil exclusivo torna-se muito difícil, uma vez que crescimento significa diferenciação em níveis cada vez mais sofisticados (Cohen, 1991).

Paralelamente, um país como o nosso apresenta dificuldades relacionadas ao atendimento à própria comunidade, dificuldades essas muito bem representadas quando observamos os próprios dados do Ministério da Saúde no que se refere à morbidade hospitalar, em que ficam patentes o descaso e a pouca importância dada ao assunto (Assumpção e Carvalho, 1999). Assim, a carência de profissionais, decorrente desse descaso, embora nos possa trazer algum desconforto e desesperança, também nos possibilita pensar nessa área de conhecimento como algo em crescimento e que, embora atrasado em relação aos demais países, deve desenvolver-se intensamente nos próximos anos.

Esse crescimento deve ocorrer não somente na área de Psiquiatria, mas principalmente na área de Pediatria, uma vez que esta, por meio de seus serviços de interconsultas, é a principal porta de entrada das patologias psiquiátricas na infância (Rosemberg, 1994), principalmente se considerarmos que o número de profissionais ligados à Psiquiatria da Infância no Brasil é ínfimo quando comparados a outros países ou ao número de pediatras em exercício.

Paralelamente, os progressos cada vez maiores ligados às neurociências fazem que sua atividade deixe de ter exclusivamente um aspecto clínico ligado ao desempenho profissional, passando a depender de uma propedêutica armada custosa e de difícil obtenção em um país carente e pouco interessado na saúde infantil.

Não podemos deixar de mencionar que a melhor compreensão do desenvolvimento da criança terá, obrigatoriamente, repercussões em nível social e penal, com alterações significativas sob os pontos de vista legal, educacional e social.

Por fim, sob o ponto de vista da pesquisa, provavelmente uma Psicopatologia do Desenvolvimento tornar-se-á um campo particularmente fértil para a compreensão do ser humano em todas as suas variáveis, e isso porque, ao contrário de um corte transversal congelado no tempo, ela possibilita a visão e a compreensão dinâmica de um organismo em desenvolvimento.

É dentro dessas perspectivas que se justifica um trabalho do teor do que apresentamos, que busca pensar a Psicopatologia da Infância e da Adolescência dentro de uma visão evolutiva, considerando seu perfil adaptativo não como seria passível de crítica, em um aspecto eminentemente social, mas sim dentro de uma concepção adaptativa biológica, visando a sobrevivência desse ser que, apesar de recente, consegue ser, até o presente, o mais sofisticado *de toda a criação inumerável.*

FILOGÊNESE

Mas que o que foi dito aqui não seja tomado por uma tentativa de polimorfizar humanos. Humanos são o que são por causa de sua humanidade. Humanos em liberdade são muito, muito, diferentes de chipanzés. A organização social humana pode ser impressionantemente complexa quando vista através das lentes da pesquisa científica, mas, sem isso, os fatos crus são brutais. Humanos em geral se juntam – e conseqüentemente se acasalam – por toda a vida! Em vez de resolver conflitos de maneira simples, de acordo com as hierarquias dominantes, a sociedade humana parece terrivelmente anárquica; bandos de humanos se juntam para propagar seus próprios "modos de vida" (talvez formas primitivas de ideologia) entre seus iguais.

(*Grandes símios*, de Will Self)

MECANISMOS DE EVOLUÇÃO

O conceito de filogênese corresponde ao da evolução da vida sobre a terra, e, para tal, procura-se estudar os mecanismos que permearam essa evolução no decorrer do tempo. Entretanto, o modo como essa evolução ocorreu no decorrer do tempo ainda não pode ser visualizado de maneira uniforme pelos estudiosos.

A idéia evolucionista não pode ser considerada nova, embora tenha sido colocada sob uma base científica por Darwin em 1859 quando escreveu *A origem das espécies*, ainda que essa idéia anteriormente tenha esbarrado nas questões teológicas que permearam o desenvolvimento da humanidade.

Entretanto, antes de Darwin, Anaximandro sugeria a água como origem da vida, com os peixes gradualmente saindo dela e dando origem ao homem. Também Lucrécio referia que os seres transformavam-se em mais, ou menos, fortes conforme a estimulação do ambiente. Em Aristóteles a idéia de evolução também é presente. Buffon sugeriu que diferentes espécies se alteram em função das alterações climáticas, tese defendida mais tarde por Lamarck, autor esse que também organiza uma teoria que será célebre ao dizer que "a função cria o órgão" conforme as diferentes condições externas às quais são submetidas (Monedero, 1976).

Pensando-se biologicamente, a noção de evolução estará diretamente ligada ao número de descendentes que irão representar um indivíduo em um conjunto deles que existirá posteriormente. Se um indivíduo é, geneticamente, mais adaptado do que outro sob o ponto de vista biológico, o número de seus descendentes será maior posteriormente. Isso pode ser considerado decorrente de mecanismos seletivos.

Entretanto, em alguns casos, indivíduos determinados, ainda que não mais adaptados do que outros, podem constituir-se por meio de mecanismos diversos (como, por exemplo, imigração) na população dominante em um determinado hábitat, constituindo-se assim um fator perturbador desses mecanismos evolutivos.

Pensando dessa maneira, o papel do ambiente também é de fundamental importância, uma vez que, ao criar um determinado hábitat, provoca a adaptação populacional que favorece a proliferação de determinados indivíduos mais adaptados a ele. No entanto, no caso do homem, por sua capacidade de alterar o ambiente, ele o faz mais conveniente a seus objetivos, embora essa interação hábitat-organismo continue sendo presente de maneira indiscutível.

A variedade de constituições genéticas é hereditária, apesar de ter de se considerar que nem toda variação biológica o seja. Logo, essa variedade biológica herdada constitui aquilo que iremos denominar de genótipo, que, por si, determina o potencial adaptativo desse indivíduo em um determinado hábitat.

Considerando-se que o homem é um ser que se reproduz de maneira sexuada, seu genótipo será constituído por características provenientes de ambos os genitores havendo oportunidade, a cada geração, de novas recombinações que facilitem (ou não) os processos adaptativos.

Não obstante, podem ocorrer mutações a todo momento, em função da variabilidade e da vulnerabilidade do material químico componente do material genético. A partir desse processo, podemos imaginar novas possibilidades de seleção visando a maiores possibilidades adaptativas, já que, como essas mutações se processam ao acaso em grandes populações, a recombinação de genes faz que elas se façam cada vez mais adaptadas e especializadas em relação ao hábitat.

Grandes mudanças nesse hábitat podem produzir mudanças significativas sob o ponto de vista biológico, tal como podemos pensar no ocorrido durante o último período glacial que propiciou o fim do domínio dos répteis e o advento dos mamíferos mais adaptados e, com eles, do homem. Provavelmente, com o passar da evolução da espécie humana, alguns circuitos cerebrais podem ter sido progressivamente selecionados para processamento de problemas referentes a áreas específicas que propiciavam melhor padrão adaptativo de indivíduos naquele momento. Esses circuitos propiciaram um desenvolvimento gradual dessas coletividades em uma relação na qual o ambiente altera o padrão neuronal selecionando-o, e esse altera o ambiente em um *continuum* constante.

Podemos dizer, então, que a evolução, por meio de milhares de recombinações gênicas, estimula uma maior fecundidade naqueles indivíduos mais adaptados. Temos, porém, de pensar que ela não atua diretamente nos genes, mas sim nos fenótipos, ou seja, nas características daquele indivíduo, fruto da interação entre o genótipo e o ambiente, constituindo-se como um padrão de organização. Assim, ela aproveita, da melhor maneira possível, o material genético que tem disponível, convergindo-o para determinadas características dentro de um hábitat específico.

As formas de vida bem-sucedidas e adaptadas têm a tendência a aumentar seu número rapidamente; porém, no mundo real, esses nunca alcançam aqueles que poderiam ser esperados teoricamente, uma vez que a população da maioria das espécies tende a permanecer mais ou menos estável devido a vários fatores limitantes, tais como alimentação, localização adequada à reprodução e competição com as outras espécies. Então, embora a maioria das espécies animais esteja bastante adaptada ao seu ambiente, esses aspectos continuam imutáveis. O homem, enquanto funcionalidade, apresentou características superiores em termos adaptativos uma vez que, pelo seu desenvolvimento fisiológico, representado pela evolução cerebral, passou a poder construir e utilizar instrumentos que aumentaram sua força e desempenho como predador; conseqüentemente, mais do que se adaptar a um ambiente estático e imutável, passou a ter o poder de alterá-lo. Associado ao fato de estruturar uma linguagem complexa (fruto do desenvolvimento de estruturas cerebrais específicas), organizou estruturas sociais cada vez mais complexas e capazes de permitir a existência de um número cada vez maior de indivíduos e, construindo conceitos complexos e abstratos, criou de modo contínuo novos mecanismos adaptativos.

Pensando-se por essa via teríamos de considerar que a constituição biológica, como característica de espécie visando uma maior adaptabilidade do animal em questão, seria constituída por uma série de processos especializados voltados para comportamentos específicos, que permitiriam um conhecimento do mundo já ao nascimento, de forma que esse animal já pudesse sobreviver, ainda que de modo incipiente (Mithen, 1998). Posteriormente, a cultura alteraria esses processos, enriquecendo-os e melhorando-os de modo que o processo adaptativo se tornasse mais eficaz, já que a vida social permitiria ao indivíduo humano a possibilidade de imitar descobertas úteis que facilitassem sua adaptação.

Com isso, o indivíduo humano passou a ser cada vez menos dependente da variabilidade natural, pois passou a estocar alimentos, a proteger por mais tempo sua prole, impedindo que fosse destruída por outros predadores, e a destruir outras espécies competidoras, embora estabelecesse menor índice de competição pela criação e estocagem de alimentos. Paralelamente, passou a lutar contra doenças que o acometiam indo contra os processos de seleção natural e permitindo assim uma proliferação da espécie acima do que seria esperado.

Contudo, essa complexidade, fruto de sua maleabilidade e plasticidade ao nascimento, o fez profundamente frágil, constituindo-o em imensa possibilidade de alterações e dificuldades durante seu processo de desenvolvimento. Essa fragilidade, longe de fazê-lo um animal pouco adaptado, foi a base para seu crescimento e disseminação por toda a superfície terrestre, uma vez que lhe permitiu criar mecanismos adaptativos para imensas variabilidades naturais e artificiais. O que ele perde em estabilidade (como observamos em animais inferiores) ao nascer frágil, ganha em plasticidade (que lhe permite maiores possibilidades adaptativas).

GÊNESE DA CONSCIÊNCIA

Com o aparecimento do homem, surgiu sobre a Terra uma nova categoria representada pela mente que lhe possibilitou alterar suas relações com o ambiente não somente por meio dos processos migratórios, mas, sobretudo, pela manipulação consciente do ambiente e, hoje, pela própria manipulação de seu genótipo. Isso porque poderíamos pensar que uma primeira manifestação da consciência seria apresentada pela sensibilidade presente em espécies menos desenvolvidas. Gradualmente essa consciência mais simples iria desenvolvendo uma outra, um pouco mais complexa, com características afetivas.

Entretanto, há mais de 1.600.000 anos, um antropóide parente dos macacos do Velho Mundo sofreu algumas alterações anatômicas que lhe proporcionaram uma capacidade adaptativa inigualável até o presente. Ao alterar seu ângulo do acetábulo, pôde ficar em postura ereta e, a partir daí, liberar membros superiores. Nessa liberação, deslocou gradualmente o polegar de forma que pudesse opô-lo ao indicador e assim construiu uma ferramenta fantástica que lhe permitiu a preensão em pinça. Paralelamente deslocou os olhos da face lateral da cabeça para a face anterior de maneira a obter visão binocular de profundidade, o que lhe permitiu calcular de maneira mais eficaz a distância de suas presas ou de seus predadores. Por fim, alterou estruturas cerebrais que passaram a lhe permitir trabalhar com símbolos. Isso lhe deu a capacidade de solucionar problemas na sua ausência, bem como se independer dos mecanismos motores e de tentativa-e-erro que lhe são característicos, passando, ao se valer de operações mentais, a estabelecer seus passos nessa solução de problemas de maneira mais simples e rápida, o que lhe proporcionou maior eficácia sob o ponto de vista adaptativo.

Essa modificação cerebral foi tão importante que lhe fez mais independente de outras características que puderam ser negligenciadas como pêlos ou couro. Ela lhe permitiu também o estabelecimento de comportamentos cada vez mais específicos que, segundo Zwang (2000), poderiam ser considerados como:

- comportamentos individuais propriamente ditos;
- comportamentos desenvolvidos diante de um ambiente específico;
- comportamentos similares aos congêneres e ligados à reprodução e à sociabilidade.

Como esse animal também era um ser social, vivendo em bandos inclusive por questões de sobrevivência biológica, teve de construir sistemas de regras que lhe permitissem sobreviver como indivíduo, perpetuar a espécie e marcar, de maneira particular, seu próprio *status* diante do grupo em questão. Para essa sociabilidade, habilidades mentais específicas fazem-se necessárias como conhecimento social do outro (quem é amigo e quem não o é) e a capacidade de inferir estados mentais de cada um desses indivíduos. Essas características se constituirão em programas individuais que devem ser equilibrados e que, embora com um substrato biológico, se diferenciam de indivíduo para indivíduo em função de suas motivações – derivadas de um sistema simbólico específico e dependentes da análise pessoal das experiências prévias.

A partir daí, estabeleceram-se redes de processamento de informações que foram propiciando, provavelmente, maior eficácia nesse processo com conexões, algumas delas determinadas provavelmente de maneira genética e outras construídas a partir da experiência. Assim, muitas das conexões desenvolvem-se já antes do nascimento, embora outros sistemas de conexões interligados possam, provavelmente, ser programados pela experiência que estabelecerá novas sinapses.

Essas redes funcionam de forma precisa, de maneira que há o disparo só em função de um determinado estímulo (sob o ponto de vista qualitativo e quantitativo), desde que este não seja inibido por um outro determinado conjunto de células. Paralelamente, esse indivíduo sofre um impacto dos eventos que lhe ocorrem, e isso poderia ser chamado de experiência emocional humana, que mostra homogeneidade racial e geográfica com situações que normalmente evocam o medo e a ansiedade similares. Por esse motivo, faz sentido pensar que certas reações de medo que aumentaram as chances de sobrevivência no passado ainda estejam presentes, de forma "primitiva", mesmo em seres humanos.

Em todas as espécies ocorrem certos tipos de aprendizado mais facilmente do que outros, resumindo-se essas características nos conceitos de *prepotency* e *preparedness* (Marks, 1987).

Entretanto, o homem tem muito mais flexibilidade de reações do que qualquer outra espécie animal, apesar de suas possibilidades não serem infinitas e, por isso, a questão central não é determinar, por exemplo, se o medo ou a ansiedade são comportamentos inatos ou aprendidos, mas se certos tipos de aprendizado ocorrem com maior ou menor facilidade. Esses aspectos do aprendizado foram esquecidos por muito tempo, e muitos teóricos consideram que as leis do aprendizado seriam universais para todas as espécies e que todos os tipos de estímulos e de respostas seriam equipotenciais.

Sob o ponto de vista mais neurofisiológico, mudanças nas atividades cotidianas podem provocar alterações na resposta emocional em seus três níveis, segundo Buck (1987), a saber, a adaptação corporal, a comunicação social e a experiência subjetiva.

Em um primeiro e mais primitivo processo, denominado **Emoção I**, a meta é o corpo, e essa função tem a possibilidade de regular o meio corporal interno, envolvendo mecanismos de homeostase e de adaptação do organismo às mudanças externas visando a manutenção de condições mais ou menos homogêneas. A esse processo ligam-se reações de ataque-defesa, fuga e outros.

Outro sistema, denominado **Emoção II** (Buck, 1987), refere-se a um sistema de códigos com características pré-lingüísticas que é acionado fazendo que se percebam, de modo não-consciente, os estados emocionais envolvidos no estímulo.

Finalmente, um terceiro sistema, **Emoção III**, vinculado aos mecanismos cognitivos, permite que sejam identificadas as emoções antes que cheguem a pontos incontroláveis, permitindo-se que soluções possam ser encontradas, de maneira adaptada, de acordo com a situação do organismo em questão.

Podemos considerar indissolúvel a ligação afetividade-inteligência, uma vez que, se por um lado são as motivações com caráter eminentemente afetivo que impulsionam a inteligência, é esta que lapida e ajusta impulsos afetivos às necessidades do organismo em questão, permitindo-lhe um processo de adaptação apropriado.

Entretanto, as condutas derivadas dessa interação envolvem dois sistemas para que se desencadeiem um endógeno e outro exógeno. O primeiro envolve um mecanismo vinculado ao sistema nervoso central, aos mecanismos hormonais e aos mecanismos humorais. Esse três mecanismos se inter-relacionam, agindo sob a ação de fatores nervosos e hormonais, gerando assim um grupo de condutas espontâneas e não-programadas. O segundo provém do ambiente físico e da inter-relação com outros seres vivos chegando ao organismo a partir de *inputs* sensoriais, desencadeando respostas, muitas vezes, inatas. Essas respostas dependem da integridade do aparato sensorial. Quando os estímulos são muito freqüentes, cria-se um hábito que não favorece o desencadeamento da resposta, às vezes engendrando situações conflituosas que justificam aquilo que pensamos ser motivações momentâneas e, às vezes, inibindo temporariamente uma seqüência esperada.

As mensagens sensitivas nascem nos receptores e, de maneira consciente ou não, podem determinar respostas. Pertencem assim aos seguintes domínios:

- exteroceptivo, que fornece impressões de contato por meio da visão, da audição, do olfato, da pele e da mucosa das cavidades;
- proprioceptivo, que informa sobre as tensões musculares e orientação espacial;
- interoceptivo, que se dá por receptores de superfície digestiva, urinária, genital e muscular.

As emoções, semiologicamente falando, são sentimentos anímicos reativos (desencadeados por motivos externos), de caráter agudo e intenso, acompanhados de manifestações somáticas (rubor, taquicardia, sudorese). Têm uma ligação direta com as sensações e podem ser desencadeadas a partir de representações mentais, constituindo-se em um fenômeno episódico. As emoções podem ser classificadas como *puras ou autocentradas*, como medo, ódio e júbilo; ou *efusivas*, como o êxtase e o entusiasmo, que são responsáveis pela comunicação do indivíduo com seu ambiente.

Finalmente, os sentimentos, segundo Kurt Schneider (1976), podem ser classificados em *corporais* – localizados (sentimentos sensoriais de Stumpf), generalizados ou difusos (vitais, dor) – e sentimentos *anímicos* ou espirituais, os quais já estariam ligados diretamente à questão da hominização e seriam dela exclusivos. Qualifica-se a ligação com os objetos e podem ser *corporais* (sensoriais e vitais), não podendo ser diferenciados das sensações, sendo características imprescindíveis dos sentimentos as propriedades de agradável e desagradável.

As sensações e os sentimentos corporais se originam em parte nos estímulos externos, em parte nos estímulos internos e também nas representações e pensamentos e podem ser desencadeados por doenças (sede nos pacientes diabéticos, calafrios em doentes febris).

Os *sentimentos anímicos* ou psíquicos ("não-corporais") surgem diretamente da personalidade e condicionam a posição geral do indivíduo frente aos acontecimentos da vida; sua natureza é, portanto, especificamente humana. Os sentimentos anímicos ou psíquicos podem conduzir às sensações e sentimentos corporais e podem ser classificados em *sentimentos de estado* (do próprio eu) e *sentimentos valorativos,* com os primeiros refletindo a vida interna do indivíduo e podendo ser agradáveis (alegria, deleite), desagradáveis (tristeza, nostalgia, ciúme) e ambivalentes ou mistos (saudades, resignação), e os segundos podendo ser divididos em autovalorativos (afirmativos, negativos e ambivalentes) e heterovalorativos ou alovalorativos (também afirmativos, negativos e ambivalentes). Esses aspectos do existir humano, já bastante elaborados, diferenciam a espécie das demais, uma vez que lhe permitiram construir sistemas éticos e valorativos inexistentes nas demais espécies e que lhe permitem manter os grupamentos humanos funcionantes de maneira eficaz e característica.

Finalmente o humor ou timias corresponde a sentimentos anímicos mais prolongados, de origem reativa, sem repercussões somáticas ou com discretas manifestações constituindo a própria maneira de ser da afetividade. São produções endógenas sem ligação direta com o ambiente, e pensar dessa maneira permite que possamos encarar transtornos de humor de forma bastante característica.

Podemos pensar que o desenvolvimento cortical dessa espécie possibilitou o aparecimento de uma consciência reflexiva que lhe permitiu a linguagem, o raciocínio lógico, a conceitualização, a abstração, a previsão, entre outras coisas. Dessa forma, estabeleceu-se uma regulação comportamental mais sofisticada, com um controle dos aspectos afetivos primários muito superior e eficaz que favoreceu a adaptação, auxiliando-o a viver e a constituir sua matriz de identidade.

PSICOLOGIA ANIMAL E HUMANA

Cada espécie caracteriza seu existir em um ambiente determinado e ocupa um *espaço territorial* característico que, na espécie humana, vai ser caracterizado por um território perissomático e um domínio individual. Assim, conforme já citamos no item anterior, o homem como espécie social participa dessas questões territoriais de maneira franca.

Esse território perissomático corresponde a uma zona de segurança individual que lhe determina condutas de vigilância, de fuga, de ataque e outras que são desencadeadas a partir de estímulos sensoriais interpretados a partir de *inputs* diferentes. Os dados obtidos são então armazenados de maneira organizada, a partir de técnicas cada vez mais sofisticadas. Entretanto, pela quantidade e complexidade dos dados obtidos durante toda a existência, vários deles serão generalizados para que os complexos processos de socialização e determinação de território possam ser organizados em nossa espécie.

Finalmente, só aqueles mais relevantes são selecionados em uma determinada situação para que o indivíduo se concentre nele. Em função dessas estratégias é que se estabelece o aprendizado desses comportamentos.

São então importantes aqui mecanismos atencionais e de memória que permitem um controle seletivo dos estímulos a serem considerados, de extrema importância conforme já referimos nesse processo adaptativo, bem como a preservação de informações que constituirão conteúdos relevantes em determinados contextos e que caracterizam, assim, o processo de aprendizado.

Essa memória, antes de ser uma memória permanente, de estocagem, que caracterizará a bagagem mnêmica decorrente dos processos de aprendizado, é uma memória de trabalho que permite a preservação de uma informação enquanto outra se processa dentro de um aspecto modular. O indivíduo mantém assim conteúdos relevantes em um contexto, temporariamente dentro do campo de consciência. O mecanismo em questão é de extrema importância e engloba a função executiva central, definida como a habilidade para encontrar soluções (ou estratégias) adequadas para um determinado problema, visando a um objetivo futuro (Castellanos, 2000), o que faz com que o indivíduo possa se envolver, de maneira eficaz, em um comportamento próprio, autônomo e sob seu próprio controle (Barkley, 2000). Para tanto, precisa regular o fluxo de informações necessário, bem como recuperar, da memória de estocagem, as informações que se fizerem necessárias. Compreende, então, uma série de habilidades que envolvem a aprendizagem, mecanismos de regras, raciocínio e mecanismos atencionais, orientados para um objetivo final previamente estabelecido.

Essa função executiva central depende de dois outros sistemas de fundamental importância na espécie humana, um encarregado pelas informações codificadas lingüisticamente (alça fonológica) e outro envolvido em procedimentos visuoespaciais armazenando informações visuais e espaciais como figuras ou símbolos (esquema visuoespacial) (Gathercole, 1993). Concomitantemente, essa função é responsável por uma atualização contínua da informação armazenada por meio dos dois outros sistemas descritos, controlando a prioridade das mensagens e coordenando as transmissões (Schneider, 1993). Conseqüentemente, ele aprende, como um aspecto característico, a criar e utilizar artefatos de dissuasão (armas) ou de proteção (roupas e/ou couraças) para comportamentos hostis provenientes de outros indivíduos. A exploração sensorial do outro se estabelece a partir de mecanismos de intimidade e de confiança que permitem que um deles olhe, cheire, prove gustativamente e toque o outro. Essa relação de intimidade então pode ser pensada a partir do "levantamento" das barreiras defensivas que impedem a "invasão" desse território perissomático, importante na proteção e na preservação do indivíduo e mesmo da espécie.

Concomitantemente com a proteção física, estabelecem-se, com o passar dos séculos, mecanismos de proteção psíquicos, expressos por meio das interdições, mecanismos de culpabilização, de vergonha e de educação. Isso permite que se estruture um processo civilizatório como forma mais adequada e eficiente, nessa espécie que processa dados rápida e eficazmente, de se adaptar e sobreviver em um mundo hostil competindo com espécies também bastante adaptadas (vale lembrar que os próprios dinossauros persistiram como espécies dominantes por aproximadamente 6 milhões de anos, ou seja, mais tempo do que a espécie humana).

Por outra ótica, quando pensamos em outras espécies animais podemos observar que elas estabelecem limites territoriais rígidos, demarcados e defendidos de forma física por seus detentores. Em nossa espécie, pelas possibilidades adaptativas características, derivadas do processamento de dados, essa territorialidade se estabelece de forma mais difusa, embora não menos eficaz. Jogos de ocupação de território, com marcações físicas (casas, espaços físicos, dinheiro, etc.) e simbólicas (conhecimento, saber, direitos, etc.) se estabelecem de maneira marcante.

Talvez uma das primeiras delimitações tenha sido o estabelecimento da casa, a partir da saída do nomadismo com a construção das primeiras cidades e as primeiras organizações sociais. Nessa casa, objetos específicos demarcam a posse e seus habitantes, e a legislação (simbólica) considera um crime sua invasão. Vai assim se privatizando e individualizando cada vez mais a partir das características pessoais de seus donos que, mesmo após morrerem, continuam tendo um espaço determinado e personalizado. Essa delimitação do espaço ao redor vai incluir gradativamente outros seres da mesma ou de outras espécies, bem como as suas criações físicas, tecnológicas, culturais, científicas e outras que são caracterizadas pelos diplomas, comprovantes, memoriais e outros dados físicos de significados territoriais.

Um segundo aspecto animal que passa a ser considerado de maneira bastante particular por essa espécie refere-se ao *domínio da sexualidade*, de extrema importância no que se refere à preservação da espécie com desenvolvimento de suas melhores qualificações. O acasalar-se é um fenômeno básico que propicia à espécie a possibilidade de continuidade e é, portanto, um fenômeno no qual, no bicho-homem, se imbricam aspectos biológicos, psicológicos e sociais. Entretanto, como espécie, fez desaparecer as atitudes de submissão entre machos e as manipulações genitais de reconciliação entre adultos não-parceiros, observadas em outros primatas (Zwang, 2000).

Erotiza-se e passa a se valorizar a questão erótica que marca, então, de maneira indelével, esse padrão comportamental na espécie humana, com manutenção temporal maior como garantias de segurança comportamental (presente em muitas outras espécies) e afetiva (decorrente dos significados estabelecidos a partir do desenvolvimento cortical). O sexo dissocia-se dos mecanismos de reprodução sedimentando relações de proveito mútuo entre homens e mulheres, com a fêmea humana podendo trocar o sexo com o macho por proteção (física ou econômica), o que dará origem, provavelmente, ao nascimento da família nuclear.

Essa erotização terá uma repercussão cultural que pode ser observada na questão de como a beleza, no decorrer do tempo, permeia a idéia da mulher no transcorrer das eras, com um padrão diretamente ligado a seu papel na sociedade, em que pese a afirmação de Malinowsky quando refere que, salvo em sociedades específicas, o conceito de beleza encontra-se ligado ao de perfeição, com um afastamento marcante daqueles traços que, usualmente, poderiam ser ligados à animalidade.

A essa concepção de que a beleza é uma obrigação feminina, "uma vez que, biologicamente, homens fortes e competentes lutariam por mulheres belas, dentro da mais pura perspectiva evolucionista", pode ser juntada a visão de Wolf (1992), que refere que a beleza é um sistema monetário semelhante ao padrão-ouro (e, portanto, de delimitação de território), não sendo universal. Por conseguinte, é cada vez mais conseqüente a liberação das repressões de caráter material, o que ganha terreno após a industrialização, quando surge uma nova classe de mulheres alfabetizadas e ociosas, cuja submissão seria necessária à própria evolução do capitalismo industrial. Mesmo com um padrão cultural extremamente marcante, tal afirmação não se diferenciará muito da noção de competência como mecanismo adaptativo que estabelece, de maneira culturalmente adaptada, que mulheres mais bonitas (teoricamente mais adaptadas ao acasalamento e à procriação) têm maiores possibilidades de serem escolhidas na busca de um parceiro – que deverá ser, também teoricamente, mais competente sob o ponto de vista da produção que, em uma sociedade capitalista, passa a representar o papel do caçador ou do coletor eficaz.

A questão da beleza talvez seja um tema importante, diferenciando-se o "belo" desse conceito, já que podemos pensar este a partir de um estímulo que nos provoca um estado diferente da realidade cotidiana, suscitando uma profunda emoção. Todavia, os cânones, modas e gostos – que variam de acordo com a época, a cultura e o pensar de cada indivíduo – caracterizariam aquilo que chamaríamos vulgarmente de beleza, embora esta se associe primariamente à natureza (Agullol et al., 1996).

No entanto, Bataille (1980), na introdução de seu livro sobre erotismo, considera o belo como a aprovação da vida até na própria morte, dando-lhe um significado e uma profundidade tais que o diferenciam fundamentalmente da sexualidade animal, uma vez que envolve e implica toda uma vida interior que o leva, em sua consciência, a colocar em questão todo o seu ser. Como diz aquele autor, "no erotismo eu me perco". O conceito de beleza aparece, assim, profundamente envolvido com um aspecto eminentemente humano da questão erótica, uma vez que não podemos falar no erótico, *lato sensu*, se não nos referirmos à beleza. Não falamos então da beleza de maneira objetiva, similar à ação das plumas multicores na vida sexual dos pássaros de modo a serem mais ou menos belos, considerando-se os padrões gerais da sua espécie. Falamos, isso sim, nesse ideal estético dentro de uma subjetividade, que intervém na apreciação feita pelo homem à beleza humana (e, aqui, a juventude torna-se o primeiro elemento de avaliação).

Essa subjetividade, que dará os padrões relativos ao belo e ao erótico, é coletiva em nossa espécie, caracterizando nosso universo, seus desejos e seu comportamento sem que, no entanto, tais fatos alterem a questão subjacente e implícita da beleza como mecanismo adaptativo importante na escolha do parceiro visando a procriação e a seleção da espécie. Entretanto, embora possamos argumentar dessa forma, segundo Bataille (1980), um homem e uma mulher são considerados mais belos quanto mais eles se afastam do padrão de animalidade. A aversão pelo que, em um ser humano, faz lembrar formas animais, principalmente antropóides, é patente; isso talvez como reação defensiva à própria animalidade presente na questão.

Na mulher, o padrão estético de beleza está associado, na maioria das culturas, cada vez mais à irrealidade das formas e ao esquecimento da maternidade, embora, do ponto de vista adaptativo, esse padrão deva ter sido o inicial. Obviamente, um estudo transcultural das noções de beleza incluirá coisas para nós estranhas, como a preferência de pessoas com estrabismo (entre os maias) ou com nádegas gigantes (entre os hotentotes). Essas diferenças devem ser levadas em consideração, pois é possível que em todas as culturas (e devem existir pelo menos 100 mil delas desde o tempo de Neanderthal) tenham aparecido detalhes particularmente interessantes nas fantasias sobre a beleza. Isso, todavia, não impede que tenhamos em mente ainda uma das interessantes conclusões de Darwin sobre a atratividade em geral, a de que as pessoas geralmente admiram (e algumas vezes até exacerbam) as características a que estão acostumadas, e esse costume é estabelecido e estimulado pela cultura que vai representar o padrão de maior eficácia daquele ser que passa então a selecionar indivíduos similares. Essa questão talvez deva ser pensada inclusive quando consideramos fenômenos como os de segregação de populações minoritárias.

É bastante claro para qualquer um de nós que a atração que se processa entre duas pessoas não é desencadeada somente pelas características físicas, pois, em muitas culturas, inclusive na nossa, capitalista, pragmática e massificante, discrimina-se também a atividade física e o desempenho como pontos de interesse na busca de um novo companheiro. No entanto, os antropólogos também observam que, embora existam padrões razoavelmente bem delimitados de beleza, o ser humano, principalmente o homem, contenta-se habitualmente com menos do que a sua figura idealiza.

Embora os atrativos físicos específicos universais sejam difíceis de serem descobertos, é bastante simples descobrirmos traços considerados eminentemente antieróticos (traços esses muitas vezes relacionados a um critério paralelo de saúde) e, por que não dizer, não-eficazes, sob o ponto de vista adaptativo no que concerne à atratividade, razão pela qual passam a não ser selecionados como traços dominantes.

As culturas nativas, estudadas por Malinowski (1982), mostram que as deformações, as doenças do corpo e do espírito, a velhice e o albinismo são traços que fazem que a pessoa perca todo e qualquer interesse erótico. Nessas culturas, as doenças vão adequar-se dentro das categorias *tabus* que proporcionam ao seu portador um *handicap* negativo que dificulta o relacionamento social com os mecanismos de estigmatização e de segregação vinculados a condutas básicas destinadas a privilegiar os mais bem dotados biologicamente com a finalidade de procriação e manutenção da espécie.

Entretanto, o homem e, conseqüentemente sua cultura, é mais complexo, e a seleção do parceiro é, por si só, muito exigente já a partir de seu próprio desenvolvimento, que é processado ao longo de grande período de tempo, limitando também seu relacionamento com os genitores. Isso ocorre porque, ao chegar à idade de procriação, como a mãe tem usualmente ao menos o dobro da idade do filho pequeno, é o estímulo erótico ocasionado por ela, dificulta, por si só as relações incestuosas entre antropóides, dado esse reforçado pelo aspecto maternal. A contrapartida entre pai e filha, reveste-se de um abuso de poder, no mais das vezes também considerado antierótico. Da mesma forma, a proximidade ocasionada pela convivência constante das fratrias humanas, que permite uma grande intimidade, ocasiona também uma desconsideração erótica entre os irmãos (Zwang, 2000).

Pensando-se essa questão da sexualidade sob o ponto de vista dos comportamentos animais, ela, no homem moderno, dissocia-se da mera atratividade, e o outro é substituído, coisificado e desumanizado na desesperada busca de identidade e na fuga da solidão. Isso em uma espécie que trabalha, na maior parte do tempo, com a questão dos significados gerais e particulares dentro de um padrão sócio-histórico determinado. A questão do erotismo da beleza passa a ter que ser pensada no homem a partir desses significados que se alteram no tempo e no espaço.

Ao pensarmos a Vênus de Lespugue, vemos, como características, grandes nádegas e seios compreendidos e relacionados aos cultos de fertilidade e das grandes deusas-mãe, representativas de sociedades matriarcais, nas quais a mulher tem uma importância significativa, porque representa a perspectiva de continuidade transgeneracional do indivíduo, de sua família e, em última instância, da própria espécie. O padrão mais adaptado da mulher procriadora é passado através das gerações a partir dos mecanismos representacionais e de linguagem que caracterizam essa espécie de caçadores-coletores que necessitam disputar o território com outras espécies.

Ao sairmos da horda primitiva e ao entrarmos nas primeiras sociedades estruturadas, já nos defrontamos com padrões estéticos impressionantes, em que, em um curto espaço de tempo (muito menor do que o da existência de muitas espécies animais), encontramos na mulher egípcia a importância dos olhos, destacados com a aplicação do pó de kajal, com a finalidade de proteção. Posteriormente, vimos o sombreamento das pálpebras superiores com o mozimit, pó verde proveniente da malaquita triturada, e os cílios tingidos com uma pasta de kajal e gordura (Rousso, 2000). A noção do erótico e da atração passou a ser auxiliada então por artefatos próprios, visando a uma maior eficácia e propriedade na disputa pela seleção do parceiro e pelo poder conseqüente, em atitude tipicamente humana que passou a alterar o biológico por intermédio de artefatos tendo por fim a melhoria de seu desempenho. Aqui isso é observado inclusive sob o ponto de vista da seleção de parceiros, visando à procriação e ao desenvolvimento da espécie.

A Grécia traz a noção da harmonia das proporções determinada por Fídias e Praxíteles associada à tez clara e com os enfeites, seguindo uma ordem harmoniosa dos diferentes elementos, embora a cosmética fosse ridicularizada (Rousso, 2000). Entretanto, como as doenças eram ali divididas em acidentais *(katatyken)* e aquelas que proporcionavam necessidades inquestionáveis *(katananken)*, com as primeiras sendo acessíveis à prática médica, e as segundas se inserindo como produtos de uma vida não virtuosa *(diskrasica)* para a qual os padrões médicos *(tekné)* não tinham acesso já que não eram naturais, a saúde, como a beleza ou a virtude, eram aspectos naturais, ao passo que a doença e a feiura eram "antinaturais" (Medina, 1996). O mais atraente é, portanto, aquele que, em termos de significados, é o mais perfeito. Esse fato torna-se bastante compreensível dentro do raciocínio que estamos seguindo e por meio do qual consideramos o "mais apto" na seleção do parceiro como aquele que "a natureza" selecionaria como mais adaptado.

A Idade Média acentuou a dicotomia entre a mulher-mãe e a mulher amante, entre Eva e Lilith, entre a que é possuída e a que possui, com o antagonismo entre as duas marcado de forma clara, uma vez que a primeira caracteriza a mãe, que procria e perpetua a espécie (portanto, muito mais próxima da idéia mais animal e primitiva de sexualidade), e a segunda aquela que se rebela contra o domínio de um deus masculino, buscando o próprio prazer e negando a característica territorial na qual é incluída (e, portanto, atribuindo significados eminentemente humanos e frutos de seu processamento mental e, obviamente, cultural).

A imagem feminina é branca e pura como "o lírio", com o corpo virginal e delicado, esguio e gracioso, com ombros ligeiramente caídos, busto comprido, membros longos, pés grandes, quadris arrebitados, ventre arredondado e proeminente sob uma cintura fina, sendo "tão delgada que poderia ser cercada com as duas mãos". Seu rosto é liso com traços regulares, testa grande e redonda, "polida como um mármore", pálpebras redondas, transparentes e diáfanas, abrigando olhos azuis. Sua boca é vermelha, com dentes bem brancos, e seus cabelos são louros. (Rousso, 2000). Essa é a mulher casta, virginal, pura e imaterial das cantigas de amor e dos romances corteses que permearam o período, com a valorização da castidade e a interdição na troca de parceiros, marcando-se assim a questão da territorialidade ancestral. Dois aspectos são então separados de um mesmo fenômeno: a questão procriativa, restrita à imagem maternal, e a da idealização do outro, tendo significados distantes da idéia de animalidade (ligada, portanto, à questão da fertilidade). Contudo, ambas as idéias são marcadas pelas noções de posse e de territorialidade.

Datam do século XIII a emaciação refletindo o auto-sacrifício, com a ingestão somente da eucaristia, que tinha um significado espiritual profundo e era acompanhada da abstinência sexual, rejeição ao casamento e o ascetismo, caracterizando-se assim as santas medievais (Liles, 1999), valorizando-se os sentimentos a partir da culpabilização da sexualidade vista como impura. Cabe lembrar que o espírito corresponde também ao domínio dos significados, acessível somente a partir da reflexão característica do bicho-homem e de suas estruturas cerebrais superiores. Busca-se assim o afastamento da idéia do homem como animal, passando a ser visto como alguém "criado à imagem e semelhança divina", e, portanto, os aspectos ligados à animalidade passam a ser excluídos e condenados. Isso marcou, e muito, a própria rejeição humana pelos aspectos evolucionistas, passando a valorizar idéias que posteriormente se refletiram na questão da "tábula rasa" e mais adiante ainda nas visões do homem como determinado somente pelo ambiente com presença freqüente na discussão "natureza *versus* criacionismo" do final dos anos de 1960.

Com o Renascimento, alteraram-se as concepções da beleza, e a mulher trouxe de volta um corpo glorificado como o mais belo da criação, com a harmonia de suas proporções muito representada por Firenzuola (apud Rousso, 2000) na sua inscrição em um círculo cujo centro é o sexo. Critérios eram definidos com o nariz tendo o comprimento dos lábios, a soma das orelhas sendo igual à da boca aberta e a altura do corpo correspondendo a oito vezes o tamanho da cabeça. Ela era alta, com ombros largos, cintura fina, quadris amplos e redondos, dedos afilados, pernas roliças, pés pequenos e seios com a forma de uma pêra invertida. Sua pele era tão branca que chegava a ser transparente, e os cabelos eram longos e louros. Ela era, então, sólida, firme e branca, tingida de um rubor pálido, redonda, maleável e com formas opostas às do homem (Rousso, 2000). A partir disso, um modelo teórico foi estabelecido, com regras e regularidades, definindo aquilo que, teoricamente, deveria ser o mais atrativo.

À Renascença contrapõe-se a Reforma com seu ascetismo e o predomínio da alma sobre o corpo, abolindo-se as questões do desejo e da estética. No período da Reforma, a mulher era pudica, ascética e moralista. Seu corpo permanecia escondido, seus cabelos eram arranjados sob a forma de um coque, e sua beleza era majestosa e solene com dignidade.

Entretanto, a contra-reforma francesa trouxe o refinamento, a pele branca e a maquiagem. Essa reação levou-nos posteriormente ao esplendor do império francês, no qual Versalhes espelhava o padrão de beleza e moda de todo o mundo civilizado.

Os corpos ficaram roliços, com covinhas e dobrinhas, realçados por rostos doces e delicados com nariz pequeno, lábios redondos e queixo pontudo. Olhos negros e vivos, pele alva como a porcelana, seios fartos, cinturas delgadas, tornozelos finos e pés pequenos. Os traços já não são regulares, mas a mulher precisa ser vivaz e alegre, com um porte de cabeça aprumado, ombros redondos, peito elevado e pequeno, pernas compridas. A questão da atratividade passa de maneira gradual do aspecto eminentemente sexual e reprodutivo para o terreno dos significados com caráter meramente humano e decorrente do sistema de processamento que constrói ao longo dos anos.

Com o passar do tempo, estruturou-se o movimento romântico, o qual influenciou tão profundamente nossa cultura que até hoje muitas das características por nós consideradas como óbvias a ele remontam. Suas mulheres são diáfanas e cristalinas, flexíveis e ondulantes, pálidas com longos cabelos escuros e olhos azuis melancólicos e sonhadores, caracterizando a natureza espectral que marca a beleza da época. Para tal, chegavam a ponto de desmaiar por falta de alimentação, buscando-se, de maneira cultural, a preservação do mais adaptado que, indo além da mera determinação biológica como nas outras espécies, passou a ser selecionado na espécie humana a partir das modificações socioambientais. Unificava-se, assim, a dicotomia proveniente da Idade Média, da mulher anjo ou demônio.

O século XIX trouxe em seu bojo a mulher burguesa, bem alimentada, roliça, com costas gordas, ombros caídos, cintura grossa, coxas redondas, pescoços poderosos, braços roliços e com celulite, mãos quadradas, seios generosos (da mãe de família e mulher honesta). Mulheres caracterizadas pela opulência e por usar pouca maquiagem (Rousso, 2000).

Entretanto, também são desse momento as anoréxicas santas e místicas, com uma imagem fragilizada de mulheres dependentes do homem e com o apetite sendo visualizado como um "barômetro da sexualidade" (Liles, 1999), a qual, pela sua origem eminentemente animal, devia ser rejeitada na luta constante da negação humana de sua própria gênese.

Finalmente, adentramos no século XX, objeto de nosso estudo e de nosso interesse, uma vez que é nele que se estrutura o fenômeno dos transtornos alimentares, como entidade nosológica psiquiátrica de importância dentro do aspecto evolutivo que estamos procurando propor.

O século XX caracteriza-se, entre outras coisas, pela "indústria cultural" que estabelece uma série de condicionamentos e padrões de comportamento, formando o que se convencionou chamar de "cultura de massa" e dentro da qual encontramos também as concepções modernas de doença mental e de seus tratamentos adequados. A maioria dos modelos propostos no cotidiano está em conexão com a realidade do dia-a-dia, em resposta principalmente a uma massificação cultural, que passa a ditar os modelos que se mostram mais aptos a conquistar o espaço (territorialidade) social necessário e o parceiro mais adequado a isso. Essa "indústria cultural", fruto do processamento mental humano, vai gradualmente interferindo em seu próprio criador, alterando-o e, em conseqüência, sendo novamente alterada por ele (por exemplo, a popularização dos conceitos de depressão e o conseqüente uso indiscriminado de antidepressivos, podendo interferir nos próprios mecanismos de funcionamento do indivíduo, selecionando características diferentes).

Esses modelos ligados de forma indissolúvel a uma sociedade de consumo transformam-se em situações que passam a ser ideais a serem atingidos pela maior parte da população. Dentro dessa transformação, selecionam-se indivíduos que buscam (artificialmente a partir de modificações ambientais) alterações em sua própria estrutura biológica.

Dentro dessa concepção, todos, em diferentes medidas, são consumidores de mensagens elaboradas em série a partir das leis de oferta e procura (ou da seleção natural em que o "natural" passa a ser definido pelo socialmente mais adaptado e valorizado), não escapando dessas mensagens nenhuma parcela da população.

Em relação às camadas sociais menos favorecidas, uma situação importante apresenta-se: como diz Eco (1976), a diferença de produtos não constitui *a priori* uma diferença de valor, mas uma diferença de relação fruitiva, porque, no dizer do mesmo autor, a possibilidade de se utilizar de determinados aportes de nossa cultura é restrita à grande parte da população, que se perde assim dentro daquilo que é demasiadamente massificado e não passível de reflexão, permanecendo mais dentro de um mundo de forma, e não de significados. Portanto, é menos eficaz na subsistência dentro do grupo e, em conseqüência, menos capaz de alterar os padrões dominantes em seu próprio benefício. Embora afetada igualmente, tem menores possibilidades de alterar esses padrões adaptativos desenvolvidos pelos grupos dominantes. Pensando-se desse modo, podemos observar que, com o advento de uma sociedade industrial e pragmática, se alteraram os costumes relativos à sexualidade (a questão da atratividade é cada vez menos vinculada somente a características biológicas que podem ser alteradas pela própria ação humana), uma vez que essa nova cultura, baseada nos conceitos de produção e consumo, é estruturada em uma burguesia detentora dos meios de produção (teoricamente mais eficaz sob o ponto de vista primitivo dos caçadores e coletores). Assim, rompe com padrões da moral tradicional provenientes dos períodos anteriores, procurando estabelecer novos valores e costumes; porém, ainda que de maneira inconsciente e pouco perceptível, mantém estruturas de seleção que visam à preservação e à dominação do mais adaptado dentro de um modelo que não mais é biológico puro, mas sim sócio-histórico. Embora se alterem as condutas propriamente ditas, mantém-se a estrutura que se sofistica pelos mecanismos de aprendizado e de seleção. Se buscarmos uma revista ou um programa de TV de "famosos", qualquer que seja, encontraremos "machos" mais fortes (a força aqui representada pelo poder econômico, político ou pela fama) que se apresentam em espaços restritos e delimitados (interditos aos demais da espécie), apreciando as melhores comidas (ou se quisermos pensar cinicamente, as melhores partes da caça de nossos ancestrais pré-históricos) e desfrutando das "fêmeas" mais bonitas (ainda que atualmente com uma grande participação da própria capacidade humana em alterar a natureza).

A primeira década do século XX corresponde a um prolongamento do século anterior, persistindo as silhuetas rechonchudas, redondas e polpudas, embora já com o advento de algumas figuras longilíneas, com rosto frágil e vastas cabeleiras louras emoldurando um rosto delicado. A silhueta mais marcante era aquela que caracterizava a mulher-flor, cingida em um espartilho que lhe apertava a cintura (o ideal era de 42 centímetros), ressaltando, assim, seios e nádegas (importantes na mulher reprodutora), e que culminava com um coque no alto da cabeça (Chahine, 2000). Esse realce valoriza os mesmos aspectos considerados importantes na mulher procriadora de muito tempo antes.

Os anos de 1910 trouxeram a mulher *vamp* – sedutora, impiedosa, de pele clara e olhos profundos, posturas lânguidas. Aboliu-se gradualmente o espartilho, introduzindo-se o sutiã, e os vestidos se abriram (com o objetivo de dar comodidade e liberdade aos movimentos) e diminuíram de tamanho (por uma questão de economia dos anos de guerra) (Chahine, 2000), apesar de todas essas características terem trazido subjacentemente a idéia da eficácia na seleção do parceiro.

A década que se seguiu trouxe uma mulher mais independente, com cabelos curtos, silhueta andrógina, com *maillots* elásticos que comprimiam os quadris e achatavam os seios. A maquiagem passou a ser mais audaciosa, com as peles claras cedendo parte de seu espaço às peles morenas e bronzeadas.

Os anos seguintes, caracterizados pela ascenção das ditaduras européias, trouxeram mulheres submetidas a regimes de emagrecimento, langorosas, testa debastada com pinça, cabelos claros, sobrancelhas reduzidas e arqueadas, olhos grandes, cílios curvos. Os quadris continuaram sendo escondidos com silhuetas longilíneas, cabelos novamente crescidos e ligeiramente ondulados, tez bronzeada e os primeiros óculos escuros (Chahine, 2000). Interessante porque, embora persistisse a idéia de seleção do parceiro, como a necessidade de procriação era menos importante uma vez que a espécie nos últimos cem anos havia tido um desenvolvimento populacional extremamente alto, os atributos da maternidade passaram a ser cada vez mais desconsiderados da mesma maneira como o controle de natalidade passou a ser cada vez mais estimulado.

Os anos de 1940, correspondentes à Segunda Guerra Mundial, provocaram os primeiros abalos nos costumes. O cinema firmou-se como divulgador de padrões universais de conduta, e suas atrizes começaram a se despir (embora timidamente) em seus filmes. Criou-se o mito das *pin-up girls*, utilizadas nas campanhas militaristas norte-americanas da Grande Guerra (afinal, o estímulo sexual era um forte estímulo motivador, principalmente em situações de crise). Entretanto, procurou-se de forma muito clara preservar a estrutura familiar dentro dos modelos burgueses tradicionais, com a mulher colocando-se não como objeto de prazer, mas principalmente de participação doméstica (afinal, o cuidado para com a prole é tarefa quase exclusivamente feminina nas espécies mamíferas). As mulheres são magras, com a beleza sendo sinônimo de saúde (não há, portanto, grande diferença, como observado por Malinowsky nas sociedades primitivas). Cabelos frisados e com volume aumentado são a coqueluche do momento. São portadoras de pernas longas, coxas grossas e seios generosos (Chahine, 2000).

Os anos de 1950 foram, sobretudo, elegantes. Eles trazem os prenúncios de uma grande mudança. Nesse período, surgiram os primeiros sinais de uma revolução de costumes com o aparecimento do *rock and roll* e com o cinema trazendo algumas visões mais ousadas como a sensualidade.

Os papéis de esposa e mãe são valorizados em contraposição a uma imagem de homens sérios e responsáveis, embora a quantidade de filhos não o seja. As silhuetas são longas com cintura fina e seios altos e redondos. Como contraposição a essa idéia de seriedade, caracteriza-se a figura da *pin-up* com pele pálida, bem-maquiada, erotizada e sedutora, como uma ameaça às famílias bem-constituídas. Misturou-se a sedução com a aparência de ingenuidade que permitiu o aparecimento dos mitos Marilyn Monroe e Brigite Bardot. Foi uma década em que foram prenunciados o movimento de liberação feminina e uma mudança substancial no pensamento.

Esse movimento foi gradativamente se estruturando e culminou com a revolução sexual dos anos de 1960, caracterizada pelo advento da pílula anticoncepcional (com a concretização da falta de necessidade de procriação, uma vez que a espécie já provou ser viável e estabeleceu mecanismos que dificilmente a fariam desaparecer se consideradas somente as variações naturais e biológicas), dos novos movimentos feministas e dos movimentos estudantis. O cinema reforçou essa mudança de valores, e um novo elemento nessa indústria cultural entrou em todas as casas e passou a modelar (e alterar) cada vez mais as condutas. A televisão, embora tenha surgido na década anterior, demonstra toda sua força e pujança nesse momento. Reinará absoluta, como padrão de beleza, a manequim Twiggy, de quem o Paris-Match perguntará *"menino ou menina?"* (Morhrt, 2000), e que será caracterizada pelos olhos acentuados e cílios inferiores bem-delineados, ar de boneca, pernas compridas e silhueta andrógina, vestida com uma minissaia, botas e suéter. Diminuem assim as diferenças eróticas entre homem e mulher, impulsionadas pelas próprias alterações que o homem estabelece em suas alterações sobre sua própria biologia.

O final da década de 1960 quebrou tabus e trouxe liberdades sociais não imaginadas anteriormente. Juntamente com o *slogan* "Faça amor, não faça guerra", iniciou-se um culto ao corpo, com seios soltos sob as blusas, regimes de emagrecimento e exercícios de musculação. As silhuetas eram jovens, com energia, vestindo pantalonas e com cabelos longos e abundantes definindo, de maneira clássica, o *flower power* com todo seu culto à liberdade e à natureza. Paralelamente, instituiu-se uma beleza saudável e esportiva que culminou ao final desses anos (Mohrt, 2000), mas sem deixar de caracterizar sempre o mesmo mecanismo de seleção do mais apto (difundido pelos diferentes tipos de mídia) na escolha do parceiro e na delimitação do território que deixou de ser físico e passou a ser simbólico.

O modelo de globalização tornou-se de tal maneira importante que se perderam as fronteiras regionais e culturais (o bicho-homem, como única espécie animal que, tendo o poder da plasticidade e da adaptabilidade, procura a estabilização das condutas mais eficazes a partir das próprias ferramentas que construiu visando à sua subsistência, substitui a natureza, mas com a mesma finalidade), ficando os estereótipos de tal forma difundidos que se institui um padrão global, muitas vezes inconcebível para as regiões nas quais muitos tentam copiá-lo. Enfim, "compra-se" uma aparência da mesma maneira como roupas ou outros acessórios, ficando o corpo definido como mais uma categoria de consumo.

O sonho da eterna juventude vem à baila com *peelings*, *liftings* e outros recursos de estética, facilitando aquilo que alguns chamam de "o dever de ser jovem" (animais jovens são mais fortes, melhores caçadores e, conseqüentemente, mais efetivos nas categorias que estamos considerando como seleção de parceiros e delimitação de território), bem como as aplicações de silicone em seios e nádegas, que esculpem um corpo artificial e sexualizado, com finalidade eminentemente consumista.

É interessante, no entanto, observarmos que, mesmo em textos referentes à educação sexual, algumas dessas características eminentemente culturais são trazidas como aspectos absolutos, quase característicos da própria espécie (ainda que possamos considerar que, embora não o sendo, passam a ser pela característica própria da espécie de alterar seu equipamento genético-constitucional a partir de um investimento sociocultural por ela própria criado).

Carnoy (1998) cita que a silhueta da mulher deve ser esguia, contrastando com os seios e a curva dos quadris, que, "modelados por uma saia ou calça justa, atraem os olhares masculinos". Contrariamente, as características físicas masculinas são menos demarcadas e incentivadas. O atual arsenal do mito da beleza fica embasado na disseminação de milhões de imagens do ideal em voga, com um comportamento essencial por motivos eminentemente econômicos, transformado em virtude social e, como resultado, o valor feminino deixando de ser definido pela domesticidade virtuosa (Wolf, 1992).

Abandonando-se esse aspecto cultural e pensando-se biologicamente, temos de considerar que as gônadas (testículos e ovários) derivam-se embriologicamente de três pontos, o mesotélio, o mesênquima e as células germinativas primordiais. Primitivamente, o embrião possui um potencial indiferenciado para o sexo masculino ou para o feminino.

Seus estágios iniciais de desenvolvimento ocorrem por volta da quinta semana. Nos embriões de sexo cromossômico XX, o córtex dessas gônadas indiferenciadas dá origem aos ovários, enquanto a medula regride. Diferentemente, nos de sexo genético XY, a medula diferencia-se nos testículos, e o córtex regride. A presença desse cromossoma Y, principalmente em função de seu braço curto, é crítico para a determinação sexual, pois tem um efeito testículo-determinante sobre a medula da gônada indiferenciada, conforme falamos inicialmente.

O tipo de gônada presente estabelece o tipo de diferenciação sexual que ocorre nos ductos genitais e na genitália externa com a testosterona androgênica produzida pelos testículos, determinando as características da masculinidade física. Contrariamente, a diferenciação sexual feminina do feto aparentemente independe dos hormônios e ocorre mesmo em caso de ausência dos ovários (Moore, 1994).

A partir do desenvolvimento sexual físico é que se vai processar todo o desenvolvimento da sexualidade sob o ponto de vista erótico. Uma vez fisicamente maduro para o estabelecimento de uma vida sexual ativa, podemos pensar o ato sexual sob três aspectos: um físico, um psicológico e um social.

Considerando-se somente a questão biológica (e aqui temos características de espécie muito mais difíceis de serem alteradas visando à maior eficácia e ao melhor desempenho, ainda que a farmacoterapia venha esforçando-se para alterar também algumas dessas características), o intercurso sexual pode ser dividido em quatro fases. Durante a fase pré-copulatória, colocam-se em ação todos os órgãos corporais necessários à realização do coito, com seu desencadeamento operado a partir de influências psíquicas (representações mentais) e sensoriais (estímulos táteis, auditivos, visuais, olfativos, etc.) com uma resposta fisiológica caracterizada por reações vasomotoras, tais como ereção peniana ou clitoridiana e aumento da atividade das glândulas uretrais e vaginais. Encontram-se envolvidos nessa fase os chamados comportamentos de corte, que variam conforme a espécie animal envolvida, e são influenciados pelos níveis de esteróides gonadais (LeVay, 1994). Da mesma forma, mecanismos corticais atuam permitindo que o estímulo sensorial seja associado a representações mnêmicas e a significados pessoais que participam da seleção e da valorização do parceiro.

Na fase copulatória, a tensão se generaliza por todo o corpo, com uma sensação subjetiva de voluptuosidade e persistência dos fenômenos descritos na fase anterior. Nesse momento, o relacionamento social que permeia a aproximação para realização do ato já se efetuou, incluindo nele aspectos cognitivos de extrema importância. Na fase orgástica, a ejaculação marca seu ápice no sexo masculino, e na mulher corresponde a movimentos de musculatura pélvica principalmente. Em ambos os sexos, há uma diminuição da vasoconstrição e da tensão muscular, até então generalizadas. Dá-se o orgasmo, no qual a crescente excitação sexual, acompanhada de alterações morfológicas da genitália (principalmente devido ao ingurgitamento venoso), culmina com a obtenção de um ápice sensorial seguido de gradual redução da excitação e do aparecimento de uma sensação de liberação. Nesse estágio, a participação cortical é pequena e o momento é pouco passível de avaliação cognitiva.

A fase de resolução, no homem também chamada de fase refratária com duração variável segundo a idade, o indivíduo e a participação do par, constitui o período durante o qual é impossível a realização de novo coito. Na mulher não existe tal fase, o que lhe proporciona a possibilidade de novas experiências orgásticas em seguida (Trouvé, 1977).

Fisiologicamente todo o ato sexual é controlado por intermédio do sistema nervoso e do sistema endócrino. A cópula, por si só, é constituída de uma série de reflexos integrados nos centros medulares e do tronco cerebral e regulados no sistema límbico e no hipotálamo. Cabe lembrar que o sistema límbico envolve-se ainda em comportamentos mais complexos e também profundamente ligados à sexualidade como a elaboração e expressão de emoções (Byrum, 1997). Esse fenômeno se estabelece a partir de:

- circuito reflexo longo, responsável pela fase pré-copulatória que surge nos centros cerebrais sob a influência de estímulos psíquicos e sensoriais, caminhando até os órgãos genitais através dos fascículos medulares ou vias de sistemas vegetativos, provocando a vasodilatação dos corpos cavernosos;
- circuito reflexo curto, envolvido a partir de estímulos nascidos nos órgãos genitais, atingindo a medula lombo-sacra e que são responsáveis pela manutenção da fase de ereção e de *plateau*. O centro ejaculatório é estimulado pela distensão uretral, que é máxima no momento da ejaculação.

Os centros regulatórios superiores são constituídos pelos centros hipotalâmicos, integrando os diferentes estímulos capazes de comandar o ato sexual. As formações localizadas em regiões límbica e reticular controlam essas funções hipotalâmicas, mas é o córtex cerebral, característico de nossa espécie, que integra e seleciona os estímulos erógenos. A atuação direta em regiões cerebrais altera de modo claro a conduta sexual (Ganong, 1968).

O aprendizado, entretanto, desempenha um papel importante no desenvolvimento das técnicas de acasalamento, principalmente em nível de primatas, entre eles o homem, embora as respostas básicas estejam presentes independentemente desse aprendizado.

O sistema endócrino tem um papel mais limitado, apesar de o equilíbrio hormonal ser necessário para o exercício de uma sexualidade normal, uma vez que os hormônios sexuais não somente atuam na transformação de genitália, como também interferem na organização de condutas sexuais (Kimura, 1992).

A área cerebral que organiza os comportamentos reprodutivos dos machos e fêmeas é o hipotálamo, situado na base do cérebro e conectado com a hipófise. Trabalhos recentes (Kimura, 1992) referem diferenças cerebrais em nível de condutas masculinas e femininas, tais como o aumento da região pré-óptica em ratos machos, pela atuação do androgênio ou os comportamentos de acasalamento dos roedores machos sendo afetados pela di-hidrotestosterona – que atua diretamente na região da amígdala (Kimura, 1992). Da mesma maneira, a elevação de estrógeno nas fêmeas das espécies que não menstruam (cio) provoca alterações de comportamento que resultam nas condutas de acasalamento.

Mesmo sendo considerado que a sexualidade é uma conduta complexa, imbricada com todo o psiquismo do indivíduo – quer consideremos suas experiências pessoais, quer consideremos seu mundo social e relacional –, o papel do substrato biológico é grande, principalmente quando consideramos seus controles em nível cortical, que fazem que a conduta sexual do homem transforme-se em uma atividade extremamente rica e pessoal, repleta de significados e de símbolos eminentemente pessoais.

Podemos dizer que, da mesma maneira como estímulos hipotalâmicos atuam sobre o córtex cerebral, o inverso também é verdadeiro, uma vez que estímulos corticais agem sobre o hipotálamo. Isso demonstra o quanto a atividade sexual envolve a participação de grandes áreas cerebrais. Numerosos *inputs* sensoriais são combinados e, conjuntamente com a atividade hormonal, alteram a atividade neuronal em regiões específicas (área pré-óptica e núcleos ventromediais). Esses neurônios emitem sinais que vão via medula espinhal influenciados pela atividade cortical, assim que o comportamento sexual propriamente dito se manifeste (Le Vay, 1994).

O animal-homem, para sobreviver, desenvolveu aspectos psicológicos como características adaptativas; entretanto, ele nasce como um ser indiferenciado, e sua relação com o mundo dá-se primordialmente pelos reflexos que medeiam as suas ações, constituindo o que Ajuriaguerra (1973) chama muito propriamente de equipamento. Gradativamente, das interações desse equipamento com o ambiente que "investe" nesse novo ser, dá-se a construção do psiquismo. A coordenação de ações permite ao ser que estabeleça a diferenciação nascente entre sujeito e objeto, assinalada pela formação de duas coordenadas (Piaget, 1975):

- as ações do sujeito que consistem em reunir ou dissociar certas ações ou seus esquemas, ajustá-las ou ordená-las, pô-las em correspondência umas com as outras, etc. Assim, constituem-se as coordenações gerais que estarão nas bases das estruturas lógico-matemáticas;
- as ações dos objetos uns sobre os outros, conferindo-lhes uma organização espaço-temporal, cinemática ou dinâmica.

Essas coordenações fazem que sujeito e objeto comecem a se diferenciar na medida em que estabelecem maior intercâmbio, permanecendo, no entanto, dentro de uma natureza material, com longa evolução sendo necessária até a subjetivação das ações.

Esse indivíduo, devido à ausência de funções simbólicas, não apresenta pensamento nem afetividade ligada a representações que lhe permitam evocar pessoas ou objetos em sua ausência, mas elabora um conjunto de estruturas cognitivas que lhe servirão de ponto de partida para as construções perceptivas e intelectuais posteriores.

Seu desenvolvimento é um caminhar para o equilíbrio, uma vez que seu sistema cognitivo se alimenta por meio da percepção de informações obtidas do meio circunjacente e as organiza de forma que se reequilibra a cada novo elemento que se acrescenta. Esse princípio, o da equilibração, regerá todo o desenvolvimento do ser ainda iniciante.

As estruturas de identidade sexual são, então, desenvolvidas. Uma criança que nasceu totalmente indiferenciada passa a ter, a partir de um determinado momento, uma consciência exata de quem é, a que família pertence, com que sexo se identifica e qual é o papel social exigido para ela. Concomitantemente, ela desenvolve um padrão moral heterônomo – adquirido por imitação do modelo do adulto e usualmente acompanhado de uma sanção – que a faz, ainda que sem uma função adequada de julgamento de seus atos, avaliá-los em função daquilo que lhe foi ensinado e sobre o qual não questiona. Assim, se perguntarmos a ela, por volta dos 4 anos, o que é pior, se quebrar um prato e sua mãe ver ou quebrar dois pratos sem que ninguém veja, ela não vai relutar em considerar pior o quebrar o prato em presença da mãe, independentemente do valor real de dois pratos ser superior ao de um, e isso em função do medo do castigo e da relação entre a existência do fenômeno e a presença materna.

Em torno dos 7 anos, processa-se um novo salto qualitativo que permite a esse indivíduo estabelecer um pensamento concreto que lhe dará um instrumental cognitivo capaz de estabelecer hipóteses e, a partir daí, avaliar de forma mais precisa o meio circunjacente.

Todos os fatos e contextos são assim avaliados a partir de categorias que paulatinamente vão sendo desenvolvidas, de forma que, ao final desse período, por voltas dos 11 anos, a noção de mundo desse indivíduo é bastante precisa. Nesse período, o jogo assume formas regradas com a criança sendo capaz de compreender e respeitar regras que organizarão toda sua vida, com implicações sociais e, obviamente, relacionadas também à sexualidade. Da mesma maneira, surgem os jogos de construção, demonstrativos de uma maior capacidade cognitiva, que serão utilizados em estratégias de relacionamento mais adequadas sob o ponto de vista social.

A sexualidade é, nesse estágio, exploratória, com a criança agrupando-se em grupos homossexuais uma vez que se organiza nessa fase a auto-imagem e a auto-estima decorrentes de valores próprios porém parametrizados dentro de um contexto grupal de semelhança.

E por volta dos 12 anos processa-se um último salto qualitativo, com a criança sendo capaz de estabelecer pensamentos abstratos e assim sendo capaz de estabelecer hipóteses sobre fatos abstratos, com os interesses sexuais passando a ser gradativamente sua maior preocupação e estruturando aquilo que Eastman (apud Gemelli, 1996) chamou de "monogamia serial", caracterizada por relacionamentos sexuais fechados, de duração incerta, entre dois adolescentes solteiros que se encontram quando desejam e que podem participar freqüentemente de outros relacionamentos. O fato de poder escolher a conduta que lhe agrade abre-lhe infinitas possibilidades de ser, trazendo aspectos de angústia e insegurança. O espaço não é mais somente um espaço físico com categorias definidas, tais como massa, peso ou volume, passando a existir enquanto um espaço de significados onde ele tem que se localizar. O tempo também não é mais uma mera seqüência de eventos, mas sim uma rede temporal em que o presente é constituído de fibras que emergem do passado por meio da memória e que se cruzam com fibras que se dirigem diretamente ao futuro por meio da imaginação. Esse presente é, então, um tempo de significados eminentemente abstratos sobre o qual a criança começa a elaborar projetos existenciais.

Definem-se, dentro de uma ótica heideggeriana (1977), um mundo como contexto existencial, frente ao qual o adolescente se posiciona, embora de modo tímido e inseguro; um mundo como estrutura de significação que desvela o ser dos entes e lhes dá significado e um mundo como parte do homem onde, após a compreensão do ser dos entes e do ser-no-mundo, escolhe e executa os projetos dentro de suas reais possibilidades.

Pouco a pouco, esse indivíduo, a partir de seu desenvolvimento cognitivo, passa a estabelecer condições para a avaliação dos estímulos interiores e exteriores de maneira a desenvolver estratégias eficazes que lhe permitam adaptar-se ao ambiente social, dentro de seu contexto histórico e cultural. Entretanto, esse desenvolvimento e essas estratégias devem ser consideradas sempre dentro de um sistema político e social em constante mutação, de modo que os padrões morais de avaliação e os padrões condutais sejam avaliados dentro desse contexto de relatividade. É somente dentro dessa rede cultural que se definirão sintomas, diagnósticos e atitudes profissionais a serem tomadas (Frayser, 1993).

Considerando a questão do erotismo, vemos que nossa cultura ocidental sempre apresentou formas de expressão que o utilizaram e influíram de modo fundamental nos valores morais desenvolvidos. Isso porque tal questão é própria da cultura humana e, no dizer de Paglia (1992), é caracterizada pelo constante conflito entre os elementos que ela denomina apolíneos e dionisíacos, com o primeiro caracterizando a objetificação, a obsessividade e as regras, os controles e a petrificação dos objetos, enquanto o segundo reside na empatia, na energia, no êxtase, na promiscuidade e no emocionalismo. Nessa luta que considera o eterno conflito entre o cérebro superior dos controles e o sistema límbico das emoções, descrita no trabalho de Paglia de forma bastante poética, as oscilações se caracterizam no decorrer do tempo, com o predomínio ora de uma, ora de outra característica, de modo mais marcante.

Outro aspecto digno de consideração refere-se à *questão familiar*, uma vez que nosso animal em questão agrupa-se em grupos familiares que, independentemente de suas características culturais, persistirão com o passar dos séculos.

Em um primeiro momento, essa estrutura se torna necessária pelo período de dependência dos filhotes da espécie, dependência essa que é aguda, pelo menos, nos primeiros dois anos de vida, durante os quais os cuidados são necessários para a própria preservação do recém-nascido e, em conseqüência, da espécie em questão. As próprias características do recém-nascido humano desencadeiam, no adulto da mesma espécie, reações de cuidado e proteção corporal expressos por comportamentos de maternagem como mensagens sonoras, gestos, sorrisos e cuidados corporais que proporcionam a sensação de segurança. Embora o pai participe desse processo, seu papel é muito mais de segurança e de subsistência do que de cuidado, o qual está mais diretamente associado ao papel da figura da mãe.

Com o crescimento da criança e sua gradual conquista de maior autonomia, o papel parental passa a ser mais de caráter educativo, uma vez que, pela maleabilidade da espécie, seu genoma não permite que se estabeleçam cuidados com, por exemplo, tomadas elétricas, diferentemente de outras espécies cujo medo de um predador parece já vir inscrito no próprio código genético, dispensando-se assim a importância educativa. No homem, pela sua capacidade de alterar o ambiente físico, esse aprendizado por meio da educação passa a se revestir então de importância fundamental. A família passa a ser o principal modelo educativo, ainda que, em uma cultura moderna, o papel da educação institucionalizada por meio de creches e escolas também deva ser considerado.

Por volta dos 7 anos, com a conquista de maior independência, acontece um maior afastamento dos pais, passando a um período de maior socialização representado pela escola e pelos parceiros de mesma idade. Além da educação, começa-se a estabelecer um modelo padronizado de instrução formal acompanhado do aprendizado de papéis sociais fornecidos pela família e pelo ambiente.

Com a adolescência dá-se a emancipação do indivíduo acompanhada de uma maturação cognitiva que lhe permite compreender e escolher os padrões sociais em que se inserem, observando-se ritos de passagem que marcam sua entrada em um grupo adulto, onde paralelamente a independência pessoal estabelece mecanismos de coesão a partir de modelos de aproximação, de respeito de território, de convivência específica, de cortesia, de negociação, de acordos e de participação, bem como de modelos de comportamentos fortuitos e de transmissão cultural.

Todos esses aspectos podem então ser vistos como melhorias, em termos adaptativos, dos comportamentos padronizados de outras espécies para convivência em bandos ou isoladamente visando à sobrevivência do indivíduo e da espécie e decorrentes do desenvolvimento cognitivo que nos possibilita existir nesse espaço de tempo. A família é, então, definida não só geograficamente, mas também a partir de outras influências importantes para o estudo da sexualidade, uma vez que a vida sexual é vivida segundo regras familiares.

O indivíduo humano, seu agir, seu proceder e, em conseqüência, seu existir em um determinado momento histórico são influenciados pelo passado e dependentes de uma projeção no futuro que condiciona os significados e os projetos existenciais. As questões simples como a família moderna, o casamento, a constituição e quebra dos vínculos afetivos, os padrões de comunicação, crenças, mitos, segredos, gênero, violência, enfim, tudo o que é subjacente aos padrões de interação da família atual – e por gerações – pode ser pensado não só no contexto social tendo em vista o momento histórico mas também considerando-se essas manifestações a partir de condutas animais primitivas que são elaboradas e significadas pelo animal humano. Pensando-se dessa forma sai-se de um modelo estático e absoluto do homem enquanto animal paradigmático para pensá-lo como um animal característico que, a partir de determinadas estruturas cerebrais, constrói uma série de significados que, mesmo considerada sua mutabilidade, definirão seu próprio existir.

A família depende então, em seu funcionamento, de um processo histórico que garante um passado, bem como de uma projeção no futuro que possibilita suas alterações e possibilidades, sempre, porém, sendo pensada dentro de suas características biológicas de proteção da prole, delimitação de território e expressão da própria sexualidade. É, portanto, uma instituição fundamental à própria vida social, definindo de certa forma possibilidades de valor, um ponto do sistema social para o qual tudo deve tender, enquanto instância de articulação entre o individual e o coletivo, o público e o privado, o animal enquanto expressão do biológico e o humano enquanto expressão significativa do social.

Quando da edição do livro *As origens da família, da propriedade privada e do estado*, Engels (1974), ao descrever os processos evolutivos da família, refere que primitivamente os seres humanos viveram em promiscuidade sexual, de forma similar a outras espécies animais, sendo que essas relações excluíam toda a possibilidade de certeza a paternidade, pelo que a filiação somente podia ser contada a partir da linhagem feminina segundo o direito materno. Em decorrência cabia às mulheres, como mães, enquanto os únicos progenitores conhecidos, gozarem de apreço e respeito. A passagem a monogamia ocorre particularmente entre os gregos, em função das concepções religiosas com a introdução de novas divindades representativas de novas idéias com mudanças pessoais das concepções, determinando as transformações históricas da situação homem e mulher.

O significado da família para um grupo social humano ou para um universo particular está vinculado a outros significados, e podemos supor, falando-se da cultura, que de alguma forma estes constituem um todo mais ou menos sistemático, embora não necessariamente ajustado e harmonioso (Velho, 1981).

Nessa evolução, dentro do padrão de família monogâmica que caracteriza o nosso modelo social, podemos segundo Poster (1979) caracterizar quatro modelos básicos: as famílias camponesa e aristocrática dos séculos XVI e XVII, a família burguesa de meados do século XIX e a família trabalhadora do início da revolução industrial. A família moderna, segundo ele, descende diretamente da família burguesa do século XVIII em contraposição com as famílias camponesa e aristocrática, uma vez que se caracteriza no espaço urbano determinado, com um padrão de baixa gradativa de fertilidade, um padrão de intensidade emocional e de privacidade com um casamento voltado para o acúmulo de capital e de valor de escolha individual, com esse modelo de escolha individual de cônjuges ocorrendo mais a partir da proletarização observada nos séculos XIX e XX. A sexualidade tem como característica sua inibição, e o casamento torna-se paulatinamente mais indissolúvel, sendo o amor romântico, cada vez mais a razão teórica básica para o casamento, o qual se estruturou dentro de rígidas concepções de papéis. A sexualidade está controlada e é vivida no casamento com a finalidade de servir e criar elementos para o grupo social, sem que o prazer e a realização pessoal sejam realmente vividos.

Assim sendo, quais as perspectivas dessa instituição destinada a facilitar a esse animal a subsistência de seus filhotes e, em conseqüência, de sua espécie?

Essa questão é básica porque temos de imaginar que seus participantes não se constituem nem em robôs inteiramente programados e comandados por princípios e mecanismos biológicos, nem com o livre arbítrio do indivíduo romântico, sujeito que molda e faz sua vida sem limitações, no reino total da liberdade cognitiva e existencial.

Mais modernamente, já dentro de uma família monogâmica porém em uma estrutura colonial, tomando-se como exemplo nosso país, a família marca-se por aquilo que podemos chamar de CASA-GRANDE (Gonçalves, 1995), estruturando-se em um sistema patriarcal de economia e de organização, tendo como base a lavoura trabalhada por mão escrava e pelos, assim chamados, agregados. Esses indivíduos, habitantes da senzala e das casinholas à volta da casa-grande, eram todos indissolúvelmente ligados ao senhor da casa, dentro da mais pura concepção de territorialidade que delimitava o espaço físico e os espaços pessoais. Em contrapartida, o dono da casa-grande, a exemplo dos chefes de grupo nos grandes antropóides, considerava-se responsável por todo o clã, na mais pura acepção do termo família, incluindo filhos legítimos e ilegítimos, sobrinhos, afilhados, escravos e agregados.

Pela distância entre as propriedades, o que reforça a estrutura territorial, os vínculos entre vizinhos é fraco, o que acaba unindo mais os familiares, caracterizando um grupo que protege a mulher jovem, da mesma maneira que são protegidas as fêmeas jovens nos animais gregários, vigiadas por uma mulher de mais idade ou de uma mucama de confiança, sendo colocada durante a noite em aposento no centro da casa, rodeada pelos quartos dos demais membros da família, a exemplo do que podemos observar em bandos de animais gregários nos quais os filhotes e as fêmeas jovens são protegidos pelo restante do bando. Assim, mulheres brancas e de passado relativamente recente submetiam-se ao poder dos patriarcas sem qualquer tipo de contestação, casando-se prematuramente como única possibilidade de sair do jugo paterno, embora só mudassem de domínio, pois passavam a ficar sob as regras do marido enquanto outro macho a que passavam a pertencer territorialmente.

A sexualidade era condenada pela religião dominante (expressão simbólica desses domínios territoriais) desde que resistisse ao princípio da procriação, condenando-se em conseqüência a homossexualidade (Winckler, 1983), conduta aliás esperada sob o ponto de vista biológico, uma vez que as próprias reações olfativas e gustativas da genitália do sexo oposto, nas espécies animais, provoca mecanismos de excitação característicos e nos de mesmo sexo, mecanismos de competição, agressão e hostilidade.

Dentro da perspectiva territorial, os filhos homens podiam vagar livremente pelas roças e pela senzala, favorecendo-se de uma convivência promíscua com a iniciação sexual precoce, proliferando os filhos bastardos com a conseqüente perpetuação da espécie.

Os casamentos eram combinados, centrados quase sempre sobre interesses patrimoniais e ocasionavam muitos filhos, os quais eram amamentados por amas de leite escravas. Esses bens e essas amas, conforme já pensamos anteriormente, refletem somente o poder sobre o espaço próprio dentro de um conteúdo simbólico com todas as suas características e conseqüências. A circulação de bens definia, então, os limites do casamento, uma vez que, a partir das alianças interfamiliares, se estabelecia a dominação socioeconômica, com a endogamia constituindo-se na regra, uma vez que as famílias limitavam o número de candidatos ao círculo comum de parentes (Winckler, 1983), e assim concentravam-se o território, a prole, as posses, o sexo e o poder.

Se pensamos uma sociedade já urbanizada, a família passa a ser vista como instituição social baseada em contratos comerciais, com uma casa típica que, em nosso país, em que pesem alterações regionais, obedecia a determinadas normas, salvaguardando e personalizando o espaço da forma necessária. No andar térreo ficavam a senzala e o armazém, uma vez que essas casas representavam uma nova classe social em ascensão, os comerciantes. No segundo andar ficava o escritório, e nos superiores ficavam as salas de visita, de jantar, os dormitórios e as demais dependências, fazendo que a família, território restrito e propriedade pessoal, ficasse a salvo dos olhares e da ameaça de concorrentes.

A convivência social era assentada sobre as festividades religiosas com uma situação de dupla moralidade, permitindo-se tudo aos rapazes e com os casamentos começando a deixar de ocorrer somente em função de razões de natureza material (Gonçalves, 1995). Embora se alterem a moral referente à vida e ao corpo, revendo-se as noções de amor, de masculino e feminino, de maternidade e paternidade, de relações entre pais e filhos, do papel de infância, adolescência e velhice, permanecem, se quisermos ver, de maneira subjacente, as delimitações territoriais agora mascaradas por interdições morais e religiosas. Essa reformulação dos valores traz mudanças no que se refere à educação e à higiene, condicionando-se a relação entre corpo sadio e bom desempenho de funções sociais.

Os escravos domésticos, antes propriedade do senhor e – como tais – dependentes de seus cuidados, passam a ser vistos como ameaçadores à saúde, causadores de problemas de ordem física e moral, causadores de problemas que se estendem da prostituição até as doenças venéreas, ou seja, as regulamentações sociais, apoiadas em outros significados, estabelecem sistemas hierárquicos já presentes em grupamentos animais.

O círculo familiar reduz-se, e os indivíduos passam a ter maiores responsabilidades, aproximando-se os seus membros cada vez mais para que se iniciasse a constituição da família nuclear burguesa, diferenciando-se mais do bando animal primitivo. Começa-se a se valorizar um pouco mais a educação feminina, e a psicologia passa a ser mais individualista, privilegiando-se esse circulo familiar. Em conseqüência, a idéia de amor conjugal é valorizada e a relação sexual é estimulada no âmbito das relações monogâmicas, construindo-se novos modelos de masculinidade e feminilidade com a defesa intransigente dos padrões heterossexuais e a sexualidade sendo admitida somente em nível genital, com as relações fora da esfera matrimonial sendo combatidas (Winckler, 1983).

Os sistemas simbólicos, cada vez mais estruturados, frutos do desenvolvimento das estruturas cerebrais que permitiram o pensamento formal na espécie visando à sua sobrevivência, pela mutabilidade ambiental, quer sob o ponto de vista material, quer sob o ponto de vista social, passam a ter um peso muito mais significativo do que o equipamento genético-consitucional que permitiu à espécie a sobrevivência nos primeiro momentos.

Com a abolição da escravatura e a substituição da mão-de-obra que passa a ser feita pelos imigrantes, novos hábitos se incorporam ao panorama social, iniciando-se o processo de industrialização e a formação de uma nova classe social urbana. Portanto, em função de problemas de ordem prática, as moradias ficam mais próximas às fábricas, criando assim grandes concentrações em bairros operários com o desenho de uma nova territorialização em função de um grande macho dominante, o dono da fábrica. Concomitantemente, hipertrofia-se a categoria dos funcionários públicos, servidores desse macho, devido ao aumento das necessidades burocráticas do Estado (reflexo específico dessa territorialização), passando esses funcionários também a residir próximo a seus locais de trabalho e demandando modelos arquitetônicos que economizassem terreno e dinheiro, uma vez que a melhor parte da caça, a exemplo de outras espécies animais, sempre permanece com o maior predador, o macho chefe do grupo, ainda que a caça não tenha sido por ele efetuada (um bom exemplo pode ser visualizado com um grupo de leões no qual, mesmo a leoa sendo a responsável pela captura da presa, é o macho o primeiro a se servir e, em conseqüência, a retirar o melhor bocado).

O esquema de urbanização acarreta a ruptura dos agrupamentos anteriores com o alojamento das famílias nas pequenas casas situadas nas proximidades das fábricas e das repartições públicas. Paralelamente, a mobilidade das pessoas aumenta, em busca de posição no mercado de trabalho que iniciava um processo de diversificação, ou seja, em outros bandos, contribuindo para a redução da convivência entre as famílias, não se alterando significativamente sua estabilidade, permitindo-se ainda a possibilidade de contatos distantes do ambiente familiar e com elementos estranhos. Isso favorece a exogamia, a recombinação genética, a melhoria da espécie – e, sob o plano dos significados, os casamentos se estabelecem então, cada vez mais, em função de razões ditas "afetivas".

Pensa-se assim em um novo tipo de homem, austero, racional, metódico, produtivo, estável em sua vida familiar, combinando-se para tanto aspectos coercitivos e persuasivos que favorecem a manutenção e a estabilidade do bando que aumenta e que, para permanecer coeso, necessita de regras mais complexas e bem-estruturadas. Como justificativa moral (e, portanto, de significados), defendem-se salários mais altos e outros valores típicos da sociedade burguesa e industrial desse período histórico. Preserva-se o casamento religioso, que passa a ser reconhecido pela lei civil, o divórcio é proibido, o matrimônio burguês é sacralizado, e o amor conjugal passa a ser considerado a comunhão entre dois seres que se amam e possuem identidades comuns. Em suma, "famílias impecáveis" nas quais se condena o adultério, reforçando-se a indissolubilidade do vínculo conjugal, e nas quais, é reservado para as mulheres um papel de mãe e esposa, tendo sua vida profissional deslocada para um segundo plano. Sob uma aparência positivista e moral, reforçam-se as mesmas noções que citamos em grupos animais com a preservação da fêmea, da prole e do espaço.

Finalmente, os últimos anos trouxeram modificações marcantes. Reduz-se o número de integrantes no grupo familiar, que constitui uma "família nuclear". Isso é decorrente do crescimento das cidades que passam a ser "gaiolas" cheias demais, necessitando regras extras (explícitas e implícitas) para que a população habitante permanecesse gregária e com menor índice de uma hostilidade que se torna, cada vez mais, flagrante. Surge assim a disseminação do APARTAMENTO.

São favorecidas novas forças de produção surgindo um novo tipo de consumidor, que passa a desenvolver novas formas de desfrutar a vida de modo a possibilitar um melhor bocado da caça para o "grande macho" detentor do poder e da força. Ingressa a mulher no mercado de trabalho como fator de mão-de-obra, chegando inclusive, ainda que de forma minoritária, a ocupar cargos decisórios, uma vez que seu papel procriativo e erótico passa a ser menos importante que o de mão-de-obra capaz de produzir recursos para o "chefe do bando".

Desmontam-se as antigas regras morais que, de repressivas e tradicionais, passam a ser governadas pelo princípio do desempenho que supõe referências socioeconômicas ligadas à produção e ao acúmulo de capital. Relativizam-se noções práticas que dizem respeito à virgindade, fidelidade conjugal, indissolubilidade do casamento. Alteram-se ainda as relações entre pais e filhos, embora aspectos importantes permaneçam para que novos consumidores sejam formados sem que se rompam drasticamente as estratificações sociais vigentes que preservam as primitivas noções de espacialidade, controle das fêmeas e da alimentação. A prostituição assume formas mais fluidas, e o corpo feminino é apropriado com a finalidade de estímulo ao consumo dentro das mesmas regras até agora observadas, embora algumas minorias continuem a ser discriminadas e os relacionamentos sexuais destinados claramente ao prazer, uma vez que o homem, por suas características cognitivas, controla a reprodução, enquanto espécie, e, enquanto problema, não a preservação da espécie mas, sim, a proliferação excessiva que passa a ser ameaçadora.

Outras alternativas passam a ser mais bem toleradas como a própria homossexualidade. Contrapõe-se ainda outro modelo, determinado pela proletarização de parcela significativa da população urbana e a conseqüente miséria que passou a ser relegada para que os espécimes dominantes possam permanecer no controle territorial, alimentar e sexual. Essa é a família da favela.

Podemos pensar que há, portanto, um forte vínculo, não só entre a ideologia modernizante observada, eminentemente capitalista, e a visão de mundo das famílias, com a observação de uma radical nuclearização e nítido enfraquecimento de seus laços com o universo mais amplo de parentes (Velho, 1981), restringindo-se assim a sociabilidade, como podemos fazer a mesma leitura primitiva da busca de aspectos básicos de sobrevivência animal, disfarçada sob a ótica dos significados inventados pelo bicho-homem, que, para sobreviver, cria mecanismos adaptativos extremamente sofisticados, mas que, em sua finalidade última, não escapam aos mesmos modelos observados em outras espécies. Logo, vários comportamentos ainda se encontram presentes na família moderna, mesmo que tais comportamentos tenham atravessado todos os períodos históricos, com as mudanças ocorrendo de forma muito lentificada.

Em um grande plano coletivo, continua-se aceitando a figura do senhor da casa-grande ou do chefe da manada, refletida nos elementos presentes da política populista, no coronelismo.

Em um plano individual, sobrevive o autoritarismo machista, sobrevivente da personalidade do senhor de escravos e do macho mais forte, que delimita seu espaço, submete os demais participantes do bando e desfruta das benesses materiais, sexuais e territoriais.

Privilegiam-se o valor da estabilidade familiar, alicerçada no modelo de casamento oriundo da casa-grande, passível de ser pensado como um grande fator de estabilidade de grandes bandos animais em que sejam evitadas as lutas pelas diferentes fêmeas. Para manutenção do espaço, reduz-se a parentela, enfatizando-se a individualidade e preservando-se o espaço territorial demarcado.

Não existe dúvida de que a família, como instituição, encontra-se em franco processo de mudança com a conseqüente transformação de boa parte dos padrões familiares, proporcionando o surgimento de novos modelos. Entretanto, também nos parece claro que, mesmo com toda a significação social e cultural que ela possui, ela traz em seu bojo também elementos animais, previsíveis e úteis para a permanência da espécie neste planeta.

Sob o ponto de vista do parentesco, a extrema mobilidade das populações e sua fixação em ambientes pequenos fazem que passemos a desconsiderar a questão do parentesco, privilegiando a família nuclear que, pela maleabilidade da espécie, vai deixando cada vez mais de funcionar a partir de regras dadas, passando a ser "negociada" continuamente, com pseudo-escolhas individuais sendo cada vez mais freqüentes. Isso pressupõe que essa capacidade de negociação de todos os elementos seja simplesmente um outro nome que podemos dar à maleabilidade adaptativa da espécie que, por poder alterar continuamente seu ambiente, consegue se transformar em um bicho capaz de criar possibilidades infinitas de subsistência, embora continue guardando em seu íntimo as mesmas características animais de seus ancestrais. Temos então possibilidades diversas. A primeira é alicerçada em uma visão utópica de sociedade enquanto organismo suprabiológico, pensada a partir da valorização das relações afetivas, da maximização do papel da mulher e da busca do companheirismo e da intimidade. Nesse contexto passa-se a exigir tudo da família, desde o amor-paixão de Tristão e Isolda, bem como a educação e a promoção da prole e a manutenção de uma rede prolongada de afeição exclusiva. Constitue-se, então, em um pequeno grupo completo e fechado em si mesmo que passa a deter o monopólio da afetividade, da preparação para a vida e do lazer reagindo à construção de uma sociabilidade pública (Ariés, 1981).

A outra visão, distópica, é fundamentada no pensamento de uma sociedade com a família transformando-se em uma estrutura frouxa na qual o predomínio do individualismo e da busca da ascenção social ultrapassam o significado das relações afetivas e das trocas de intimidade, bem como a invasão da própria privacidade, com a mudança de papéis entre ambos os sexos, com mudanças significativas no desempenho familiar, uma vez que o aumento indiscriminado do bando traz à tona exatamente a superação da pequena estrutura. Isso proporciona um mundo individualista onde a flexibilidade é absolutamente necessária e onde viver de acordo com expectativas, especialmente quando estas derivam de papéis sociais rigorosamente definidos, violenta as necessidades e desejos próprios do indivíduo (Lasch, 1991).

A QUESTÃO DA DOENÇA

Se formos pensar a questão da doença sob uma ótica eminentemente de evolução, a primeira coisa que nos passaria pela cabeça seria o fato de por que os mecanismos seletivos não teriam eliminado, no decorrer desses milhares de anos de evolução, a maior parte das doenças, principalmente as doenças mentais que, por si só são, na maioria das vezes, extremamente inadaptantes?

Para tentarmos pensar alguma resposta, teríamos que considerar causas próximas (por exemplo, dietas ricas em gordura propiciando placas de ateromas) e causas evolutivas que levariam em consideração o porquê de continuarmos gostando de ingerir gorduras (e querendo isso). Dessa maneira, conforme refere Nesse (1995), diferentes são as possíveis explicações, com bases evolutivas, para podermos pensar as doenças de maneira geral. Um dos mecanismos básicos de enfrentamento das doenças efetuado pelo organismo são os mecanismos de defesa, resultantes usualmente de mecanismos complexos que visam a expulsar ou a eliminar o fator patogênico. Se pensarmos em modelos físicos, um modelo simples seria a tosse, que, a partir de um estímulo detectável, desencadeia uma resposta corporal (a tosse propriamente dita) cuja finalidade é a eliminação do fator causal (o muco ou o corpo estranho).

Se pensarmos como aspecto psíquico, podemos pensar a resposta ao "estresse" que se caracterizaria, diante de um mecanismo ameaçador, pelo desencadeamento de uma resposta, mediada por sistemas de neurotransmissores que desencadeiam reações de ataque e/ou defesa, o que permite ao organismo eliminar o fator causal por meio do ataque ou da fuga. Outro modelo interessante de ser pensado é aquele decorrente dos quadros infecciosos, presente tanto nas patologias somáticas como nas mentais, em que temos um vetor que ataca o organismo, que por sua vez se defende (por exemplo, os mecanismos de febre descritos na malarioterapia por Von Jauregg) tentando eliminar o próprio vetor.

As variações ambientais, características da espécie humana, única a alterar o ambiente e ser alterada por ele, também atuam diretamente na construção das entidades mórbidas. Desde as dietas específicas até as intoxicações ambientais estabelecem não somente ações diretas sobre o organismo, mas também podem alterar, pela seleção natural, novos organismos com discretas variações.

As variações genéticas serão consideradas em outra área deste trabalho, mas devemos pensar que, quando falamos do homem enquanto um animal que muda o ambiente e é alterado por ele, estamos dizendo exatamente que as mudanças provocadas por ele estabelecem novos padrões de seleção que privilegiarão (ou não) determinadas linhagens. Isso implica custos que determinados padrões comportamentais ocasionam em um ambiente seletivo, o que é levado forçosamente em conta pelos mecanismos adaptativos.

Pensarmos a questão evolutiva sob o ponto de vista filogenético significa que temos que pensar o indivíduo como alguém construído por intermédio de um sem número de gerações privilegiadas por um processo seletivo contínuo. Dessa maneira, teremos condições de pensar melhor a questão da doença sem que nos esqueçamos de que esta é o produto de uma relação mútua na qual agressor e agredido interagem de maneira contínua, com interesses conflitantes. Portanto, os modelos terapêuticos têm de ser pensados em ambas as vertentes.

Se tomarmos como base os quadros infecciosos e tentarmos, a partir deles, pensar as chamadas doenças mentais, poderemos considerar que o Quadro 2.1 é somente uma metáfora e o que chamamos nele de agente patógeno não pode (nem deve) ser visto da mesma forma que em infectologia, uma vez que em psiquiatria esses fatores são multivariados e totalmente diversos. Temos que considerar nele inclusos aspectos familiares, ambientais, circunstanciais, eventos objetivos e subjetivos, conscientes e inconscientes, todos obviamente mediados por um sistema de neurotransmissão que não pode ser considerado de maneira retilínea e uniforme como causa ou como conseqüência, mas sim como mediador do fenômeno.

Ao pensarmos os modelos terapêuticos em Saúde Mental, temos que tentar estabelecê-los conforme essa multivariada possibilidade patogênica que pode ser visualizada por meio das seguintes possibilidades.

A questão da higiene mental envolve a diminuição de fatores estressores de modo que se diminua sua influência sobre os indivíduos em questão. Isso envolveria, de forma geral, além do aumento da resiliência, a diminuição da extrema competitividade, o aumento dos sistemas de su-

QUADRO 2.1

Classificação de fenômenos associados a doenças. Um modelo teórico comparativo entre doenças infecciosas e mentais dentro de um pensamento adaptativo

Observação	Exemplo infeccioso	Beneficiário	Observação	Exemplo psicopatológico	Beneficiário
Medidas higiênicas	Matar os mosquitos	Hospedeiro	Melhor qualidade de vida	Diminuição do estresse	Hospedeiro
Defesas do hospedeiro	Febre	Hospedeiro	Mecanismos de defesa do ego	Controle da ansiedade	Hospedeiro
Reparo do dano no hospedeiro	Regeneração tissular	Hospedeiro	Reparação do trauma vivido	Volta ao nível de funcionamento normal após RSPT	Hospedeiro
Compensação pelo dano	Obturação para reparação do dano	Hospedeiro	Reparação após processo terapêutico	Volta ao nível de funcionamento normal em quadros depressivos por exemplo	Hospedeiro
Dano do tecido do hospedeiro	Perda dentária	Ninguém	Dano de tecido cerebral	Encefalite	Ninguém
Incapacitação do hospedeiro pelo patógeno	Diminuição da função dentária por obturação inefetiva	Ninguém	Processo terapêutico inefetivo pela maior força do mecanismo traumático	Processos ansiosos graves com relações ambientais marcantes	Ninguém
Quebra das defesas do hospedeiro	Mudanças antigênicas	Patógeno	Quebra das defesas do hospedeiro	Mudança no padrão comportamental por pressão ambiental. RSPT?	Patógeno

(Continua)

Psicopatologia evolutiva 63

(Continuação)				
Ataque às defesas pelo patógeno	Destruição dos mecanismos de defesa	Patógeno	Ataque às defesas pelo patógeno	Psicoses de qualquer tipo	Patógeno
Uso do organismo pelo patógeno	Crescimento e proliferação do patógeno	Patógeno	Uso do organismo pelo patógeno	Psicoses de qualquer tipo	Patógeno
Dispersão do patógeno	Transferência dos parasitas por meio de mosquitos	Patógeno	Transferência da sintomatologia	Quadros contagiosos em psiquiatria (epidemias histéricas do século XVIII?)	Patógeno
Manipulação do hospedeiro pelo patógeno	Coriza, diarréia	Patógeno	Manipulação do hospedeiro	Pacientes identificados?	Patógeno

porte familiares e sociais, a valorização das culturas e das populações minoritárias, enfim uma série de medidas que, conforme vimos em alguns tópicos anteriores, vão exatamente na direção contrária da que o nosso grupamento social caminha.

Outro aspecto interessante seria a questão das barreiras e defesas mentais, tão bem explicadas a partir dos chamados "mecanismos de defesa", que tão bem foram descritos por Anna Freud. Eles não somente minimizariam as agressões internas ou externas, mas também preveniriam que estas causassem algum tipo de dano ao psiquismo do indivíduo, a semelhança das barreiras físicas que encontramos em nosso corpo.

Fator também digno de nota na avaliação dos quadros psíquicos seriam os sinais indicativos de sofrimento, os quais têm na dor seu representante físico mais comum. Em nosso caso poderíamos pensar que a ansiedade, enquanto esquemas de reação de ataque-defesa, motiva reações que levariam o indivíduo a tentar "escapar" do agente ou da situação agressora, o que o levaria a evitar um dano maior. Em vista disso, teríamos que pensar se ela, mais do que mera co-morbidade, não se constituiria em um mecanismo, muitas vezes, encarregado de sinalizar riscos ao próprio organismo. Isso porque indivíduos que, teoricamente, não sentissem sinais de ansiedade em alguma de suas formas (inclusive medo) permaneceriam nas mesmas atitudes durante longos períodos, sem sinais de mudança de qualquer espécie, o que resultaria em danos para o próprio indivíduo (que seria submetido, por exemplo, a estímulos agressivos se não sentisse medo) ou para aqueles que o cercassem (bastaria imaginar a maior dificuldade em se abordar terapeuticamente aqueles indivíduos diagnosticados como detentores de alterações de personalidade em transtornos de tipo delitivo).

Teríamos então, enquanto exemplos a serem pensados, mecanismos de detecção e alarme, de defesas por meio de barreiras (recalques) ou expulsão (negação), de ataque aos agentes estressores (formações reativas), fatores de dano (nas síndromes mentais orgânicas) e de reparação (pensando-se os sintomas positivos nas psicoses de linhagem esquizofrênica), todos eles, à semelhança do que podemos observar concretamente nas patologias somáticas, dentro de uma visão eminentemente funcional com possíveis benefícios não somente ao doente, mas também ao agente patogênico (e aqui as idéias de paciente identificado se encaixam de maneira interessante). Isso nos levaria, portanto, a uma visão terapêutica a ser pensada de maneira sistêmica, visando a pensar-se o hospedeiro (enquanto danos e reparos) e o eventual agente patogênico (como combate direto à patologia). Isso porque estaríamos pensando essa relação agente patogênico-paciente como uma relação competitiva e, eventualmente destrutiva, enquadrada dentro de uma perspectiva evolutiva com diferentes agentes competindo por seu melhor desenvolvimento e, em conseqüência, melhores condições de subsistência de sua carga gênica.

Poderíamos pensar a psicopatologia a partir do seguinte quadro proposto por Faraone (1999):

QUADRO 2.2
Seqüência de desenvolvimento psicopatológico

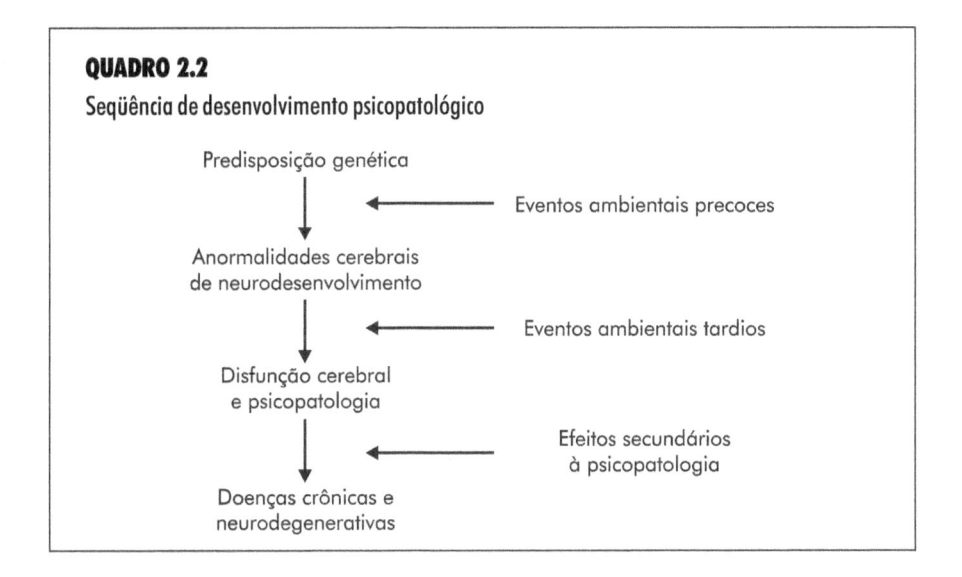

Predisposição genética
↓ ← Eventos ambientais precoces
Anormalidades cerebrais de neurodesenvolvimento
↓ ← Eventos ambientais tardios
Disfunção cerebral e psicopatologia
↓ ← Efeitos secundários à psicopatologia
Doenças crônicas e neurodegenerativas

Dentro dessa perspectiva, e não de um raciocínio linear puro, é que deveríamos pensar os fenômenos mentais, os quais, por essas intercorrências, se apresentariam de maneira heterogênea uma vez que diferentes condições clínicas seriam apresentadas a partir de uma mesma causa.

Teríamos então (Faraone, 1999):

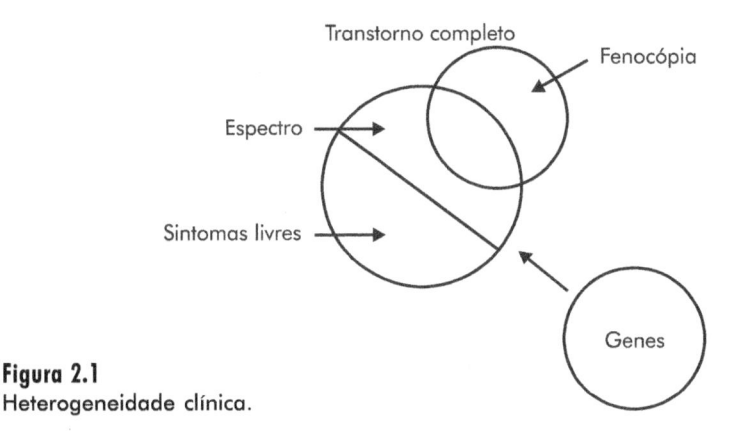

Figura 2.1
Heterogeneidade clínica.

HERANÇA E MEIO

> Mas alguns dos choques mais dolorosos vêm do mundo social – das manifestações e traições de outras pessoas. Na fábula, o escorpião pediu à rã que o carregasse na travessia do rio, garantindo-lhe que não a picaria, pois, se o fizesse, haveria de afogar-se também. Na metade da travessia, o escorpião a picou, e quando a rã perguntou por que, o escorpião respondeu: "É da minha natureza". Tecnicamente falando, um escorpião com essa natureza não poderia ter evoluído, mas Trivers explicou por que às vezes parece que a natureza humana é como o escorpião da fábula, condenada ao conflito aparentemente despropositado.
>
> (S. Pinker, *Tábula rasa*)

A QUESTÃO DA INTELIGÊNCIA

Algumas respostas animais são facilmente classificáveis, enquanto outras se diferenciam qualitativa e quantitativamente. Quanto mais simples é a espécie, mais invariável é a resposta, ao passo que nos animais superiores as respostas variáveis são predominantes.

Uma planária responde sempre da mesma forma diante de um estímulo luminoso. A essa resposta denominamos taxia, e sua forma mais primitiva, nas espécies superiores, dá-se sob a forma de um ato reflexo que compreende um receptor que é estimulado e que induz um impulso que termina em um efetor que dá a resposta motora. Sua repetição constante ocasiona um hábito como uma resposta com variação mais ou menos estável a um mesmo estímulo.

Poderíamos dizer que um instinto corresponde a um comportamento mais complexo, não-aprendido e, portanto, determinado geneticamente, sendo mais elaborado do que um simples reflexo e, em conseqüência, mais adaptável. Serve, em sua maior parte, para a preservação do indivíduo e da espécie, e a eles são ligados os impulsos alimentares, de preservação e de reprodução. Podemos, então, pensar instintos migratórios, de construção de moradias e de caça. Isso porque mesmo organismos mais primitivos possuem mecanismos que, a partir de processos de aprendizagem associativa e de condicionamento os quais são bem mais simples do que aqueles observados na espécie humana, permitem a construção de soluções para problemas particulares, uma vez que, a partir deles, são detectadas relações ambientais e selecionadas condutas mais adaptadas (Pozo, 2005).

Existem, porém, aspectos superiores da função nervosa mediante os quais a conduta inata e geneticamente determinada se modifica, adaptando-se a necessidades especiais. Esses aspectos atingem, em nosso planeta, o ápice na espécie humana a partir de seus mecanismos cognitivos. Esses mecanismos constituem um sistema extremamente complexo e multimodular (Pozo, 2005), envolvendo diferentes funções dentro do psiquismo humano.

Em termos genéricos, poderíamos pensar no homem como um sistema de tipo computacional estruturado da seguinte maneira:

Coleta de informação
(*input* sensorial representado pelas vias periféricas que devem estar intactas)
⇩
Detecção da informação
(realizada por área cortical específica – módulo específico?)
⇩
Transformação da informação em sistema simbólico reconhecível
⇩
Atenção sobre o processo desencadeado de forma
a permitir a detecção de regularidades.
Pode processar-se de forma explícita ou não.
⇩
Discriminação
(das características e singularidades)
⇩
Associação
(com informações anteriores provenientes dos
sistemas de memória de longo prazo)
⇩
Integração
(assumindo-se novas representações para a solução
de novos problemas, transformando-se o processo em
uma ação teleológica mais que teleonômica)
⇩
Saída (*output* motor representado pela conduta ativa)

Figura 3.1
Processamento de informação humana.

Pensando-se nossa especificidade, os primeiros estudos sobre a inteligência humana foram realizados por Galton, que refere a importância dos desvios da média diferindo capacidades intelectuais de características motivacionais com as diferenças entre essa habilidade geral sendo devidas a características inatas (apud Slater, 1971). Posteriormente Binet (apud Slater, 1971) baseou-se nessas mesmas questões para estruturar os métodos de testagem padronizada em seu *Laboratório Antropométrico*, substituindo a palavra – habilidade geral – por inteligência. Assim, se definir inteligência já é, em princípio, bastante difícil, avaliá-la apresenta dificuldades ainda maiores.

De acordo com Kanner (1982), podemos tentar conceber a noção de inteligência de diferentes maneiras, tais como:

1. capacidade do organismo para se adaptar convenientemente a situações novas (Stern, 1914);
2. conjunto de processos de pensamento que constituem a adaptação mental (Binet, 1916);
3. propriedade de combinar de outro modo normas de conduta, para poder atuar melhor em situações novas (Wells, 1917);
4. faculdade de produzir reações satisfatórias, sob o ponto de vista da verdade ou da realidade (Thorndike, 1921);
5. capacidade de realizar atividades caracterizadas por serem a) difíceis; b) complexas; c) abstratas; d) econômicas; e) adaptáveis a um certo objetivo; f) de valor social; g) carentes de modelos; e para mantê-las em circunstâncias que requeiram concentração de energias e resistência às forças afetivas (Stoddar, 1943);
6. o grau de eficácia que tem nossa experiência para solucionar nossos problemas presentes e prevenir futuros (Goddard, 1945);
7. o total de todos os dons mentais, talentos e perícias úteis nas adaptações às tarefas da vida (Jaspers, 1945).

Ou ainda podemos tentar conceber a noção de inteligência conforme o levantamento de Bayley (1976):

1. capacidade agregada ou global (...) para agir intencionalmente, para pensar racionalmente e para lidar de modo eficaz com o meio ambiente (Wechsler, 1958);
2. acumulação de fatos e habilidades aprendidos (...). O potencial intelectual inato consiste em tendências para se engajar em atividades que conduzem à aprendizagem mais do que a capacidades hereditárias como tais (Hayes, 1962).

No entanto, por mais variadas que sejam suas definições, elas têm, em geral, um ponto comum, uma vez que todas falam na capacidade de o indivíduo se adaptar ou agir de modo satisfatório frente a situações novas, para que, assim, possa lidar com o meio ambiente. Para tanto, faz-se necessário que ele consiga resolver os problemas que se lhe apresentem de forma adequada.

Pensando-se dessa maneira, a inteligência permitiria que se encontrassem soluções para um problema ou a lógica de um argumento, de maneira rápida e versátil. Essa versatilidade e essa rapidez provavelmente podem ser pensadas como uma possibilidade importante no processo humano, uma vez que podem ter permitido possibilidades adaptativas decorrentes de bruscas modificações climáticas que fizeram que a espécie buscasse novas possibilidades de moradia, de alimentação e de cooperação entre si, haja vista que essa vida grupal facilitaria processos de caça e suprimentos alimentares.

A solução adequada dos problemas é, então, verificada a partir da conduta observada no indivíduo, conduta essa que depende de um aparato nervoso que deve estar intacto, de um sistema de informações genérico estabelecido a partir de modelos de educação formal e informal (posto que, conforme já dissemos, nos referimos, ao falar do homem, a um animal gregário) e de um sistema de significados individuais que se estabelecem ao longo da vida em função das experiências que o indivíduo interioriza após processá-las e que se constituem, de maneira genérica, em uma verdadeira árvore informacional.

Essas considerações passam a ter extrema importância quando avaliamos modelos psicopatológicos, pois, na sua compreensão, dependeremos primeiramente de um *status* neurológico íntegro. Ao pensarmos a criança, quanto menor sua faixa etária, maiores serão as possibilidades de o quadro clínico ser dependente ou diretamente ligado a questões neurológicas básicas, já que estas, sendo mais primitivas, são aquelas mais facilmente identificadas e afetadas na criança pequena, que, pelo seu próprio momento de desenvolvimento e tempo de aprendizado, vai dependendo, cada vez mais, de estruturas inatas para garantia de sua sobrevivência. Um bom exemplo disso é pensarmos a questão alimentar que, em um primeiro momento, não pode depender de modelos de aprendizado posto que é de fundamental importância para a sobrevivência do indivíduo desde o momento em que nasce. Depende, portanto, em um momento inicial, de estruturas geneticamente determinadas e padronizadas para a espécie.

Com o crescimento da criança, a questão educacional passou a ter maior importância. E, para pensarmos isso, temos de considerar a questão de seu desenvolvimento, uma vez que podemos levar em conta que os modelos de socialização familiar e comunal se estabelecem com o advento do pré-operatório e que, a partir de então, poderemos ter maiores probabilidades de pensar a questão da educação – seja ela formal ou informal.

É óbvio, portanto, que essa capacidade de solucionar problemas será profundamente influenciada pelo aprendizado, que pode ser pensado como "a mudança do comportamento diante de uma situação dada, incorrida por suas experiências repetidas naquela situação, desde que essa mudança de comportamento não possa ser explicada com base em tendências de respostas nativas, maturação ou estados temporários do paciente" (Rich, 1988).

Finalmente a questão dos significados se reveste de uma natureza mais sofisticada, posto que dependerá da identificação das experiências (já passível de ser estabelecida no sensório-motor ou, no mais tardar, no pré-operatório) e na sua avaliação (realizada a partir de sensações de bem-estar ou de desagrado no sensório-motor, de maneira heterônoma no pré-operatório, de maneira concreta, avaliando-se o fato empírico no período operatório concreto e, de maneira abstrata e valorativa, durante o desenvolvimento das operações formais). Cabe ainda ressaltar que o impacto que essas experiências acarretam no organismo em questão – impacto tanto sob o ponto de vista puramente neurofisiológico como psíquico com repercussões fisiológicas – caracterizará o envolvimento afetivo no ato, que poderá participar efetivamente no reviver de experiências similares posteriormente. Isso porque podemos pensar, de maneira teórica e genérica, que esse indivíduo vai construindo, com o passar do tempo, uma árvore de informações tridimensional em que estoca não somente dados cognitivos, mas também dados afetivos que facilitam ou dificultam a busca de determinados padrões de informação, os quais, à medida que o tempo passa, são acessíveis a partir de diferentes pontos de origem da questão que os procura.

Para que as questões que são apresentadas sejam resolvidas a contento, faz-se necessário que o indivíduo:

a) defina o problema com precisão, incluindo especificações precisas do que é a situação inicial e de quais situações finais se constituem em situações aceitáveis. Isso pressupõe a percepção mais detalhada e real possível, bem como a possibilidade de antecipar prováveis soluções adequadas;
b) analise o problema. Tal fato envolve a possibilidade de construir soluções, no mais das vezes abstratas, envolvendo variáveis diferentes e numerosas;
c) escolha a melhor técnica para aplicá-la. Essa escolha vai considerar a economia de energia utilizada, bem como as possíveis conseqüências, novamente pressupondo, em muitos momentos, mecanismos abstratos de difícil utilização.

Podemos pensar então que, muitas vezes, determinadas respostas passam a ser inacessíveis ao indivíduo em um determinado momento em função de outras informações, de caráter afetivo, que bloqueiam a resposta desejada.

Ao pensarmos o processo em questão, faz-se necessário imaginar-se um *hardware* concreto, representado por um sistema nervoso central íntegro, *softwares* adequados, representados por aspectos cognitivos mais sofisticados e que, embora não representando a inteligência geral, representam aspectos específicos dela já em íntima conexão com aspectos afetivos. Temos aqui, então, os mecanismos de reconhecimento facial, de identificação da linguagem gestual e de outros aspectos característicos que servirão para instrumentalizar, cada vez melhor, o indivíduo na estocagem de informações e na conseqüente busca de soluções mais adequadas.

Finalmente temos de pensar a questão da programação realizada. Para sua compreensão, temos de estabelecer o padrão de conduta na comunidade em que o indivíduo se insere, na população de nível socioeconômico similar e em grupos raciais também semelhantes, da mesma forma que se procura evitar a utilização de conceitos ou imagens que dependem de variações de moda ou acontecimentos. Isso para que possamos estabelecer os sistemas informacionais mais similares possíveis, para que possamos compreender como funciona um determinado indivíduo em um determinado momento e lugar.

Independentemente de uma análise individual, parece clara a relação da avaliação com habilidades específicas, características de uma sociedade pragmática, que vive em um regime de produção de bens e que cataloga o indivíduo em função dessa capacidade. Isso porque, ao considerarmos o ser humano como animal gregário, sua sobrevivência – biológica inicialmente –, ao ser garantida e facilitada pelo grupo, passou a depender cada vez mais deste que, ao se tornar cada vez mais complexo, determina mecanismos explícitos e implícitos que, para melhor adaptabilidade (e sobrevivência do indivíduo no grupo social), devem ser percebidos, estocados e recuperados em situações que exijam essa resposta. Com seu comprometimento, a avaliação dessas condições de desempenho permitem que classifiquemos determinados indivíduos como deficientes a partir de uma incapacidade pessoal e da realização de atividades esperadas, o que lhe proporciona um *handicap* social. Então, não estamos falando de uma noção absoluta de doença, mas sim de uma construção que nos permite avaliar um dado indivíduo em um dado grupo, considerando suas perspectivas de adaptação ao mesmo (fundamentais para sua sobrevivência biológica e social).

Avaliações padronizadas permitem o estabelecimento de um índice que expressa *teoricamente* o nível de habilidade de um indivíduo de acordo com as *normas de sua idade e grupo social*, prevendo um desempenho futuro.

APRENDIZAGEM, FAMÍLIA E AMBIENTE

Nesta seção, somos obrigados a focar eminentemente na questão natureza-ambiente, colocando-nos no cerne da questão inteligência-hereditariedade.

Alguns indivíduos com posição teórica que, predominantemente, reforçam os aspectos ambientais dirão, certamente, que as influências da hereditariedade são muito pequenas; entretanto, outros, mais adeptos de uma teoria genética, referirão a importância do genoma na expressão das características intelectuais. Contudo, o desenvolvimento da criança não pode ser realizado senão a partir de um determinado número de estruturas anatômicas e de organizações psicológicas já presentes ao nascimento, a partir das quais iria, então, formando-se uma organização morfológica e funcional.

Teríamos de pensar que o aprendizado poderia ser visto como uma mudança em alguma parte do cérebro, mudanças essas que ocorrem dentro de uma matriz biológica geneticamente estruturada com pequenas diferenças entre genes, podendo ocasionar grandes diferenças comportamentais a partir de mudanças em diferentes aspectos cerebrais que alteram desde seu tamanho e forma até suas conexões e interações a partir de seus neurotransmissores. Um dos primeiros problemas a serem aventados nessa questão já foi referido no tópico anterior. Para estabelecermos um padrão de avaliação do problema, necessitamos, obrigatoriamente, de instrumentos que nos permitam avaliar, ao menos teoricamente, essa categoria que intitulamos inteligência e que, em verdade, reflete na maioria das vezes aspectos de desempenho e de produção, úteis ao avaliarmos determinados padrões adaptativos.

Mesmo considerando os progressos do modelo psicométrico, nos últimos cem anos temos de perceber que, ao falarmos dessa categoria, referimo-nos a um grande número de habilidades diferentes que dependem de fatores outros, heterogêneos e de caráter diverso como atenção, memória e outros. Entretanto, ao trabalharmos com o modelo internacionalmente difundido de QI (quociente de inteligência), observamos que sua distribuição se faz em um modelo de curva normal com um provável envolvimento de fatores genéticos e ambientais, caracterizando aquilo que poderíamos chamar de herança poligênica. Isso corresponde à idéia de fenótipo ou, mais especificamente, de um fenótipo comportamental.

Dentro do padrão de herança, mecanismos neurológicos responsáveis pelo crescimento e desenvolvimento cerebral, característicos da própria espécie, seriam desencadeados e acelerados e/ou alterados pelo padrão de estímulos ambientais a que é submetido, embora estes não tenham o poder de alterar as capacidades e potencialidades inscritas no genoma. Caracterizaria-se assim esse fenótipo comportamental do indivíduo. Desde o nascimento, o bebê imita a expressão facial, ainda que de maneira não-intencional, chegando, ao redor dos 2 meses, ativando seu hemisfério direito, a perceber melhor as faces que lhe cercam. Ao redor dos 3 meses, áreas cerebrais situadas no hemisfério esquerdo se ativam e lhe permitem escutar e diferenciar melhor os sons. Dessa forma, embora o cérebro do recém-nascido seja cerca de quatro vezes menor do que o do adulto, os processos de desenvolvimento observados nos meses finais da gestação prosseguem, estabelecendo-se conexões neuronais mais numerosas e complexas, bem como desenvolvem-se células dos tecidos gliais com ganhos graduais de mielina.

Paralelamente a isso, podemos dizer que o cérebro modifica-se não somente quando os *inputs* sensoriais se alteram em decorrência de uma lesão de órgão, mas também durante o processo de aprendizagem. A estimulação constante de determinadas atividades e, em conseqüência, de determinadas áreas cerebrais ocasionam repercussões em nível cerebral. Por isso o cérebro deve ser visto como um conjunto dinâmico que é continuamente modelado a partir das experiências sensoriais e da aprendizagem. Essa plasticidade deve ter uma função adaptativa que faz que o indivíduo otimize seu próprio funcionamento cerebral.

Ao redor de 1 ano, o bebê procura um objeto e começa a corrigir seus erros na localização desse objeto. Essa capacidade corresponde à maturação do córtex pré-frontal. Ao chegar ao redor dos 18 meses, ele consegue perceber-se de maneira distinta dos outros e consegue ainda atuar sobre o próprio meio, correspondendo à ativação de região de junção de córtex parietal inferior e temporal direito. Assim, a formação de sinapses continua com algumas conexões, desaparecendo enquanto outras são reforçadas, prosseguindo-se sua mielinização.

Quando a criança chega por volta dos 6 anos, seu cérebro já atingiu aproximadamente 90% do tamanho que terá na idade adulta. Nesse momento, sua capacidade de inibir percepções errôneas corresponde à maturação do córtex pré-frontal, sede dos processos de pensamento lógico e do controle comportamental e da elaboração de estratégias. Prossegue o espessamento da substância cinzenta nas zonas associativas do córtex pré-frontal, temporal superior e parietal, responsáveis pelas capacidades cognitivas.

Finalmente, a partir dos 12 anos, com o advento do pensamento formal, hipotético-dedutivo, ativam-se as redes neurais lógico-lingüísticas situadas em regiões frontais e temporais com a aprendizagem da inibição do viés de raciocínio prosseguindo e correspondendo à maturação do córtex pré-frontal. O cerebelo cresce, intervindo nos processos complexos de aprendizagem.

Embora possamos pensar que todo esse processo tenha como base exclusiva modificações neurológicas codificadas geneticamente e características da espécie, somos obrigados a pensar também que o sistema nervoso humano tem, como característica básica, sua contínua modificação realizada a partir da experiência. Isso o leva a se adaptar continuamente às modificações ambientais, espontâneas ou provocadas, armazenando as novas experiências de maneira a utilizá-las em outros momentos. Dessa maneira, ele se reorganiza, atendendo às suas novas necessidades. Assim, estaremos caracterizando aprendizagem e memória, que, em nível neuronal, provavelmente se encontram espalhadas por todo o sistema nervoso central, gravadas em sinapses de maneira codificada (Kovács, 1997), caracterizando o princípio de Hebb (apud Kovács, 1997). De acordo com esse princípio, "quando um axônio de um neurônio particular A excita um neurônio B e B responde sistematicamente a essa excitação, independentemente das demais sinapses, ocorrem modificações metabólicas que aumentam a eficiência da conexão entre A e B", tentando explicar os mecanismos de aprendizado como modificações sinápticas. Cabe então pensarmos que o efeito de um gene é probabilístico e que pode variar de acordo com a influência ambiental, e é dessa variação que depende o próprio processo de seleção natural.

Podemos, portanto, definir aprendizado como "uma mudança potencial de comportamento, resultado da experiência no processamento de informação" (Fagen, 2001). Dessa forma, partes do desenvolvimento cognitivo e intelectual não são somente erros específicos (características individuais), mas sim processos importantes e característicos que permitem uma melhor (ou pior) adaptação ao ambiente.

Temos de pensar que tanto o padrão de *inputs* sensoriais (definidos pela integridade do aparato sensorial com características genéticas e com influência ambiental de tipo física, por exemplo, quadros infecciosos ou traumáticos) como o padrão de redes neurais que permitem o processamento das informações que chegam (e aí também temos condições previamente estabelecidas de maneira genética ou ambiental de forma a alterarem os circuitos cerebrais envolvidos) farão que essas diferenças caracterizem o *ser-no-mundo* de cada indivíduo de maneira tal que os significados são dados a partir das experiências e de como elas são significadas em função do aprendizado, formal e informal, e do potencial biológico (genético e ambiental) de cada um. Assim, podemos pensar que, se um déficit visual proporciona modos específicos de construir a categoria espaço, alterações de processamento cognitivo ocasionam padrões autísticos de funcionamento, e mudanças nos sistemas de *feedback* escolar e educacional provocam formas características de olhar o mundo. Isso porque, ao pensarmos filogeneticamente, podemos tentar compreender a finalidade dessa função adaptativa que é a mente humana, uma vez que ela, a partir de um conjunto de circuitos cerebrais, analisa representações provenientes do mundo externo e interno, alimentando outros circuitos que as analisam e interpretam, atribuindo causas e detectando irregularidades de maneira a permitir predições úteis sob o ponto de vista da sobrevivência. Provavelmente, essa capacidade permitiu melhores desempenhos da espécie, facilitando sua reprodução. Cabe lembrar, no entanto, que falar em adaptativo no sentido biológico é diferente do adaptativo cotidiano, já que aquele não tem qualquer aspecto moral ou ético e simplesmente favorece os mais eficazes que, assim, se reproduzem mais, facilitando a permanência do caráter (Pinker, 2002).

Considerando-se esses aspectos, educação deveria ser então, em qualquer local, um dos pilares no processo de desenvolvimento, não somente como um aspecto decorrente, e origem, de aspectos de industrialização, como também pelo aspecto humano nela envolvido, com questões culturais e intelectuais, vinculadas à concepção da pessoa humana em toda a sua amplitude. Para que ela ocorra de maneira satisfatória e dentro de nosso contexto social atual, teríamos então de considerar que a criança, no momento de seu início de aprendizado formal, deveria apresentar:

a) maturidade intelectual;
b) emancipação emocional de seus pais, com a possibilidade de interação com um ambiente extrafamiliar;
c) capacidade de controlar seus afetos e suas respostas emocionais (como, por exemplo, a impulsividade), bem como capacidade de resistir às frustrações e demandas do meio ambiente.

Na realidade, podemos considerar que uma criança deve estar apta a ser submetida a esse processo entre 5 e 7 anos. Assim, enquanto aprendizado formal e supervisionado, envolveria a questão dos *inputs*, da dinâmica interna das redes neurais envolvidas e a avaliação dos resultados. De forma análoga, um processo informal envolveria também os dois primeiros aspectos (Churchland, 1996).

Entretanto, em cada um dos casos, o aprendizado se produz como representação de algo no sentido de que, ao ser ativado por *input*, produz uma resposta considerada correta naquela situação. Ao contrário, em um aprendizado não-supervisionado e informal, sem *feedback* externo, as redes neurais o representam de maneira sistemática sem um padrão de correção, propiciando processos tanto criativos como não-adaptados.

Se nos detivermos aqui, teremos de nos remeter a questões clássicas referentes ao aprendizado associativo ou construtivo, com este gerando novos mundos mentais e sendo decorrente do significado que o organismo atribuiu a cada fato. Baseia-se assim em um conhecimento prévio e em uma construção pessoal.

Poderíamos partir da hipótese de que nós, homens, teríamos *a priori* sistemas de processamento mental especializados e próprios da espécie que permitiriam, auxiliados pelos processos de aprendizado, que construíssemos nosso próprio mundo como uma rede de informações com significados pessoais.

Como refere Pozo (2005), ao se ativar uma determinada unidade informacional, restringe-se sua interpretação posterior a outra contextualizada, sob o ponto de vista de informação prévia e do significado. Dentro de uma perspectiva dinâmica, esse processo tem um caráter deliberado e intencional na busca de um conhecimento que permita a solução adaptada de um novo problema. Entretanto, esse aprendizado pode ser produzido de maneira implícita (baseada em mecanismos indutivos de identificação de irregularidades) ou explícita (baseada em processos deliberados de construção e testagem de hipóteses).

O modelo de aprendizagem dito implícito parece constituir-se em um sistema prévio da aprendizagem explícita tanto sob o ponto de vista filogenético como ontogenético. Isso porque, nos animais, a identificação de variações ambientais (irregularidades) e de suas regularidades permite um aprendizado associativo ou por condicionamento. No bebê, essas irregularidades também são presentes e identificadas, o que de certa forma, lhe permite criar estratégias para que se adapte. Conseqüentemente são mais independentes do desenvolvimento de outros processos cognitivos e, portanto, da idade, independendo de padrões culturais ou instrucionais.

Em contrapartida, por ser um sistema mais primitivo, é mais estável e econômico (sob o ponto de vista de energia gasta para a solução de problemas). Provavelmente, então, esse sistema deve relacionar-se com estruturas cerebrais mais primitivas e antigas, embora, possivelmente, passem a ser integradas com outras informações, e isso possibilita a criação de novas representações mentais a partir de conexões com córtex cerebral. Também permitirá a obtenção de representações estáveis, duradouras e generalizáveis, com pequeno dispêndio de energia. Novos significados vão sendo atribuídos às representações que, assim, adquirem novos atributos conceituais.

Essas possibilidades otimizam a adaptação e, conseqüentemente, as possibilidades de sobrevivência, uma vez que cada conhecimento adquirido pela espécie, em função do aprendizado explícito, torna-se base para um conhecimento seguinte que se amplifica. Gera-se, a partir disso, um novo mundo que cria novos estados mentais que constituem um novo ser. Essa é a plasticidade e a riqueza humanas.

Por outro ânngulo, dentro de um modelo redutivo, de pensamento de aprendizado explícito predominantemente educativo, a visão psicopedagógica, baseada no aspecto referente à consideração das diferenças, parte da premissa da *educação para todos*, preocupando-se especificamente com aqueles que não apresentavam um sucesso esperado (Cunha, 1989). Isso pressupõe um sistema de *feedback* definido a partir do objetivo previamente estabelecido, com um caráter ideológico e moral subjacente, definido por um determinado padrão de pensamento. Corresponde a um método embasado mais em um conceito ideal do que estatístico ou funcional.

Quando pensamos, especificamente, a questão da pessoa deficiente mental, essa idéia de educação torna-se muito interessante, pois seus objetivos, aparentemente, mudaram com o decorrer do tempo. Entre as décadas de 1960 e 1970, sua filosofia preconizava a separação em classes e, algumas vezes, em escolas próprias para os deficientes mentais leves e moderados, com a exclusão sistemática dos mais comprometidos (Karasu, 1984).

Dentro da concepção de educação especializada, é de fundamental importância separarmos a questão das escolas integradas de uma sociedade teoricamente integrada – se é que podemos chamá-las assim –, uma vez que temos de pensar que o estabelecimento daquela (usualmente por decreto emanado de maneira hierárquica e imposto de modo autoritário) não implica a última, decorrente da própria visão de mundo dos indivíduos que compõe esse grupamento social; ou seja, quando falamos de grupo social, temos de pensar, forçosamente, em um modelo educacional voltado para aspectos de adaptação e de participação, considerando-se aspectos valorativos do próprio grupamento.

Os objetivos (considerando a inclusão desse indivíduo dentro de um processo de aprendizado) desse processo educacional são a facilitação das aquisições e do hábito de determinadas tarefas, a introdução de tarefas funcionais, a variação das atividades que devem ser dinâmicas, as atividades extracurriculares incluindo-se jogos e atividades extra-escolares que proporcionam um aprendizado informal o qual permite a participação social, programas coordenados entre escola e família e entre pais e professores para diminuir os comportamentos de dependência, estabelecendo, em contrapartida, a melhoria do sentimento de integridade e de pertencimento ao *bando*, dentro de um modelo estabelecido do que é adaptado (inclusive sob o ponto de vista da produtividade). A partir dessa idéia, estabelecem-se os padrões de correção que são considerados necessários.

A orientação na execução das tarefas propostas baseia-se na sua análise, buscando-se (Fonseca, 1995):

- inventário dos comportamentos adaptativos e intraindividuais;
- subdivisão das situações de aprendizagem em seus componentes;
- organização seqüencial das tarefas;
- aproximação sucessiva dos objetivos;
- especificação dos comportamentos;
- arranjo por ordem de complexidade;
- estruturação de subtarefas até se atingir o comportamento final.

Os currículos escolares, embora estabelecidos pelas próprias estruturas educacionais, têm uma teórica flexibilidade para que o desenvolvimento físico e mental da população possa ser respeitado. Entretanto, ainda que alterações sejam inseridas na programação, ela segue, em princípio, os mesmos paradigmas que norteiam qualquer modelo de educação visando a formar pessoas o mais próximo possível do que se considera o ideal dentro de um contexto social específico, ou seja, visando ao melhor desempenho adaptativo dentro de um determinado *bando* biológico.

Propostas para deficientes mentais leves são baseadas na educação regular, muitas vezes com os mesmos programas adaptados de forma que obtenham sucesso. Padrões tradicionais de ensino acadêmico são combinados com socialização e cuidados próprios, básicos para a vida em comunidade de qualquer população animal. Para os deficientes mentais moderados e graves, a ênfase, muitas vezes, é dada por padrões de comportamentos funcionais, uma vez que observamos a dificuldade em generalizar princípios abstratos para atividades outras, ainda que estas sejam fundamentais em uma sociedade complexa como a nossa. Incluem assim desenvolvimento de padrões comunicacionais (incluindo métodos não-verbais), padrões básicos de interação social, padrões de trabalho, de vida doméstica, de lazer e de vida comunitária. Para todos esses comportamentos, cada vez mais são definidos objetivos e padrões de correção específicos e simplificados de forma que as redes neurais preexistentes possam integrar e aprender aquilo que é considerado, a princípio, necessário para um processo adaptativo em um dado grupo de indivíduos.

Em relação aos deficientes mentais profundos, o desenvolvimento do próprio controle corporal e da comunicação de sinais de desconforto são fundamentais para que esses indivíduos possam ser aceitos e, assim, continuarem a viver dentro do *bando* com menores motivos de estigmatização e de discriminação.

Os modelos de educação são assim baseados em teorias de desenvolvimento e, embora sob o ponto de vista cotidiano não o admitam, levam em consideração o sistema de redes neurais para que os *inputs* sensoriais adequados possam ser estabelecidos de maneira eficaz, de modo que se processem aquisições motoras globais, visuomotoras, auditivo-verbais e sociais que propiciem, dentro do modelo adaptativo que caracteriza todas as espécies vivas, auto-suficiência e capacidade de comunicação – as quais possibilitam ao homem, como ser eminentemente gregário, atividade e socialização.

A partir desses modelos estabelecem-se:

- informações referentes aos padrões adaptativos e às limitações, bem como limites e possibilidades do ambiente;
- perfil das necessidades de suporte que devem ser desenvolvidas para compensar as falhas existentes em alguma parte do processo;
- desenvolvimento de plano a partir do qual a abordagem educacional e outros suportes sociais podem atuar no problema, visando à adequação dos *inputs* e à correção dos resultados, sempre objetivando o processo adaptativo;
- avaliação periódica dos progressos efetuados, bem como o grau de satisfação do indivíduo e de sua família, sempre dentro de um contexto que se pode considerar eminentemente adaptativo.

Entretanto, em outras patologias ligadas ao desenvolvimento, como os quadros autísticos, não somente a questão do aprendizado explícito deve ser considerada, mas também a do aprendizado implícito, o qual registrará condutas básicas e que parecem também estar afetadas nessas crianças.

A CRIANÇA ISOLADA

A questão da criança isolada é antiga e complexa. Ao início do século XIX, nos arredores do distrito de Aveyron, foi encontrado um garoto, com idade entre 12 e 15 anos, aparentemente surdo e mudo. Sem linguagem expressiva, ele emitia sons guturais e apresentava um reconhecimento de tipo olfativo.

Da mesma forma como outras crianças encontradas em situações semelhantes, foi identificado como uma das crianças selvagens, seguindo-se o modelo de pensamento da época, pelo qual o homem nasceria "em branco", com a sociedade inscrevendo sobre ele suas características. Dentro dessa forma de compreender a questão, pensava-se então que, ao ser privado precocemente do contato interpessoal, adquiriria as manifestações primitivas, podendo ser estudado dessa maneira e mesmo, pensado como uma espécie característica, da forma como algumas dessas crianças são descritas por Lineu. Inseriu-se assim o fenômeno na controvérsia inato-adquirido que permeou o pensamento científico durante os dois séculos seguintes, com predomínio ora de uma, ora de outra tendência.

Essas questões continuaram durante todo o século XX, inicialmente dentro do conceito amplo de doença mental, mais especificamente nos quadros demenciais e de retardo mental e, posteriormente, na concepção das psicoses infantis. Parte-se assim de dois paradigmas diferentes. Um primeiro que se refere ao *homem em estado natural* como ser *em aberto* e disponível para que a sociedade inscreva sobre si suas características. Esse padrão de pensamento, ao ignorar as características do homem como ser biológico, traça um raciocínio romântico no qual se esquecem das características próprias da espécie. A outra forma de abordagem é aquele do homem como modelo predeterminado geneticamente, com o ambiente definindo somente aquilo que já está inscrito no genoma. Esse raciocínio, simplista em sua origem, esquece o homem como um ser que se autoconstrói.

Ao pensarmos esse fenômeno sob o ponto de vista biológico e cognitivo, teremos de nos remeter ao quadro psicopatológico descrito por Kanner em 1942 sob o nome de "distúrbios autísticos do contato afetivo", caracterizado por isolamento extremo, rituais de tipo obsessivo, estereotipias e alterações lingüísticas.

Esse conjunto de sinais foi por ele visualizado como uma doença específica relacionada a fenômenos da linha esquizofrênica e assim caracterizado como uma *psicose*. Posteriormente Ritvo (1976) passou a considerá-lo uma síndrome relacionada a um déficit cognitivo e, assim, o caracteriza como, considerando-o não uma psicose, mas sim um distúrbio do desenvolvimento.

Outros autores, como Burack (1992), reforçam a idéia do déficit cognitivo, frisando que o autismo tem sido, nos últimos anos, enfocado sob uma ótica desenvolvimentista, sendo relacionado à deficiência mental, uma vez que cerca de 70 a 86% deles são deficientes mentais.

Mesmo a escola francesa, com sua tradição psicodinâmica, vê o autismo vinculado à questão cognitiva (Lellord, 1991). Também Leboyer (apud Lebovici, 1991) é textual quando diz que "a confrontação das observações clínicas e dos dados obtidos por meio da análise dos processos cognitivos e emocionais permite considerar a descrição de um modelo cognitivo anormal sustentando a patologia dos autistas". Hoje, por mais diversas que sejam as concepções apresentadas, o autismo (como paradigma de criança isolada) vai ser considerado a partir de uma visão cognitiva.

Considerando-se o desenvolvimento cognitivo um fator capital, podemos estabelecer a noção de um *continuum autístico* em função da variação de inteligência em alguns de seus aspectos específicos, com características sintomatológicas decorrentes desse perfil de desempenho.

Esse *continuum* pode ser visualizado no quadro seguinte no que se refere à sintomatologia observada.

QUADRO 3.1
O *continuum* autístico (Wing, 1988)

Item	Visto mais freqüentemente em DMs mais comprometidos			Visto mais freqüentemente em DMs menos comprometidos
Interação social	1. Indiferente.	2. Aproximação somente para necessidades físicas.	3. Aceita passivamente a aproximação.	4. Aproximação de modo bizarro.
Comunicação social (verbal e não-verbal)	1. Ausente.	2. Somente necessidades.	3. Responde à aproximação.	4. Comunicação expontânea, repetitiva.
Imaginação social	1. Sem imaginação.	2. Copia mecanicamente o outro.	3. Usa bonecos e brinquedos corretamente, mas de modo repetitivo, limitado, não-criativo.	4. Atos fora da situação mais repetitivos, usando o outro mecanicamente.
Padrões repetitivos	1. Simples (auto-agressão ao corpo).	2. Simples (dirigido ao objeto) girar do objeto.	3. Rotinas complexas, manipulação de objetos e movimentos (rituais e ligações com objetos).	4. Verbal abstrato (questões repetitivas).
Linguagem	1. Ausente.	2. Limitada (ecolalia).	3. Uso incorreto de pronomes, preposições, uso idiossincrático de frases.	4. Interpretações literais, frase gramaticais repetitivas.
Respostas a estímulos sensoriais (sensibilidade a sons, cheiro, gosto, indiferença à dor)	1. Muito marcada.	2. Marcada.	3. Ocasional.	4. Mínima ou ausente.

(Continua)

(Continuação)

Item	Visto mais freqüentemente em DMs mais comprometidos			Visto mais freqüentemente em DMs menos comprometidos
Movimentos (balanceios e estereotipias)	1. Muito marcados.	2. Presentes.	3. Ocasionais.	4. Mínimos ou ausentes.
Condutas especiais	1. Ausentes.	2. Um padrão melhor que os outros, mas abaixo da IC.	3. Um padrão na sua idade cronológica, outros abaixo.	4. Um padrão de habilidade acima da IC. Diferente das outras habilidades.

Os déficits autísticos, relacionados a um déficit crônico nas relações sociais e descritos em todos os trabalhos de Kanner (1943, 1949, 1954, 1955, 1956, 1968 e 1973), Ritvo (1976), DSM-III-R (APA, 1989), DSM-IV (APA, 1992), Misés em *Classificação francesa de distúrbios mentais da criança e do adolescente* (1990), e CID-10 (WHO, 1993), trazem à baila duas teorias que consideramos interessantes, uma vez que envolvem as questões que tentamos pensar nesse momento. Isso porque a relação inteligência-afetividade – não como funções estanques e francamente isoladas, mas sim como funções evolutivamente com interface obrigatória na espécie humana – facilita uma tentativa de esclarecimento o fenômeno.

Pensando-se de maneira mais estanque, uma das propostas de compreensão do déficit social do autismo reporta-se à teoria afetiva originalmente proposta por Kanner (1943). Várias versões foram propostas no decorrer do tempo, sendo interessantes referirmo-nos a de Hobson (apud Baron Cohen, 1988) com seus quatro grandes axiomas, a saber:

1. Crianças autísticas têm falhas constitucionais de componentes de ação e reação necessários para o desenvolvimento das relações pessoais com outras pessoas, as quais envolvem afeto.
2. As relações pessoais são necessárias para a continuação do mundo próprio e com os outros.

3. Os déficits das crianças autísticas na experiência social intersubjetiva têm dois resultados especialmente importantes:
   - déficit relativo no reconhecimento de outras pessoas como portadoras de sentimentos próprios, pensamentos, desejos, intenções;
   - déficit severo na capacidade para abstrair, sentir e pensar simbolicamente.
4. Grande parte das inabilidades de cognição e linguagem das crianças autísticas podem refletir déficit que tem íntima relação com o desenvolvimento afetivo e social e/ou déficits sociais dependentes da possibilidade de simbolização.

Essa posição pode ser esclarecida na Figura 3.2 (Baron-Cohen, 1988).

Reporta-se assim ao descrito por Kanner quando considera que faltariam às crianças autistas fatores constitucionais para que desenvolvessem reciprocidade afetiva, fundamentais para a constituição de um mundo próprio, observando-se em decorrência a alteração na experiência intersubjetiva e os prejuízos significativos em sua capacidade simbólica (Hobson, 1997).

Contrapondo-se a uma teoria eminentemente afetiva, Baron-Cohen (1988, 1990, 1991) e Frith (1988) propuseram uma teoria cognitiva a qual, em seu ponto principal, considera que a dificuldade central dessas crianças é a impossibilidade que possuem (provavelmente inata) para compreender estados mentais de outras pessoas. Essa habilidade seria, assim, de fundamental importância dentro do processo adaptativo, pois, em um

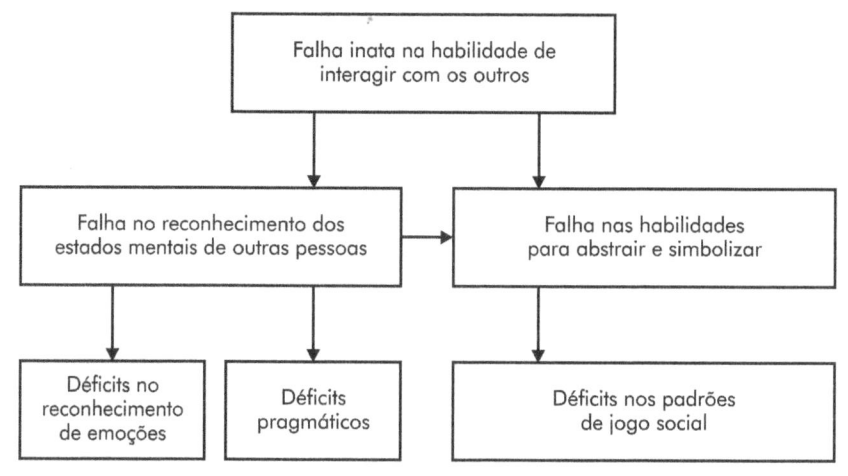

Figura 3.2
A teoria afetiva.

animal eminentemente gregário, a percepção desses estados mentais permite o estabelecimento de relações entre diferentes elementos do mesmo *bando*, de maneiras que se facilitem os processos de adaptação e, por conseguinte, de sobrevivência. O advento dessa inabilidade (por motivos inatos ou adquiridos), chamada de *teoria da mente,* envolve a dificuldade na percepção de estados mentais que são utilizados para explicar ou prever o comportamento de outras pessoas, dificultando-se com isso a interação social no *bando*.

A base dessa visão poderia ser resumida da seguinte maneira:

- Nossas crenças sobre conceitos referentes ao mundo físico podem ser chamadas de "representações primárias".
- Nossas crenças sobre o estado mental das pessoas (como, por exemplo, seus desejos) são representações de representações. Podem então ser chamadas de "representações secundárias" ou metarrepresentações.

Uma teoria cognitiva sugere que, no autismo, a capacidade de metarrepresentações encontra-se alterada, fazendo que os padrões de interação social sejam alterados. Por esse viés é possível depreender que:

- o autismo seria causado por um déficit cognitivo central;
- um desses déficits seria referente à capacidade para metarrepresentação;
- essa metarrepresentação seria fundamental nos padrões sociais que envolvem a necessidade de atribuir estados mentais ao outro. Assim, padrões que não requerem essa capacidade metarrepresentacional (como, por exemplo, o reconhecimento de gênero, permanência do objeto ou auto-reconhecimento no espelho) podem estar intactos no autismo, conforme esclarece Baron-Cohen (1991);
- a capacidade metarrepresentacional seria obrigatória em padrões simbólicos (como nos jogos), de fundamental importância na vida grupal e, conseqüentemente, nos processos adaptativos vinculados à sobrevivência;
- os padrões pragmáticos também requerem a presença dessa metarrepresentação, razão pela qual se encontrariam alterados no autismo.

Essa teoria cognitiva pode ser visualizada graficamente na Figura 3.3 (Baron-Cohen,1988).

Considerando-se a questão da teoria da mente, podemos acreditar na dificuldade desse indivíduo em perceber crenças, intenções, emoções e

```
                    ┌─────────────────────────────┐
                    │    Déficit na capacidade    │
                    │    de metarrepresentação    │
                    └─────────────────────────────┘
                       │                       │
           ┌───────────┘                       └───────────┐
           ▼                                               ▼
    ┌──────────────┐                           ┌────────────────────┐
    │   Falha na   │                           │  Déficit nos padrões│
    │"teoria da mente"│                        │  de simbolização    │
    └──────────────┘                           └────────────────────┘
       │         │                                       │
       ▼         ▼                                       ▼
┌──────────────┐ ┌──────────┐                  ┌────────────────┐
│Padrões sociais│ │ Déficit  │                  │  Déficit nos   │
│  específicos  │ │    no    │                  │  padrões de    │
│comprometidos. │ │pragmatismo│                 │  jogo social   │
│Outros padrões │ │          │                  │                │
│ conservados   │ │          │                  │                │
└──────────────┘ └──────────┘                  └────────────────┘
```

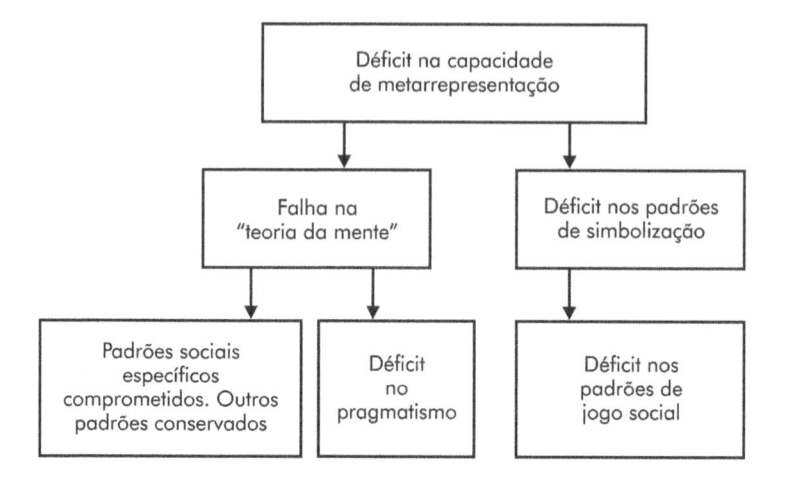

Figura 3.3
A teoria cognitiva de Baron-Cohen, (1988).

conceitos de outras pessoas elaborando estados mentais a respeito delas. Essas dificuldades, originárias de um déficit (estrutural ou funcional), ocasionariam um pior desempenho de funções executivas, o que dificultaria a flexibilidade mental, a atenção dirigida, planejamento estratégico e raciocínio, bem como um déficit na integração contextualizada dos elementos, ocasionando apreensão de detalhes de um fenômeno em lugar de sua totalidade. Ora, a espécie humana tem nas funções executivas, a partir da flexibilidade mental, e na capacidade de planejamento um de seus mecanismos adaptativos mais eficaz tanto sob o ponto de vista biológico (mecanismos de sobrevivência física) como sob o ponto de vista grupal (uma vez que o *bicho-homem* como animal gregário tem na adaptação ao *bando* uma de suas principais necessidades, a de lutar pela sobrevivência).

A partir dessas considerações, podemos pensar essa *criança isolada* como apresentando uma entidade clínica, com características muito bem definidas em nível cognitivo, características essas que, ao interagirem com seu ambiente social e familiar, o alteram assim como são alteradas por ela, propiciando a avaliação da dinâmica familiar característica, bem como sendo influenciada diretamente por essa dinâmica. Isso porque, a exemplo do citado por Curtiss (1977 apud Spreen, 1995) quando descreve a chamada síndrome de Kaspar Houser, negligências e privações ambientais podem legar a graves prejuízos lingüísticos que dificultam a socialização e levam a quadros de isolamento.

Essa forma de vermos a questão do isolamento, com vertentes biológicas e ambientais, reforça a tendência de tratar o autismo não mais como uma entidade única, mas como um grupo de doenças, apesar de trazer também implicitamente a noção de autismo relacionada primariamente a déficits cognitivos.

Pensando-se, então, a questão da família em relação a essas crianças isoladas, Kanner (1943), no decorrer de seus trabalhos, considerou o autismo infantil como um problema psicológico, estimulando e sugerindo a necessidade de estudos para a compreensão do fenômeno os quais nivelassem termos biológico, psicológico e social. Considerou os pais da criança autista frios e inafetivos, vendo-os como causa da dificuldade emocional dos filhos. Exatamente por essas questões históricas é que consideramos importante essa capacidade de expressar sentimentos desses pais, pois a família, sendo um sistema no qual vivem diferentes pessoas que mantêm relações de proximidade e interdependência, influi no comportamento de cada membro constituindo uma totalidade na qual as particularidades de cada um explicam o comportamento dos outros, embora uma retroalimentação seja constante e indispensável. Essas crianças isoladas pelo déficit inicial atuam sobre seus sistemas familiares (e sociais), os quais passam também a apresentar dificuldades em se expressar.

De uma hipótese segundo a qual os genitores eram os responsáveis pela própria doença (Kanner, 1943), passou-se a uma concepção ligada a fatores biológicos envolvidos na sua etiologia, mas que afetam o aspecto funcional desse indivíduo como ser gregário (isso caracterizando uma incapacidade), o que lhe leva a uma dificuldade adaptativa significante, caracterizando o que, *grosso modo*, chamaríamos de *handicap*.

Essa idéia vai ligar-se ao conceito de *alexitimia*, surgido na década de 1970 e considerado uma perturbação cognitiva, uma *ausência de verbalização de afetos* ou uma inabilidade em expressar afetos e sentimentos, tudo extremamente importante sob o ponto de vista adaptativo no que se refere à inclusão dentro de um grupamento animal. A partir dessa característica, tende-se a agir de maneira impulsiva em função das dificuldades na simbolização de afetos e conflitos. Ora, a criança isolada já apresenta, como parte de sua sintomatologia, dificuldades na expressão verbal de afeto. Essa dificuldade tem importância no desenvolvimento das relações interpessoais, favorecendo, de forma característica, o desenvolvimento emocional dos componentes da família na qual se inclui. Assim, as relações intrafamiliares são reatroalimentadas, com cada elemento influindo diretamente nos outros. Diminui-se, então, a permeabilidade ao ambiente, observando-se um fechamento no que se refere à comunicação e aos relacionamentos.

Essa criança isolada, caracterizada pelo déficit nas interações sociais e na capacidade de autonomia e pelas dificuldades na expressão de afetos, leva os próprios pais a terem essa capacidade comprometida pelo menor retorno afetivo do filho em questão. Essa dificuldade na expressão verbal dos afetos com a conseqüente maior tendência ao ato de maneira eminentemente cognitiva e pouco emocional reflete-se na estruturação de toda a família, bem como de cada um de seus membros em particular.

Esse pode ser considerado um bom exemplo de como o indivíduo, como ser biológico, afeta o ambiente alterando-o (a alexitimia nos pais de autistas), bem como é afetado por ele, a despeito do genótipo ou das alterações biológicas subjacentes (o processo de habilitação alterando o padrão de desenvolvimento adaptativo dessas crianças).

4
GRAVIDEZ

CÉLULAS GERMINATIVAS. ONTOGENIA

As células que darão origem a um novo ser são produzidas nos ovários femininos (óvulos) e nos testículos masculinos (espermatozóides). O processo de fecundação ocorre quando o espermatozóide penetra o óvulo e os núcleos de ambas as células se unem, combinando-se ambas as cargas genéticas a partir das cromátides provenientes de ambos os gametas. Forma-se, então, a célula-ovo ou zigoto.

As células humanas são constituídas de 46 cromossomas, dos quais 2 são cromossomas sexuais (XX na mulher, e XY no homem) e os restantes são autossomas. Durante o processo de formação dos gametas (óvulo e espermatozóide), dá-se uma redução da carga genética a partir de uma redução meiótica, ficando os mesmos com 23 cromátides que carregarão toda a carga cromossômica desse indivíduo.

Com a união dos gametas, retorna-se ao número original de 46 cromossomas, característico da espécie, com a óbvia recombinação dos cromossomas que trazem as características individuais parentais não somente sob o ponto de vista físico, mas também comportamental, e sob o ponto de vista de estruturas básicas, também características da espécie.

No momento das divisões celulares que produzem os gametas, já podemos observar alterações na constituição desse indivíduo, uma vez que, por diferentes fatores (como, por exemplo, idade materna), a constituição do gameta pode processar-se de maneira alterada, ficando com um número inadequado de cromátides que, ao se juntarem com as provenientes de outro genitor, ocasionarão um desenvolvimento alterado daquele novo ser não somente sob o ponto de vista físico, mas também psíquico, observado a partir de estruturas cognitivas e comportamentais típicas. Esse é o mecanismo observado, por exemplo, na síndrome de Down.

Em um cromossoma, localizam-se diferentes genes que podem ser considerados com um pedaço de DNA que codifica, por meio de uma molécula simples de RNA, a síntese de um polipeptídeo no ribossoma localizado no citoplasma de uma célula. Essa cadeia de DNA vai, então, consistir em duas fitas de açúcar-fosfato combinado com quatro bases: adenina, guanina, citosina e timina, sendo que adenina pareia com timina, e a guanina com a citosina. O RNA fará uma seqüência complementar, substituindo timina por uracil.

O que chamamos de código genético consistirá de uma série de *triplets*, compostos pelas bases descritas, em um total de 64 combinações das três. Essas moléculas codificarão aminoácidos específicos e envolverão fatores de iniciação de base protéica. Assim, em um único núcleo celular humano, encontraremos cerca de 6 bilhões de pares de bases, o que dá uma discreta idéia da quantidade de informações aí codificadas.

Se pensarmos que temos recombinações a partir dos modelos de reprodução sexuada, característicos da espécie humana, teremos a imensa variabilidade da mesma, embora com princípios característicos. A substituição de um único aminoácido em uma dessas seqüências ocasiona o que chamamos de mutação, que, por diferentes motivos, devem ocorrer em número considerável. Esses mecanismos ocasionarão uma grande heterogeneidade dos indivíduos e das populações em questão, e isso nos traz a questão central de nossa reflexão, ou seja, aquela referente aos chamados padrões comportamentais.

Chegamos, então, àquilo que é descrito como *fenótipo comportamental* e que podemos considerar como *"um padrão de anormalidade motora, cognitiva, lingüística e social característicos, freqüentemente associados a transtornos biológicos, em alguns casos específicos, chegando a se constituir em um transtorno psiquiátrico e em outros, em uma conduta não-usual que pode ocorrer também em transtornos psiquiátricos"* (O'Brien, 1995).

Pensando evolutivamente, consideraríamos os genes inicialmente como base de dados que estocariam mecanismos adaptativos (Pozo, 2005). A partir disso, esse conceito de fenótipo comportamental implicaria uma associação entre padrão comportamental e características biológicas, provavelmente associadas a padrões genotípicos específicos que, embora não determinantes de maneira linear, contribuiriam de maneira decisiva em suas manifestações, na maioria das vezes, pouco adaptadas sob o ponto de vista evolutivo. Temos então a retomada de uma série de conceitos antigos que, sob nova roupagem, podem voltar a ser pensados. Os conceitos de *somatotipos* descritos por Kretschmer ou Sheldon se referem provavelmente a um envolvimento de padrões genéticos que, biologicamente, afetariam ou predisporiam a determinadas manifestações de personalidade, uma vez que atuariam em diferentes folhetos do desenvolvimento embrionário.

Claro que essa seria uma visão simplista mas de acordo com o modelo de pensamento da época. Tais visões simplistas vão aparecer também na idéia das *personalidades clínicas*, associadas a um determinado padrão cromossômico como, por exemplo, a associação agressividade-duplo Y ou as chamadas personalidades epilépticas. No entanto, hoje, alguns psicólogos (apud Pinker, 2002) consideram que grande parte das variações típicas da personalidade podem ter base hereditária.

Uma visão simplista, linear e uniforme também nos levaria a tentar compreender os movimentos eugênicos do final do século XIX e início do século XX, em que pesem as conseqüências desastrosas sob o plano ético e moral que acarretaram. Entretanto, mesmo essas desastrosas conseqüências não nos podem impedir de pensar que padrões comportamentais específicos, em que pese a influência ambiental expressa por meio de mecanismos de aprendizagem, têm ligação intensa com os padrões biológicos, primitivamente associados à bagagem genética desse indivíduo.

Ainda que consideremos as controvérsias decorrentes dessa visão, a questão da dotação genética em determinados aspectos do desenvolvimento é amplamente discutida quando, por exemplo, se referem às correlações observadas entre gêmeos mono e dizigóticos naquilo que diz respeito ao desempenho observado em testes de inteligência, apesar de não se poder descartar a nítida influência ambiental. Parker (1988) refere concordância de 0,58 em gemelares monozigóticos criados separadamente e 0,66 em gêmeos criados sob um mesmo ambiente. Eysenck (1981) fala em correlações da ordem de 0,84 para monozigóticos e de aproximadamente 0,47 para dizigóticos. Entretanto, é importante frisar que o papel jogado pelos genes, mesmo aqueles ligados a uma conduta ou a um padrão de desempenho específico, não apresenta um comportamento linear, sendo passível de sofrer influência também, e não pouca, do ambiente no qual se inserem (Classens, 1990).

Não podemos também nos esquecer de que influências biológicas marcantes ocorrem também sob o ponto de vista ambiental e assim temos de passar para a etapa imediatamente subseqüente ao mecanismo de concepção. Cabe, porém, pensar que alguns quadros com alteração eminentemente genética irão apresentar um fenótipo comportamental similar, em que pesem as variações ambientais.

Podemos observar no Quadro 4.1, conforme o citado por O'Brien (1995), exemplos de fenótipos comportamentais (cognitivos, motores e comportamentais) associados a alterações cromossômicas.

Continuando a se pensar nesse padrão de desenvolvimento, veremos que, a partir do momento da fecundação descrito anteriormente, se inicia um período pré-embrionário que se estende por volta de 14 dias, durante o qual o zigoto entra em divisões sucessivas, tornando-se um conjunto de

QUADRO 4.1
Exemplos de fenótipos comportamentais (cognitivos, motores e comportamentais) associados a alterações cromossômicas

Nome	Etiologia	Fenótipo comportamental
S. Aicardi	Herança dominante ligada ao X	Dificuldades de aprendizado graves; ausência de linguagem expressiva freqüente, baixa atividade expontânea, descreve-se auto e heteroagressividade.
S. Angelman	Descrita deleção do braço longo do cromossoma 15 (15q11-q13)	RM,* déficits/ausência de linguagem, dispraxia motora, pobre interação social, boa memória para faces e direção, sociáveis e afetivos, risos freqüentes, *flapping*, autismo em 2/3 dos casos, dificuldades de sono.
S. Cornelia De Lange	Duplicação do cromossoma 3q (25-29)	RM, déficit intenso de comunicação verbal sem prejuízos marcados em organização perceptual, visuoespacial e memória. Autismo com dificuldades sociais, recusa ao contato físico, pequena reação a sons e a dores, estereotipias gestuais, inflexibilidade a mudanças, hiperatividade, irritabilidade, distrai-bilidade. Auto-agressividade com características de obsessividade. Altos níveis de agressividade.
S. "Cri-du-chat"	Deleção do braço curto do cromossoma 5 (5p15.2)	RM, déficits de linguagem, discrepância entre habilidades verbais e não-verbais, padrão de choro similar a um miado de gato, fala monocromática e monotonal; descreve-se irritabilidade, hiperatividade, destrutividade e comportamento auto-estimulatório em alguns casos.
S. Down	Trissomia do cromossoma 21 (mecanismo de não disjunção em 95% dos casos, de translocação em 1 a 5% e de mosaicismo em cerca de 1 a 2%	RM, déficits atencionais, déficit motivacional; associação com autismo, condutas oposicionais, demência de Alzheimer (40 a 50%).
Distrofia Muscular de Duchenne	Herança recessiva ligada ao X (Xp21)	Déficits cognitivos e de desenvolvimento, principalmente motor e de aquisição de fala; ansiedade e humor depressivo freqüentes; pobre padrão de relacionamento social.

*RM = Retardo mental.

(Continua)

(Continuação)

Nome	Etiologia	Fenótipo comportamental
S. Cromossoma 15q	Tetrassomia 15 (4 cópias de região 15pter-q13)	RM, autismo, desenvolvimento deficitário de linguagem, estereotipias gestuais, *flapping*, ecolalia, hiperatividade.
S. do X frágil	Fragilidade da região distal do braço longo do cromossoma X (Xq27.3)	Dificuldades de aprendizado relacionadas às repetições CGG, desenvolvimento verbal superior ao de execução; dificuldades em raciocínio abstrato, processamento seqüencial, habilidades visuoespaciais, memória visual, pragmática e conceitos numéricos; disfluência verbal, ecolalia e perseveração; pobre coordenação motora, irritabilidade, agressividade, autismo, déficits atencionais.
Galactosemia	Herança autossômica recessiva, deficiência da enzima galactose-1-fosfato-uridil-transferase	RM, déficits de linguagem com dispraxia e déficits articulares; déficits visuoperceptuais; ansiedade e déficits na sociabilidade.
Hipomelanose de Ito	Envolve cromossoma X, porém ainda não clara	Déficit psicomotor, de linguagem, ataxia, déficit de aprendizado, autismo, autoagressividade, hiperatividade e transtornos de sono.
S. Lesch-Nyhan	Herança recessiva ligada ao X (Xq26-27) com déficit da enzima fosforibosiltransferase	RM, déficit motor com coordenação motora pobre, déficit de linguagem, disartria, comportamento auto-agressivo compulsivo, automutilação, agressividade, comportamento suicida.
S. Lowe	Herança recessiva ligada ao X (Xq24-26)	Déficits de aprendizado e de comportamento secundários a déficit visual; auto-agressividade, estereotipias.
S. Marfan	Herança autossômica dominante (15q21.1)	Déficits de desenvolvimento, cognitivos, de relacionamento social. Problemas atencionais, de aprendizado, de coordenação motora fina, de habilidades visuoespaciais. Hiperatividade.
Mucopolissacaridoses	Exceção da doença de Hunter (Xq28), todas são de herança autossômica recessiva: Morquio (16q24), Sanfilippo (12q14)	De déficits de aprendizado a RM conforme o tipo. Atenção diminuída. Déficit de linguagem, de memória e de comportamento social e adaptativo. Comportamento agressivo em S. Hunter.

(Continua)

QUADRO 4.1
Exemplos de fenótipos comportamentais (cognitivos, motores e comportamentais) associados a alterações cromossômicas (*continuação*)

Nome	Etiologia	Fenótipo comportamental
Neurofibromatose	Herança autossômica dominante (17q11.2)	Déficits de linguagem com nasalidade, pobre articulação e alterações de prosódia. Déficit de aprendizado com déficits visuoespaciais, motores, pobre organização espacial e memória verbal. Dificuldades de leitura-escrita. Distraibilidade e impulsividade. Restrição no contato social. Ansiedade, depressão.
S. Noonan	Herança autossômica dominante (12q22qter)	Baixas habilidades cognitivas, déficit motor, visuoespacial e de coordenação motora. Déficits de linguagem e no contato social. Perseveração.
Fenilcetonúria (PKU)	Herança autossômica recessiva (q22-q24) com ausência da enzima fenilalanina-hidroxilase	Déficit cognitivo (relativo ao não-tratamento), atenção diminuída, hiperatividade, estereotipias, irritabilidade, agressividade, alterações de sono, auto-agressividade. Déficit em funções executivas. Ansiedade, depressão, labilidade de humor, transtornos alimentares e de pensamento.
S. Prader-Willi	Anormalidade ou perda de material cromossômico proveniente do cromossoma 15 paterno (15q11-13)	Déficit motor e de linguagem. RM. Aumento da ingestão alimentar e de água. Auto e heteroagressividade. Irritabilidade e impulsividade. Ansiedade. Podem ser encontrados alucinações, alterações de pensamento, depressão, tendência ao suicídio.
S. cromossoma 15 em anel	Quebra 15q26.2	RM. Déficit de linguagem, inclusive de ritmo. Déficit atencional. Agressividade. Alterações de humor.
S. Rubinstein-Taybi	Microdeleções do cromossoma 16 (16p113.3)	RM. Déficit de linguagem com voz anasalada. Estereotipias motoras. Transtornos de sono. Auto-agressividade.
S. Turner	Cariótipo X0	Déficit especial. Hiperatividade. Distraibilidade. Isolamento e déficit social.
S. Klinefelter	Cariótipo XXY	Déficits no processamento auditivo. Déficit na linguagem expressiva. Condutas anti-sociais.

(Continua)

(Continuação)

Nome	Etiologia	Fenótipo comportamental
Superfêmea	Cariótipo XXX	Déficit cognitivo com maior prejuízo verbal. Pobre memória auditiva.
S. Smith-Lemli-Opitz	Herança autossômica recessiva ligada à biossíntese de colesterol	Déficit cognitivo. Déficit de linguagem. Auto e heteroagressividade.
S. Smith-Magenis	Deleção 17p11.2	Graus variados de déficit cognitivo. Atraso de linguagem. Hiperatividade. Auto-agressividade. Insensibilidade à dor. Autismo. Ausência de sono REM.
S. Sotos	Não é conhecida	Déficit motor e de desenvolvimento. Déficit na coordenação. Ecolalia, perseveração, dispraxia oral. Déficit de aprendizagem. Dificuldades no processamento verbal, na memória de curto prazo. Agressão. Alterações de humor, ansiedade. Problemas de sono. Agressão.
Trissomia do 8	8p21.1 8p22	Dificuldades de aprendizado, de linguagem, visuoespaciais, psicomotoras e de memória. Pobre coordenação motora. Déficit de atenção. Ansiedade, introversão, déficit na sociabilidade.
Trissomia do 18	Trissomia do cromossoma 18	RM. Déficit motor, de linguagem, na interação social.
Esclerose tuberosa	16p13	RM. Epilepsia. Déficit de linguagem. Movimentos estereotipados. Autismo. Hiperatividade. Auto e heteroagressão. Transtornos de sono.
S. Williams	7q11.23	RM. Déficit visuoespacial, de linguagem e motor. Estereotipias, déficit atencional, irritabilidade, alterações de sono, hipersensibilidade a sons, autismo.

células agrupadas, que recebe o nome de *mórula*. Esta implanta-se na mucosa do útero, e suas células começam a se especializar com as mais externas, vindo a constituir o que chamamos de trofoblasto e as mais internas constituindo a massa celular interna que, por sua vez, irá se especializar em três linhagens celulares.

As linhagens mais internas constituirão o chamado endoderma; as mais externas, o ectoderma; e as intermediárias, o mesoderma. Inicia-se,

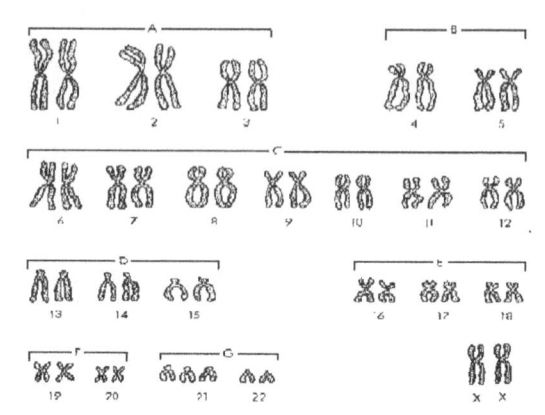

Figura 4.1
Cariótipo de portador de síndrome de Down.

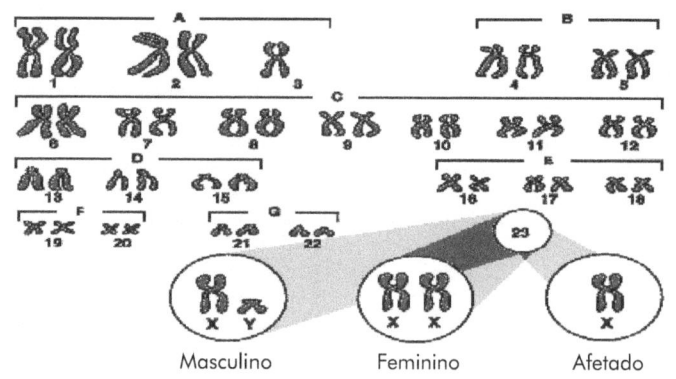

Figura 4.2
Cariótipo de portador de síndrome de Turner.

então, o período embrionário que terá a duração aproximada de 8 semanas, com a formação de vesículas no interior do ectoderma e do endoderma, sendo que, no ponto de coincidência das três áreas, se forma a chamada área embrionária. Nessa área, o ectoderma dará início à formação da pele, sistema nervoso e órgãos dos sentidos. No mesoderma, o tecido conjuntivo, músculos e ossos; e no endoderma, os órgãos internos.

Gradualmente, na área embrionária ligada ao ectoderma, inicia-se um engrossamento com uma fenda central (o sulco neural). Seus bordos vão crescendo e se aproximando até se tocarem, constituindo um tubo (o tubo neural) com um pólo cefálico e outro caudal. Entre duas e três semanas, derivados dos mioblastos, inicia-se a formação dos músculos, principalmente os do tronco, com as primeiras contrações da musculatura cardíaca se iniciando por volta da quarta semana. Os neurônios se derivarão dos neuroblastos do tubo neural, amadurecendo primeiramente os neurônios motores e depois os sensitivos. Esse neurônio permite a identificação de três porções distintas, um corpo celular, dendritos e axônios.

Os axônios correspondem a projeções filamentares que apresentam, como função básica, a transmissão de informações sob a forma de pulsos elétricos. Transportam informação sensorial proveniente do meio ambiente para dentro do sistema nervoso (axônios aferentes do sistema nervoso periférico), bem como os comandos provenientes do sistema nervoso central para os órgãos efetores que exteriorizarão as condutas (axônios eferentes do sistema nervoso central). Esses axônios juntam-se em troncos nervosos que, no sistema nervoso central, serão chamados de tractos. A grande maioria desses axônios será envolvida por mielina, que permitirá a velocidade de propagação do impulso nervoso, constituindo-se, provavelmente, em um dos fatores evolutivos.

Os dendritos são prolongamentos filamentares arranjados como árvores de maneira a oferecer ampla área de contato para a recepção de informações ocorrida por meio das sinapses, sendo essa recepção mediada por neurotransmissores diversos que alteram a polarização elétrica. Assim, propaga-se a informação em uma direção única, facilitando ou inibindo a ação no axônio receptor.

O tubo neural vai, então, desenvolvendo-se mais especificamente em seu pólo cefálico, e essa dilatação, ao redor da quinta semana, já apresenta diferentes segmentos como o cérebro posterior (romboencéfalo), o cérebro médio (mesencéfalo), o cérebro intermediário (diencéfalo) e o cérebro anterior (vesículas telencefálicas). Estruturas das partes média e basal dos hemisférios serão chamadas de rinencéfalo e intervirão futuramente no processo emocional, ao passo que o diencéfalo intervirá na expressão desses mesmos processos. Observa-se, então, um agrupamento de neurônios para a formação do sistema nervoso central, com uma grande variedade de estruturas identificáveis, cada uma com, provavelmente, funções bastante específicas. Temos assim a estruturação do córtex cerebral, apanágio da espécie humana, uma vez que seu tamanho é decrescente nos demais primatas e mamíferos em geral e inexistente nos invertebrados. O cerebelo, embora presente também nos vertebrados menos desenvolvidos, é outra estrutura importante nessa construção. As demais estruturas, como tronco cerebral, núcleos e medula espinhal, embora variem, encontram-se presentes em todas as espécies.

Sob um ponto de vista evolutivo, teríamos de pensar medula e tronco cerebral como processadores mais antigos e primitivos, com a primeira capaz de processar informações proprioceptivas e motoras, bem como algumas funções automáticas.

O tronco cerebral é de fundamental importância no controle de funções básicas para a subsistência como fome, sede, agressividade, controle de temperatura, reprodução. Como função básica, o cerebelo encarrega-se de padrões de coordenação motora, fundamentais para a espécie humana, que utiliza movimentos sofisticados e, a partir deles, constrói ferramentas capazes de aumentarem sua eficácia.

Finalmente caberá ao córtex a função de receber as informações sensoriais, integrando-as, interpretando-as, processando-as e planejando e executando respostas adequadas às situações desencadeadoras, quer internas, quer externas de maneira a envolver estímulos afetivos, inclusive.

Gradualmente, dá-se também a inervação progressiva dos grupos musculares por meio da inervação realizada por fibras procedentes do tubo neural, controlando-se primeiramente a musculatura espinhal e, assim, estabelecendo-se movimentos rítmicos. Dessa forma, por volta de 2 meses, já podemos observar movimentos rítmicos no feto.

A partir daí, já se estabeleceu uma interface desse ser com o ambiente, tanto sob o ponto de vista de *input* como do de *output*, uma vez que os sistemas receptores já se constituíram com a organização dos órgãos sensoriais, e a musculatura esquelética, como órgãos efetores, também já está estabelecida e sob o controle do sistema nervoso. Temos, então, um sistema de recepção, similar a um sistema de sensores, já constituído que pode ser de maneira simplista visualizado a seguir no Quadro 4.2.

A partir da oitava semana, inicia-se o que chamamos de período fetal, com o feto já se parecendo com um ser humano e já podendo ser observados placenta e cordão umbilical.

QUADRO 4.2
Sistemas de recepção de estímulos

Input	Receptores
Visual	Cones e bastonetes retinianos
Auditivo	Células ciliadas
Posição no espaço (vestibular)	Células ciliadas
Tato	Corpúsculos de Pacini (pressão), Meissner (frio), Merkel (calor)
Proprioceptivos	Fusos musculares, tendões, receptores articulares

A partir do quarto mês, inicia-se o processo de mielinização, que só será completado após o nascimento.

Por volta dos 5 meses, o ritmo cerebral é lento com ondas amplas e polimorfas, separadas por períodos de silêncio (Monedero, 1976). Provavelmente aqui se iniciam os reflexos posturais com a finalidade de manutenção da posição fetal. Aumenta o córtex, e, aos 8 meses, já se pode observar ritmos de sono e vigília.

Resumidamente, podemos, então, estabelecer o padrão de desenvolvimento fetal da maneira que segue.

A percepção das associações genótipo-fenótipo (inclusive a partir de eventuais alterações ambientais que possam vir a atuar sobre o desenvolvimento fetal) permite-nos hoje uma definição mais precisa de uma série de mutações que envolvem um padrão fenotípico comportamental com a presença de alterações cognitivas e comportamentais específicas, conforme já descrevemos no quadro anterior.

Diferentes agentes atuam nesse período de desenvolvimento no qual o indivíduo se apresenta extremamente fragilizado, fazendo que, a partir de alterações no substrato biológico (genético ou somático), se reflitam por meio de uma incapacidade funcional em uma determinada área específica, constituindo-se, posteriormente, naquilo que chamamos de *fenótipo comportamental*. São, portanto, fatores dignos de consideração nesse raciocínio (Milunsky, 1997):

- idade materna avançada – em função de possibilidade de não-disjunção durante as divisões meióticas na formação do gameta;
- filhos anteriores com patologias genéticas, pensando-se em padrões de doenças com herança reconhecível e associadas a esses fenótipos;
- pais com anomalias genéticas;
- história familiar mostrando anomalias genéticas;
- problemas maternos associados a uso (ou não) de drogas específicas que aumentem o risco de defeitos congênitos;
- problemas maternos durante o período de gravidez que coloquem em risco a saúde do feto (por exemplo, patologias que restrinjam o aporte de oxigênio ao feto);
- presença de genes específicos (inclusive alguns ligados a questões étnicas como, por exemplo, Doença de Tay-Sachs em judeus do grupo Askhenazin);
- exposição a drogas teratogênicas (medicamentosas, industriais ou drogadições), raio X, toxinas, radiação ionizante;
- consangüinidade (por concentração de genes específicos).

Do mesmo modo como diferentes alterações genéticas afetam esse desenvolvimento fetal, fatores provenientes do ambiente também o afetam, alterando, de maneira significativa, seu desenvolvimento normal, embora, sob o ponto de vista clínico, seja difícil o isolamento dos fatores causais específicos que intervêm diretamente sobre o padrão de desenvolvimento. Entretanto, sob o ponto de vista desenvolvimentista, a questão nutricional deve ocupar um lugar de destaque. Esse aspecto nutricional pode manifestar-se sob dois aspectos, um primeiro devido a comprometimento qualitativo na ingestão alimentar, ou seja, com prejuízo no suprimento de determinados elementos fundamentais para o desenvolvimento da criança, como, por exemplo, proteínas, vitaminas ou aminoácidos específicos. Outra possibilidade é o próprio prejuízo quantitativo, decorrente da ingestão de quantidades inadequadas de alimentação. Incluem-se aqui transtornos placentários e de alimentação materna. Essas desnutrições graves parecem ter efeitos importantes sobre o desenvolvimento do bebê, atuando diretamente sobre seu cérebro e seu sistema nervoso, fatos esses observados em crianças africanas desnutridas nas quais se verificou deterioração de sistema visual e alteração de padrões eletrográficos (Stoch e Smith, 1968). Também são descritas redução de massa encefálica e anormalidades protéicas que influem diretamente sobre DNA e RNA (Dobbing, 1970). Isso porque o desenvolvimento do SNC depende de índices adequados de proteínas, carboidratos, gordura, água, sais minerais e vitaminas em uma dieta balanceada.

Mecanismos de desnutrição do feto devem ser sempre considerados, obedecendo a fatores que interferem na nutrição direta decorrente do modelo alimentar da mãe e na transferência, via placentária, dos nutrientes da mãe para o feto. Isso porque, conforme já dissemos, o feto mantém com sua mãe uma relação "parasitária", crescendo em detrimento de sua genitora. Assim ele requer a presença de glicose, estocada como glicogênio, aminoácidos para a síntese de proteínas, vitaminas e ácidos graxos e minerais como ferro. A carência desses elementos ocasiona fetos vulneráveis, principalmente no terceiro trimestre de gravidez, com altos índices de mortalidade pós-natal, baixo peso ao nascer e pequenos perímetros cefálicos, descrevendo-se piores *performances* ao acompanhamento por meio de testes padronizados, redução da proliferação celular durante a gravidez e hipoplasia neuronal (Spreen, 1997). Quando a desnutrição atinge níveis muito elevados, torna-se difícil mesmo a fixação do embrião com a ocorrência de abortos espontâneos, ao passo que desnutrições moderadas ocasionam fetos e placenta pequenos.

Cabe ainda pensar que as deficiências nutricionais raramente ocorrem como fenômenos isolados, mas se constituem em todo um ambiente de carência e envolvem riscos secundários, como aumento da possibilidade de infecções, cuidados médicos inadequados e outros fatores de risco.

Também a ingestão de drogas, pois estas, ao atravessarem a placenta, produzem efeitos sobre o desenvolvimento do feto, que é alterado. Já desde 1939 relata-se a relação entre a nicotina e a aceleração de batimentos cardíacos fetais bem como a prematuridade. Além disso, são descritos efeitos da utilização de álcool, cocaína ou outras drogas (como a heroína, maconha, etc.), lícitas ou não, sobre o desenvolvimento fetal, aumentando o risco de malformações, uma vez que os modelos animais parecem mostrar grande risco para malformações de sistema nervoso central, dados esses também passíveis de observação clínica (Hutchings, 1991).

Um forma de pensarmos essas relações entre má nutrição intra-útero e desenvolvimento pode ser por intermédio da Figura 4.3 (adaptado de Spreen, 1997, p. 259).

Sob o ponto de vista adaptativo, poderíamos pensar que a relação mãe-bebê intra-útero, embora seja a mais íntima que podemos pensar entre duas pessoas, também apresenta características bastante específicas, uma vez que o feto maximiza suas necessidades, apropriando-se dos recursos maternos para garantir sua viabilidade biológica. Isso, sob o ponto de vista materno, visa a garantir a sobrevivência de metade de seus genes, mas sua vulnerabilidade pode ocasionar um maior índice de mortalidade no feto.

Essa teoria evolutiva do conflito pais-filhos, desenvolvida por Haig em 1993 (apud Nesse, 1995), parte da observação de características opostas de atuação mãe-bebê com o estabelecimento de mecanismos de proteção que favoreçem ora um, ora outro dos elementos. Assim, por exemplo, o organismo materno teria, por meio dos níveis de hCG, a possibilidade de detectar fetos não-viáveis a partir de anormalidades cromossômicas, impe-

Deficiência nutricional	⇨ Alterações de SNC	⇨ Habilidades cognitivas	⇨ Comportamento
Alto risco de infecções	⇨ Alterações somáticas	⇨ Motivação	
Alterações na qualidade e quantidade de cuidados maternos		⇨	Reatividade emocional
Estimulação ambiental		⇨	Habilidade motora
Status socioeconômico			Habilidade sensorial

Figura 4.3
Conseqüências do déficit alimentar pré-natal.

dindo que os mesmos se implantassem no endométrio. Isso impediria o investimento em um bebê que eventualmente morreria mais jovem ou que não conseguiria sobreviver na idade adulta, caracterizando, por exemplo, um maquinário adaptativo com finalidade específica.

A QUESTÃO DO PSIQUISMO FETAL

A existência de um psiquismo fetal é, a princípio, extremamente discutível, embora algumas correntes com base psicanalítica proponham-no de maneira insofismável. Assim sendo, considerando-se o modelo evolutivo que estamos tentando acompanhar, fica difícil de se imaginar o mundo mental de um bebê como uma confusão de imagens e de sons indistintos. Podemos dizer isso porque o estudo de primatas parece mostrá-los como criaturas complexas dotadas de faculdades afetivas como amor e inveja, bem como com a capacidade de construir objetos com alguma utilidade. Assim, a mente já não aparece como uma *massa informe que a cultura molda* (Pinker, 2002), mas como um conjunto de capacidade mentais já pré-programadas e que se desenvolvem com a participação do aprendizado.

A dificuldade no estabelecimento dessa afirmação é a distância que nos separa do feto, bem como as dificuldades técnicas que temos para avaliá-lo. Assim, é difícil sabermos como vive ou sente a si mesmo e ao mundo circunjacente. Entretanto, dadas as condições físicas às quais se encontra submetido, podemos pensar, sem a menor sombra de dúvida, que suas necessidades vitais são supridas por sua mãe com quase nenhuma excitação (prazerosa ou desprazerosa) provindo do meio externo. Dessa maneira, sua luta pela vida (pensando-se sob o ponto de vista evolutivo) é mínima, embora ele seja sensível a alterações de desequilíbrio somático. Logo, muitas doenças maternas intervirão diretamente com o feto, afetando-o de maneira grave, muitas vezes com alterações significativas de desenvolvimento.

Pensando-se descritivamente, podemos observar que:

- entre 8 e 12 semanas, o feto adota posição ventral com certo tônus muscular axial;
- entre 12 e 16 semanas, surgem movimentos cefálicos mais diferenciados de tronco, braços e pernas com a pele sensível, respondendo a estímulos por meio de movimentos reflexos;
- entre 16 e 20 semanas, observamos movimentos de lábios como elemento succionante do reflexo de sucção e o movimento de dedos;
- entre 20 e 24 semanas, surgem os movimentos respiratórios, o reflexo tônico-cervical.

Entretanto, a maior parte dos neurônios cerebrais são produzidos a partir da 20ª semana de gestação, continuando a crescer em grande número até o final do primeiro mês de vida extra-uterina.

Entre a 20ª e a 40ª semanas, observa-se ainda o desenvolvimento das células gliais, sendo que, ao redor da 40ª semana, a medula espinhal e algumas regiões cerebrais já se encontram formadas, ao passo que outras, como o neocerebelo, inicia seu crescimento por ocasião do nascimento, não se completando durante o 1º ano. O cérebro, portanto, cresce de forma diferente no tempo e nas suas diferentes regiões, e aquelas que crescem mais rapidamente podem ser consideradas as mais vulneráveis. Entre 32 e 36 semanas, o tônus muscular aumenta, bem como os reflexos posturais, e, entre 36 e 40 semanas, o feto encontra-se pronto com um tônus maior.

Durante as fases precoces de desenvolvimento, observa-se ainda uma rápida e síncrona migração neuronal, e nas fases mais tardias, uma rede organizada de células gliais guia essa migração. Formam-se, assim, seis zonas de migração, gradualmente, no cérebro e duas no cerebelo.

Com o desenvolvimento neuronal e os processos migratórios, formam-se as conexões sinápticas e a organização citoarquitetônica (Harris, 1995). Essas migrações também são pontos de vulnerabilidade às alterações genéticas ou às doenças adquiridas (como, por exemplo, infecções virais), alterando de maneira significativa a construção mental desse indivíduo. Isso só nos reforça a idéia integrativa entre aspectos genéticos e biológicos de cunho ambiental relacionados diretamente à construção mental e ao fenótipo comportamental desse indivíduo.

Para conseguirmos observar então os períodos de maior vulnerabilidade, podemos esquematizar esse processo de desenvolvimento cerebral na espécie humana como demonstrado no Quadro 4.3.

A atividade motora espontânea é presente durante todo o período embrionário, iniciando-se ao redor da 15ª semana e podendo-se observar a presença de movimentos finos de extremidades, cabeça, diafragma e de todo o corpo, incluindo a presença de movimentos mais complexos como a sucção de dedos ou o raspar o cordão umbilical ou partes do corpo (Singer, 2001).

Embora a mãe não consiga detectar a movimentação antes da 16ª ou 18ª semana de gestação, alguns desses movimentos preparam o feto para a vida pós-natal ou mesmo para a vida intra-uterina. Segundo alguns autores citados por Singer (2001), os bebês movimentam-se cerca de uma vez por minuto, ocupando, com isso, cerca de 10 a 30% do tempo, exibindo ainda flutuações cíclicas e ritmos circadianos.

Sob o ponto de vista comportamental, em 1974 Prechtl descreveu quatro estados de comportamento fetal (apud Singer, 2001), conforme está disposto no Quadro 4.4, e verificados ao redor de 36 semanas de gravidez.

QUADRO 4.3
Cronologia do desenvolvimento cerebral (apud Harris, 1995)

Tempo de gestação	Estrutura anatômica
16 dias	presença da notocorda
18 a 21 dias	presença da placa neural
20 dias	formação da crista neural e do tubo neural
22 dias	placas óticas e ópticas
24 dias	fechamento do neuroporo rostral
26 dias	fechamento do neuroporo caudal
28 dias	presença de gânglios espinais formação das vesículas cerebrais internas, médias e externas
35 dias	divisão do cérebro externo em telencéfalo e diencéfalo e do cérebro interno em metaencéfalo e miencéfalo. Formação do cerebelo
6 semanas	nascimento dos primeiros neurônios cerebrais início do desenvolvimento do núcleo geniculado lateral desenvolvimento da hipófise migração neuronal para a criação de diferentes zonas celulares
7 semanas	axônios das células ganglionares
8 semanas	início da camada ganglionar externa do cerebelo
10 semanas	formação das células de Purkinje, início da formação das comissuras intra-hemisféricas, presença de sulcos longitudinais
12 semanas	presença da amígdala início da mielinização da medula espinhal
18 a 20 semanas	sulcos centrais presentes
24 a 26 semanas	reflexo de sucção presente
26 semanas	sulco central e fissuras laterais presentes
28 a 30 semanas	placa cortical indiferenciada presente no córtex cerebral
26 a 34 semanas	espinhas dendríticas nas células piramidais do córtex cerebral
3º trimestre e período pós-natal	maturação sináptica, migração das células granulares e mielinização dos axônios

QUADRO 4.4
Parâmetros dos estados de comportamento fetal

	Movimentos oculares	Movimentos de corpo	Razão cardíaca
1F	Nenhum	Nenhum, exceto ocasionais, breves ou outros movimentos grosseiros	Padrão A: razão estável com pequenas oscilações. Acelerações isoladas às vezes associadas aos movimentos do feto
2F	Presentes (rápidos e lentos)	Freqüentes e periódicos	Padrão B: oscilações acima e abaixo com acelerações freqüentes
3F	Presentes	Nenhum	Padrão C: estável, sem acelerações
4F	Presentes	Vigorosos e contínuos	Padrão D: instável, acelerações grandes e profundas, freqüentemente acompanhadas de taquicardia

Durante a gravidez, estados tipo 2F são mais freqüentes do que os 1F, e períodos de atividade alta (4F) são infreqüentes, ao passo que os 3F são raros. As respostas fetais são dependentes do padrão estimulatório a que é submetido. Assim, estímulos vibroacústicos intensos, aplicados no ventre materno, ocasionam respostas com aceleração cardíaca e decréscimo dos movimentos. Poderíamos, então, pensar na existência de capacidades potenciais existentes já durante o período fetal, o que nos levaria a pensar em características individuais que já pudessem estar presentes durante esse período, ou seja, movimentos fetais intensos detectados pela mãe poderiam, teoricamente, servir de preditor para irritabilidade posterior, embora tais dados ainda possuam pequena consistência no atual estado de nossos conhecimentos. Isso porque o contexto psicobiológico materno (inclusive aspectos de ansiedade e de estresse) provoca efeitos, provavelmente, muito mais difusos durante a vida fetal do que após o parto.

A partir desse desenvolvimento neocortical humano, dá-se o aparecimento de uma consciência reflexiva que vai permitir o aparecimento posterior da linguagem, do cálculo, da conceitualização, da abstração e da capacidade de previsão. Surge ainda a intenção deliberada, mecanismo superior de regulação entre os impulsos instintivos (provenientes do sistema límbico e do hipotálamo) e da inteligência (proveniente do córtex). É um mecanismo adaptativo e evolutivo que permitiu à espécie se desenvolver e permanecer viva, escapando dos determinismos puramente biológicos, embora auxiliando esse animal a se adaptar sob o ponto de vista biológico. Dessa forma, existem ligações eficazes entre o hipotálamo e os lobos frontal e pré-frontal, permitindo a criação e a utilização futura de instrumentos, de códigos simbólicos, de julgamentos, de noções de futuro e de temporalidade.

Dá-se assim uma margem de indeterminação, de margem de escolha, que personaliza esse indivíduo. Assim, um comportamento pode ser considerado como dependente de:

- **mecanismos de controle ligados ao SNC**, já vinculados às estruturas cerebrais desenvolvidas ao momento da gestação e amadurecidas posteriormente ao momento de parto;
- **mecanismos cognitivos gerais programados por meio de aprendizado e ambiente**, quer pelos modelos de educação formal, quer pelos modelos de educação informal;
- **mecanismos de controle ligados à linguagem e aos processos simbólicos** derivados das experiências vividas e dos significados a elas atribuídos, de maneira pessoal, individual e particular, que constituirão, em última instância, a questão do próprio ser-no-mundo individual (Buck, 1987).

O PARTO

No 9º mês de gravidez, iniciam-se contrações uterinas que expulsam a criança, através do canal de parto, para o mundo externo, estabelecendo-se então seu contato com o ambiente, que deixará gradualmente de prover todas as suas necessidades com o intuito de fazê-lo, gradualmente, adquirir sua independência e autonomia. Nesse momento, seu cérebro apresentará um peso de aproximadamente 300 a 350g, crescendo rapidamente e atingindo cerca de 85% do peso de um adulto (1.250-1.500g) por volta dos 4 anos. Esse crescimento é devido não somente ao aumento de tamanho, mas também à mielinização e aumento de sua complexidade.

O grande perímetro cefálico e pequeno perímetro pélvico fazem, dessa maneira, que o momento do parto seja extremamente de risco e de estresse. Paralelamente, a imaturidade e fragilidade do bebê humano, comparado com o de outros primatas, aumentariam esses riscos que são compensados por algumas características da espécie como a de, por exemplo, de maneira contrária a de outras espécies, a fêmea humana ir para o parto sempre acompanhada de um auxiliar (nas culturas primitivas, outras mulheres mais velhas), o que diminui consideravelmente o risco. O cuidado existente mesmo nas culturas primitivas de extração da placenta possibilita um aumento dos níveis de ocitocina que aumentam as contrações uterinas, diminuindo o sangramento e os riscos também. Mecanismos de adaptação encontram-se presentes aqui visando à sobrevivência de um feto viável e à continuidade de uma genitora.

Ao nascimento, áreas motoras e somatossensoriais são mais desenvolvidas, ao passo que os lobos pré-frontais ainda o são pouco (Spreen, 1995).

Em função dessas características e pensando-se em seu processo de desenvolvimento e autonomia, o contato com o mundo circunjacente lhe exige atitudes ativas (cada vez mais) em contraposição a atitudes passivas e automáticas que garantiam sua sobrevivência e que lhe eram características durante o período pré-natal. Logo, para receber oxigênio precisa respirar, para alimentar-se, como não tem autonomia para tanto, deve passar a manifestar desprazer para que seja saciado, e, embora também não tenha autonomia para isso, é equipado com instrumentos característicos da espécie (sucção reflexa) que lhe permitem ficar vivo.

Talvez essa passagem do estado de dependência total em que todas as suas necessidades de sobrevivência são satisfeitas e em que a necessidade adaptativa inexiste, possa fazer-nos compreender a idéia poética e literária que refere um *estado paradisíaco e de nirvana seguido pelo trauma de parto* (Rank, 1961) enquanto situação angustiante.

Ao nascer, o seu padrão e competência pode ser resumido como no Quadro 4.5.

Entretanto, algumas situações mais objetivas devem ser consideradas, visando-se a compreender os riscos, principalmente sabendo-se que nas últimas décadas podemos observar um aumento significativo de sobrevivência de recém-nascidos prematuros ou de baixo peso (maior que 50% naqueles com peso superior a 750g e maior que 90% naqueles com peso superior a 1.000g [Bauchner, 1988]), ambos com risco de desenvolverem déficits cognitivos e de desenvolvimento bastante significativos de modo a dificultar seu desenvolvimento e sua adaptação. Os fatores de risco nessas situações incluem não somente o baixo peso ao nascimento, mas a idade gestacional (enquanto ser biológico, existe um tempo mínimo de proteção intra-útero, necessário para que o filhote corra menores riscos), asfixia, hemorragias e infecções. Devido a isso, grande número desses recém-nascidos desenvolve problemas de aprendizagem, de integração visuomotora, espacial, de habilidades de leitura e outros (Bauchner, 1988), principalmente se estudados longitudinalmente, uma vez que esse tipo de lactente parece apresentar maior percentual de problemas após sua entra-

QUADRO 4.5
Desenvolvimento ao momento do parto (apud Spreen, 1995)

Fase	Desempenho motor e visual	Função social e intelectual	EEG	Peso médio cerebral	DNA total, mg	Grau de mielinização
Nascimento	Reflexos de sucção, Moro, preensão, *grasping*, reação à luz, Magnus De Klejn, cutâneo-plantar, retificação corporal e de marcha	Ausente	Assíncrono, baixa voltagem de 3 a 5 Hz, distinção não-clara entre sono e vigília	350	660	Raízes motoras +++; sensoriais ++; lemnisco medial ++; pedúnculo cerebelar superior ++; trato óptico ++

da na escola regular, na qual o padrão de desempenho, comparativamente às demais crianças de idade e grupamento social, são similares.

Entretanto, esses fatores de risco, por si só, são considerados insuficientes para pensarmos o modelo de desenvolvimento dessas crianças afetadas, uma vez que sua interação com o ambiente o altera. Assim, a associação "risco biológico / risco social" piora significativamente a evolução dessas crianças (Escalona, 1982, 1985). Riscos ambientais são também bastante marcantes quando pensamos nessa questão e nesse momento de desenvolvimento. O estresse mobiliza conseqüências adversas, direta ou indiretamente, para a criança, podendo observar-se uma variedade de problemas evolutivos caracterizados por pior rendimento em testes cognitivos, déficits lingüísticos e pior aproveitamento escolar posterior.

Podemos ainda pensar que o aumento do estresse interfere na capacidade da mãe em reagir, de maneira apropriada, ao filho com menores interações positivas e menor segurança (Parker, 1988).

O'Connor (2002) refere também fortes ligações entre ansiedade neonatal e problemas comportamentais da criança a partir dos 4 anos, principalmente déficits atencionais e de hiperatividade. Esses resultados poderiam ser pensados em função de que a presença constante do fator estressor alteraria o eixo hipotálamo-hipófise-adrenal, dado esse passível de observação em estudos com animais, reforçando-se, assim, mais ainda a inter-relação entre fatores genéticos e ambientais, de maneira bastante intensa.

Também a presença, ou não, de apoios materiais interfere de maneira significativa, uma vez que esse, definido como a *disponibilidade de relacionamentos significativos e duradouros que proporcionam criação, segurança e um senso de compromisso interpessoal*, envolve apoios materiais (por exemplo, suprimentos nutritivos), emocionais (por exemplo, companheirismo) e de informação (por exemplo, disponibilidade de recursos de uma dada comunidade) que derivam de estruturas formais ou informais, profundamente dependentes dos recursos que uma dada família em uma determinada comunidade consegue acessar. Assim, pobreza passa também a ser um previsor evolutivo para o desenvolvimento dessas crianças, conforme cita Parker (1988) quando diz que "as características da criança (dotações genéticas, temperamento, saúde) modelam suas respostas ao ambiente. Essas interações, por seu turno, transformam a resposta ambiental. Do mesmo modo que a criança é modelada pelo ambiente, também o ambiente é ativamente modificado pela criança. A criança contribui com grande número de atributos para essa transação. Dentre esses, os três particularmente bem-estudados são a dotação genética, o estudo do temperamento e o estado de saúde. Em parte, essas características determinam como a criança poderá responder ao ambiente".

Finalmente, pensando-se a interação mãe-criança, podemos nos remeter ao fato de que a avaliação de recém-nascidos e lactentes, no que se refere a alterações de comportamento e desenvolvimento, é muito difícil devido ao pequeno repertório de reações dessa população. A reação de retração prolongada pode ser vista como uma manifestação de desequilíbrio, comum a várias causas, uma vez que a especificidade sintomatológica e sindrômica dos quadros psiquiátricos e neurológicos no bebê é muito pequena.

Esse conceito de retração prolongada é interessante em função de seu aparecimento tanto em patologias pediátricas como em patologias relacionais. Ele surge com Brazelton como uma forma de regulação normal da interação, constituindo-se em uma reação de alarme que aparece em quadros de depressão precoce, síndromes autísticas ou transtornos invasivos de desenvolvimento, transtornos ansiosos como o transtorno de estresse pós-traumático, deficiências sensoriais, problemas nas relações emocionais, alguns transtornos de alimentação e problemas relacionais. Consiste em um "apagamento" da criança com uma resistência aos estímulos relacionais, ausência de estímulos auto-eróticos, rigidez facial, movimentos atípicos de dedos, choro e perda de apetite. Ela pode aparecer assim nos quadros já citados, uma vez que sua avaliação se baseia em esquemas motores e de sociabilidade passíveis de serem identificados no bebê de 0 a 2 anos (período sensório-motor).

Em função do que foi exposto, cabe pensarmos também, enquanto uma influência direta materna, a questão da depressão no lactente uma vez que, conforme refere Oates (2002), parece haver um *continuum* entre as dificuldades maternas e os problemas do bebê, passível de ser observado tanto em humanos como em animais, sugerindo-se assim que a ansiedade materna pré-natal aumentaria o risco de problemas comportamentais precoces na criança, fator esse que se dá devido à influência do estresse sobre o desenvolvimento fetal.

Enfatiza-se, portanto, uma interação complexa entre fatores de risco e fatores de proteção que inclui aspectos genéticos, neuroendócrinos, ambientais e psicossociais com eventos adversos durante a gravidez.

O 1º E O 2º ANOS DE VIDA

O DESENVOLVIMENTO DA CRIANÇA NESSE PERÍODO: DO PRÉ-PROGRAMADO AO INÍCIO DA HOMINIZAÇÃO

Talvez pudéssemos dizer que, nesse momento de desenvolvimento, a criança funciona como um processador bastante simples, como um módulo geral, combinando os objetos para que se façam construções posteriores e combinando fonemas para que, também posteriormente, se formem palavras.

Em verdade, pensando piagetianamente (Piaget, 1974), na ausência de uma função simbólica, o bebê não apresenta nem pensamento nem afetividade ligada a representações mentais, de modo que possa evocar pessoas ou objetos; porém é durante exatamente esse período que a criança elaborará uma série de estruturas cognitivas que servirão de base para as construções mentais posteriores.

No que se refere à conduta, durante a primeira semana de vida, apresenta um ciclo de sono desorganizado, mas já na segunda semana esses períodos começam a se organizar de modo que entre 3 e 4 meses já se coordenem os ritmos sono-vigília primordialmente durante o ciclo dia-noite. Nesse momento, diferentes estados podem ser observados, estendendo-se do alerta ao relaxamento, delineados da seguinte forma por Brazelton (apud Gemelli, 1996):

Estádio 1 – Sono profundo: respiração regular, olhos fechados, atividade de movimentos espontâneos regulares, respostas aos estímulos externos parcialmente inibidas, ausência de movimentos oculares, mudanças de estado após estímulos externos.

Estádio 2 – Estádio ativo de sono REM: respiração irregular, movimentos de sucção, olhos fechados com rápidos movimentos, baixo nível de atividade, movimentos de extremidades, freqüentemente muda de posição.

Estádio 3 – Acordando: semidesperto, olhos abertos ou fechados, batimentos de pálpebras, nível de atividade variável, movimentos de extremidades periódicos, reação a estímulos sensoriais, mudança de posição após estímulo.

Estádio 4 – Despertar súbito: alerta, olhar brilhante, foca atenção em fontes sonoras ou visuais, atividade motora suprimida em função do estímulo.

Estádio 5 – Estado de alerta: olhos abertos, atividade motora considerável, movimentos intensos de extremidade, ocasionais mudanças dependendo da ação, reação aos estímulos externos com aumento da atividade motora, reações discretas difíceis de serem percebidas pela atividade motora.

Estádio 6 – Choro: choro intenso, movimentos intensos, não pára quando estimulado.

Se partirmos da idéia de um equipamento genético-constitucional, no dizer de Ajuriaguerra, teremos a criança, considerando-se um primeiro momento, em um estádio eminentemente reflexo com importância fundamental para sua subsistência (por exemplo, sucção reflexa que dispensa o aprendizado para que o indivíduo possa se alimentar), mas que, a partir do seu exercício, passa a executá-lo de forma mais eficaz (encontrando mais facilmente o mamilo ou sugando com maior facilidade) – assimilação funcional – que se prolonga até conseguir distinguir esse objeto (mamilo ou mamadeira) de outros em uma assimilação recognitiva. Dessa maneira, partimos de uma estrutura inata, destinada à sobrevivência da espécie que, interagindo com o ambiente, se diferencia gradualmente chegando a um estádio seguinte no qual se constituem hábitos, muitas vezes determinados pelo meio externo e, a partir de sua importância, automatizados.

As habilidades perceptuais desse bebê (Gemelli, 1996) já são desenvolvidas por ocasião do nascimento, com ele já demonstrando maior preferência por padrões visuais que representem faces do que por outros padrões visuais, assim como apresentando uma maior atratividade por estruturas em movimento.

Hoje, considerando-se essa questão visual, pensamos também em uma capacidade relativamente pobre de sensibilidade ao contraste que permite que somente uma parcela das informações dos padrões de estímulo cheguem aos centros de processamento. Para discriminação, eles necessitariam assim de padrões altamente visíveis e contrastados (Flavell, 1999).

Bebês já escutam ao nascer com um limiar auditivo ligeiramente superior ao do adulto e são capazes de discriminar diferenças ao longo de uma grande variedade de *inputs* auditivos e também de localizarem fontes sonoras (Flavell, 1999). Já, aos primeiros dias, respondem melhor a padrões sonoros similares à voz humana em detrimento a outros tipos de sons. Tais observações se consolidam quando, já ao redor de 3 semanas, a criança demonstra preferência na associação entre o mamar e o ouvir a voz materna.

A percepção olfativa mostra também preferência por odores humanos, talvez por estarmos trabalhando com um sensório ainda pouco elaborado e que necessita desses padrões discriminatórios inatos para que consiga sobreviver em um ambiente que, nesse momento, é hostil. Essas possibilidades do bebê ainda em idade precoce fazem-nos pensar em uma proposta de modelo de percepção intermodal que poderia ser definido como *a capacidade de conhecer ou compreender que dois objetos idênticos são similares sempre quando são percebidos por meio de diferentes modalidades sensoriais como tato e visão*.

Diferentes padrões sensoriais são apresentados simultaneamente ao bebê, de maneira que eles possam gradualmente integrar todos os estímulos recebidos e, a partir dessa integração, criar, pouco a pouco, seu próprio mundo. Isso nos leva a pensar que bebês já nascem com capacidade de relacionar sons e imagens, imagens e sensações e imagens com movimentos, com esses processos constituindo módulos básicos que permitirão a construção gradativa do *ser-criança*.

Conforme citamos também até agora, isso nos possibilita pensar em módulos que, sendo característicos da espécie, já estariam em atividade ao nascimento, servindo como sistemas básicos para o posterior desenvolvimento, embora sejam gradualmente alterados a partir da sua interação com o ambiente circunjacente.

Gradualmente, a partir de 4 meses e meio, esse bebê começa a coordenar visão e preensão, explorando melhor esse ambiente próximo a partir da sua manipulação motora. Estabelece-se assim uma reação circular, como um hábito em estádio nascente sem finalidade prévia.

Por volta dos 8 meses, surgem esquemas de persistência de objeto e de causalidade, impondo-se uma finalidade prévia ao atos executados, coordenados os meios e as finalidades renovadas a cada situação imprevista, sendo os meios emprestados de esquemas conhecidos de assimilação. Essa causalidade inicial é mágico fenomenista, uma vez que se centra na ação do sujeito independentemente dos contatos espaciais e com qualquer ato sendo capaz de produzir qualquer coisa.

Com cerca de 11 a 12 meses, procuram-se novos meios, diferenciando-se dos esquemas conhecidos.

Finalmente, ao redor dos 18 meses, dá-se a transição para o período seguinte com a criança passando a ser capaz de encontrar novos meios não mais por tentativas, mas por combinações interiorizadas. Dá-se, então, um salto evolutivo de caráter qualitativo, com esse ser passando a diferir de todos os outros a partir do estabelecimento de um modelo de processamento simbólico de informações que lhe permitirão que se liberte do espaço imediato e produza reações mais eficazes sob o ponto de vista da sua efetividade, bem como da velocidade com que são alcançadas. Entretanto, em que pese seu ainda pequeno desenvolvimento, Pinker (2002) refere que nessa idade elas não são meras associacionistas que ligam indiscriminadamente eventos coincidentes, mas que analisam as intenções de outras pessoas antes de copiarem aquilo que estas fazem, sendo essa talvez uma tentativa do genoma de colocar *on-line* o equipamento de aquisição de cultura o mais cedo possível para um cérebro em crescimento.

Entretanto, nesse bebê de que falávamos, a noção de espaço ainda é um conjunto heterogêneo centrado no próprio corpo, sem coordenação

QUADRO 5.1
Quadro clínico indicativo de disfunção neurológica no neonato

Quadro clínico	Sintoma
Coma	Arreatividade, ausência de reflexos corneanos e de sucção
Letargia	Hiporreatividade, ausência de choro
Status epiléptico	Convulsões repetidas e coma
Convulsões isoladas	Retorno rápido à consciência vígil após a crise
Hiperexcitabilidade	Tremor, movimentos clônicos, agitação, sono pobre, choro
Hipertonia	Generalizada, opistótono, limitação de movimentos de extensão
Hipotonia	Generalizada, parte superior do corpo, um lado do corpo
Reflexos primários	Ausência deles, em particular de Moro e sucção
Reflexos primários	Resposta pobre, não-repetidos
Sinais oculares	Desvio conjugado, nistagmo
Hipertensão intracraniana	Fontanela tensa, suturas distendidas, hipertonia
Respiração anormal	Irregular, apnéia

objetiva, que se faz pouco a pouco construindo-se gradualmente a noção de objeto permanente.

Também em relação à questão do tempo, inicialmente estabelecem-se estruturas de ritmo centradas nos próprios movimentos do organismo e nos movimentos reflexos, seguidas de regulações diversas por meio de mecanismos de controle que intervêm na formação dos hábitos e, finalmente, ao término do período, surge a questão da reversibilidade, que será a origem das futuras operações mentais, a partir das noções de deslocamento.

Considerando-se todo o exposto, em um primeiro momento, os dados a serem observados nessa criança, ainda de tenra idade, tem mais a ver com um prejuízo em seu *hardware* do que com aspectos ambientais afetando diretamente sua conduta. Temos, então, características clínicas a serem pesquisadas nessa criança que apontam transtornos com caráter predominantemente neurológico.

Podemos pensar também em gradientes de desenvolvimento psíquico durante esses primeiros 24 meses, a partir das propostas de Gesell, conforme podemos visualizar no Quadro 5.2.

QUADRO 5.2
Gradientes de crescimento psíquico segundo Gesell (apud Debray, 1973)

Mês	Tempo	Espaço	Linguagem
12 meses	Instantaneidade	Discriminação do "em pé e deitado"	"Papai", "mamãe", gestos de até logo e imitações
18 meses	Vaga noção de tempo (agora). Espera do que vai chegar	Exploração do espaço, noção de direção e de localização de objetos e pessoas.	Início de linguagem jargão. Vocabulário de uma dezena de palavras. Uso do "não".
24 meses	Noção do agora. Compreensão de sucessão simples sem referência ao passado.	Distinção de "alto" e "baixo", "fora" e "dentro".	Desaparecimento da linguagem jargão. Início de frases com 3 palavras.

A RELAÇÃO CRIANÇA-MÃE: A SOCIALIZAÇÃO ELEMENTAR

Como seria de se esperar em um *ser tão em construção*, nesse momento a criança é totalmente dependente de seus pais para sobreviver; aliás, o filhote humano, diferentemente da maioria das demais espécies, demora muito mais tempo para que possa se independentizar e, em conseqüência, sobreviver no ambiente que o cerca. Isso poderia ter uma base na própria vida social da espécie a partir da característica de se beneficiar do conhecimento obtido por outras pessoas e da necessidade de seguimento de regras e normas comunais (Pinker, 2002) como característica de um animal gregário. Nessa relação com os pais, estes o estimulam inclusive sob o ponto de vista relacional, estabelecendo as primeiras relações de socialização que, em um primeiro momento, são de caráter dual entre a criança e seu cuidador.

Em seu estudo clássico, Spitz (1966) descreveu um padrão de retração comportamental a que denominou depressão anaclítica, a partir do baixo interesse ambiental ocasionando a apatia e a baixa de resistência dessas crianças. Spitz sugeria que o processo de socialização seria necessário, inclusive, para a própria sobrevivência física da criança, o que reforçaria nosso argumento de que o homem, como ser social, sobrevive por isso e para isso – ou seja, a partir dos mecanismos sociais, lhe são garantidos, com maior segurança, os meios de sobrevivência, embora, para viver em grupo, também lhe sejam necessários mecanismos adaptativos específicos característicos da própria espécie. Assim como a mãe provê alimentos fundamentais para a sobrevivência do bebê, ao lhe estimular socialmente ela faz que desenvolva mecanismos (fundamentados, provavelmente, sobre estruturas biologicamente preeestabelecidas) que lhe permitirão melhores e mais adaptados mecanismos de sobrevivência nos grupos nos quais, futuramente, se inserirá.

Esses estímulos são inicialmente táteis e, posteriormente, por meio de outros mecanismos sensoriais, serão provavelmente associados ao modelo de percepção intermodal associando e relacionando sons, imagens, sensações e movimentos que se constituem assim em módulos básicos. Esses módulos básicos gradualmente permitirão interagir com o mundo sem dissociar aquilo que chamamos de afetividade de seus processos cognitivos, uma vez que aquela *mobiliza* os mecanismos cognitivos que, por sua vez, os *modula* e cria estratégias para que sejam (ou não) satisfeitos.

O primeiro objeto de importância seria relativo ao cuidador (em nossa cultura, habitualmente é a mãe) que providenciará estímulos sensoriais que o satisfarão e o farão sentir prazer de modo a estabelecer um primeiro modelo de relacionamento que se sofisticará no decorrer de sua vida, sendo incorporado aos modelos de redes de informação biológicos. Posteriormente outros elementos serão incorporados (como o pai), enriquecendo esse sistema relacional. Ademais, antes mesmo de uma consciência de Eu, *movimentos de consciência* dirigirão esse ser para outros seres que, ao se constituírem, proporcionarão a ele o contraponto necessário para a construção da própria noção de *si-mesmo*.

Até por volta dos 2 meses, a criança se encontra em um período de responsividade social emergente, no qual ela não tem consciência da própria individualidade em uma relação em que regula parcialmente por meio de suas condutas (por exemplo, ciclos de sono ou de alimentação) a relação com os pais. Se pensarmos sob o ponto de vista de Spitz (1966), teremos aqui aquilo que foi chamado de *período pré-objetal*, no qual a criança não estabeleceu ainda um consciência de si e a relação com o outro é indiscriminada.

Entre 2 e 5 meses, essa criança entra em um período de responsividade social discriminante, percebendo suas necessidades inatas (não de maneira cognitiva, mas de maneira sensorial) e se engajando em interações prazerosas com o outro, separando e selecionando estímulos.

Esse corresponde ao momento que Spitz (1966) chamou de período de objeto intermediário, no qual a noção sujeito-objeto ainda não se estabeleceu de maneira discriminatória e eficaz; porém a noção *eu-outro* já se caracteriza.

Finalmente, por volta dos 5 meses, inicia-se uma exploração assertiva, estabelecendo-se realmente a socialização elementar entre cuidador-criança. É estabelecida assim uma reação *sujeito-objeto*, na qual as características de cada um são percebidas, dando a cada um deles características tão próprias que, ao se sofisticarem com o decorrer do tempo e do desenvolvimento do indivíduo, farão que este se converta em um ser único e característico.

OS TRANSTORNOS ALIMENTARES E A INFLUÊNCIA DO MEIO

O bebê, embora, como falamos anteriormente, apresente um repertório que vai gradualmente se sofisticando de maneira a permitir melhores padrões adaptativos, ainda é um ser bastante primitivo quando o comparamos com a complexidade do universo humano. Suas reações diante de mudanças de padrões ambientais também são bastante simples, constituindo-se em reações, na maior parte das vezes muito elementares, a partir de esquemas comportamentais básicos como alimentação e sono, posto que são os mais importantes nesses momentos da vida.

Conforme refere Trouvé (1989), podemos encontrar dois padrões interessantes de transtornos alimentares nesse momento de vida, aquilo que ela chamou de *anorexias da primeira e da segunda infância*, com a primeira podendo ser observada em crianças ao redor dos 8 meses, momento da construção efetiva da relação *sujeito-objeto*, correspondendo provavelmente a uma reação às alterações nesse relacionamento de fundamental importância para o *filhote humano*. Entretanto, mais do que simplesmente o abandono da criança, que ficaria sem os cuidados necessários para sua sobrevivência biológica, trata-se também daquilo que Ajuriaguerra (1974) chama de quadros de *desaferentação precoce*, vulgarmente conhecidos como *hospitalismo intrafamiliar*, caracterizado pelo abandono afetivo da criança, o que ocasionaria dificuldades na construção da própria consciência de si e do outro, perdendo-se assim aquilo que de mais básico existe em qualquer ser, a possibilidade de sobrevivência a partir da construção de modelos de segurança física e psíquica, fundamentais para grande parte das espécies.

O segundo tipo descrito, a *anorexia da segunda infância*, ocorre ao redor dos 2 anos. Aí já temos uma criança mais independente, que já iniciou a construção das noções de si mesmo e do outro e que, mais ainda, já passou dos modelos de socialização elementar para os de socialização grupal, incluindo outros elementos em seu círculo de relações, percebendo e delimitando melhor eventuais motivos de frustração ou de desagrado aos quais reage, muitas vezes, de maneira agressiva (diferentemente da auto-agressividade da criança no período anterior). Essa conduta agressiva permeará, então, as relações sociais estabelecidas nesse momento (a partir de eventuais reações de desagrado), relações essas mediadas eminentemente pela alimentação, de fundamental importância para a criança (considerando-se sua sobrevivência física, sua segurança psíquica e seu padrão estimulatório) e para a mãe (que tem seu papel reforçado e mais bem marcado pela aceitação da alimentação por parte da criança que, assim, se desenvolve melhor aos olhos do restante do bando que, por isso, a reforça em seu papel materno).

Cabe aqui e no tópico seguinte pensarmos nos quadros descritos desde meados dos anos de 1950 como "problemas de *attachment*", estudados inclusive por primatologistas, que referiram que macacos criados isoladamente apresentavam maiores dificuldades na relação com outros indivíduos da mesma espécie quando adultos. Tais experimentos foram retomados posteriormente por Bowlby em seus estudos sobre apego desenvolvidos com bebês. Dentro desse panorama, uma interessante tentativa de compreensão, em uma abordagem evolutiva, poderia ser a apresentada por Nesse (1995) quando refere que indivíduos adultos relacionar-se-iam pior quando fossem negligenciados enquanto crianças por medo, sendo que o comportamento de retração observado na criança é uma tentativa adaptativa do próprio organismo de engajar a mãe no cuidado à prole visando à sua proteção. Essa visão poderia fazer-nos compreender melhor essas alterações alimentares descritas como mecanismos defensivos do próprio organismo e assim providenciados geneticamente para defesa do bebê (vulnerável e frágil) do abandono. Posteriormente essas experiências seriam marcadores para que o desenvolvimento desse indivíduo fosse, por elas, matizado durante o desenvolvimento de sua própria personalidade.

A DEPRESSÃO DO 1º ANO DE VIDA E A DO 2º ANO

Grande número de critérios de diagnóstico tem sido utilizado nas últimas décadas, a fim de buscar uma maior fidedignidade no diagnóstico da depressão, embora, no bebê, esse diagnóstico seja extremamente discutível. Os mais importantes como o RDC (*The research diagnostic criteria*) de Spitzer (Pataki e Carlson, 1990), o DSM-III (APA, 1980), o DSM-III-R (APA, 1989) e, atualmente, o DSM-IV (APA, 1994) e o DSM-IV-TR (APA, 2000) e a CID-10 (OMS, 1993) não consideram essa faixa etária. Contudo, apesar de diferirem quanto ao tempo de duração da sintomatologia, suas características podem ser consideradas similares em um diagnóstico de bases predominantemente clínicas e descritivas, dentro de um conceito sindrômico inespecífico e nosográfico, utilizando-se os critérios para depressão maior de forma similar ao para o adulto e considerando-se os dados decorrentes da idade do paciente em questão. O último quesito, obrigatoriamente, altera a patoplastia do quadro.

Ao exame da criança entre o 1º e o 2º ano de vida, nunca a encontramos referindo sintomas que descrevam seu estado interno; porém é relatada com freqüência somente falta de reatividade ao ambiente, de modo pouco claro e inespecífico, isso em função da dependência do seu desenvolvimento cognitivo para a identificação da sintomatologia. Por isso, eles são de difícil identificação, de modo que, em muitos casos, observamos somente maior sensibilidade, choro fácil e irritabilidade.

As expressões não-verbais (em lugar de somente as verbais) devem ser observadas acuradamente, caracterizando diferenças fundamentais entre as depressões da criança e do adulto, levando em consideração a tendência atual de se considerar aquelas como expressão minorada dos quadros existentes na população adulta (apud Assumpção Jr. e Kuczynski, 2003). Vale frisar que é evidente que as depressões nessas idades são mal diagnosticadas ou que passam desapercebidas. Tal fato ocorre pela sua pequena especificidade na criança e pelo fato de seu diagnóstico diferencial incluir vários problemas orgânicos, assim como outros quadros psiquiátricos (Rush, 1990). O uso de determinadas drogas, utilizadas no tratamento de algumas condições clínicas infantis, pode mimetizar quadros semelhantes. Outras afecções clínicas, bem como o uso de medicações, podem ocorrer em associação com a depressão, mas não há estudos consistentes caracterizando esses quadros nessa faixa etária pediátrica. Entretanto, tais questões devem ser aventadas uma vez que, ao pensarmos a criança, quanto menor a faixa etária, maior é a importância dos fatores biológicos sobre os ambientais de forma que, se pudéssemos representar essa idéia graficamente, poderíamos fazê-lo como na Figura 5.1.

Sua prevalência é de aproximadamente 0,9% de pré-escolares (Kashani, 1988 apud Weller e Weller, 1991), o que torna ainda mais difícil seu estudo nessa população, não havendo estatísticas confiáveis de quadros desse tipo na população dessa idade. Se as pensarmos sob o ponto de vista de desenvolvimento e de adaptabilidade, seria lógico as avaliarmos como uma reação própria de um filhote de uma determinada espécie bastante frágil, ao ser abandonado sem condições de subsistência e sem condições de mostrar ou desenvolver sua viabilidade, ao ser abandonado por seu cuidador, valendo, para tal raciocínio, os mesmos mecanismos que apresentamos no tópico anterior. Poderíamos pensar também naquelas crianças que seriam maltratadas e, assim, poderiam desenvolver mecanismos depressivos desde tenra idade. Pensando isso, teríamos de entrar, ainda que de maneira tangencial, na questão dos maus-tratos, uma vez que, a princípio, poderia parecer-nos ilógico que uma espécie maltratasse e ameaçasse seus próprios filhotes. No entanto, estudos realizados com crianças maltratadas apontam para alguns dados empíricos interessantes. Esses dados mostram que o risco de maus-tratos que leva a um desenlace fatal é muito maior quando o pai não é biológico. Quando esse fenômeno é contraposto a estudos com animais, constata-se que a proteção das mães, nesses casos, mostra-se inefetiva, embora, após um eventual falecimento dos filhotes, essas mesmas fêmeas aparecessem, freqüentemente, prenhes do macho agressor. Assim, o mecanismo ficaria mais facilmente compreensível, já que os animais (nós, inclusive) teriam maior desejo de fazer que nossos genes fossem os vencedores na competição da vida, e assim utilizaríamos as mais diferentes estratégias, inclusive essa, visualizada no fato de

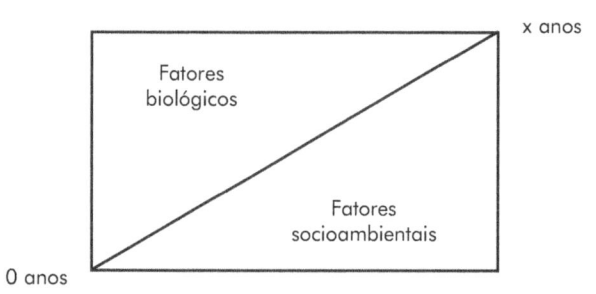

Figura 5.1
Relação fatores biológicos *versus* fatores ambientais *versus* idade.

pais adotivos tratarem muito mais duramente os filhos do que pais do mesmo sangue, para que os resultados adaptativos fossem atingidos. Claro que essa tentativa de compreensão é feita pensando-se na compreensão do mecanismo, e não da conduta, que, ao ser humana e, portanto, muito mais complexa que simplesmente a determinada pelas raízes biológicas, passa a ser matizada de múltiplas formas.

Ao pensarmos esses casos, defrontaremo-nos novamente com a inespecificidade dos quadros que ocorrem em crianças muito pequenas e que, na maioria das vezes, decorrem de dificuldades relacionadas ao *vínculo cuidador-criança*, fundamental para a sua subsistência.

OS TRANSTORNOS DE DESENVOLVIMENTO: RETARDO MENTAL E AUTISMO

Com a maior acurácia das pesquisas clínicas, um grande número de subsíndromes ligadas ao complexo *autismo-deficiência mental* vem sendo identificado a poucos anos, de forma que os conhecimentos sobre a área aumentam de modo significativo com conseqüências no estudo, na compreensão e no tratamento do fenômeno.

Sobre as pesquisas realizadas, estabelecem-se estruturas diagnósticas visando-se ao detalhamento de quadros clínicos ligados ao autismo e que se superpõe, de maneira razoavelmente simplista, aos quadros de retardo mental. Temos, então, um padrão grande de patologias ligadas a ambos os fenômenos, entre as quais:

1. Infecções pré-natais
   a) Rubéola congênita
   b) Sífilis congênita
   c) Toxoplasmose
   d) Citomegaloviroses
2. Hipóxia neonatal
3. Infecções pós-natais – herpes simples
4. Déficits sensoriais
5. Espasmos infantis – S. West

Quadros genéticos

6. Doença de Tay Sachs
7. Fenilcetonúria – herança recessiva ligada ao cromossoma 12
8. Síndrome de Angelman – ocorrência esporádica, deleção proximal do braço longo do cromossoma 15
9. Síndrome de Prader-Willy – ocorrência esporádica, deleção proximal do braço longo do cromossoma 15

10. Esclerose tuberosa
11. Neurofibromatose
12. S. Cornélia De Lange – ocorrência esporádica, braço longo do cromossoma 3
13. S. Williams
14. S. Moebius
15. Mucopolissacaridoses
16. S. Down
17. S. Turner
18. S. do X Frágil
19. Hipomelanose de Ito
20. S. Zunich
21. S. Aarskog
22. Outras alterações estruturais
    Cromossoma 1   (Murayama, 1992) – 3 crianças
    Cromossoma 2   (Saliba, 1990) – 1 criança
    Cromossoma 5   (Barber, 1994) – mulher de 45 anos
    Cromossoma 8   (Burd, 1985) – criança de 5 anos
    Cromossoma 13 (Assumpção, 2000)
    Cromossoma 15 (Kerbeshian, 1990) – mulher de 33 anos
                   (Gillberg, 1991) – 6 crianças
                   (Schoffield, 1991) – menina de 11 anos
                   (Bundey, 1994) – menino de 10 anos
                   (Baker, 1994) – menina de 10 anos
    Cromossoma 16 (Hebebrand, 1994) – menino de 14 anos
    Cromossoma 17 (Almeida, 1989) – criança de 3 anos
    Cromossoma 18 (Wilson, 1989) – menino de 3 anos
                   (Fryns, 1992) – menino de 2 anos
                   (Ghaziuddin, 1993) – menina de 14 anos
                   (Seshadri, 1992) – menino de 2 anos
    Cromossoma 22 (Assumpção, 1999)
    XXY (Mallin, 1972) – menino de 9 anos (Gillberg, 1984)
        (Blackman, 1991) – menino de 3 anos
    XXX (Assumpção, 1997) – menina de 16 anos
23. Intoxicações

Ao pensarmos especificamente a deficiência mental, poderíamos citar uma gama maior de problemas ligados a ela, uma vez que, por ter sido mais estudada durante maior período de tempo, bem como por ter menores dificuldades diagnósticas, permitiu um corpo de conhecimento mais estruturado e mais passível de ser pesquisado. Podemos, então, apresentar o seguinte quadro:

QUADRO 5.3
Etiopatogenia da deficiência mental

1. Deficiência mental de etiologia definitivamente ambiental

1.1. Causas pré-natais	agentes infecciosos agentes físicos agentes químicos doenças maternas
1.2. Causas perinatais	prematuridade parto distócico incompatibilidade materno-fetal hiperbilirrubinemias
1.3. Causas pós-natais	trauma com lesão de SNC infecções, ação de tóxicos perturbações vasculares cerebrais má nutrição

2. Deficiência mental de etiologia genética

2.1. Causas gênicas
    2.1.1. Herança mendeliana
        a. Herança autossômica recessiva: microcefalia vera, fenilcetonúria, mucopolissacaridoses, etc.
        b. Herança autossômica dominante: esclerose tuberosa, síndrome de Apert, etc.
        c. Herança recessiva ligada ao X: DM grave com macrogenitossomia.
2.2. Causas cromossômicas (aberrações)
    2.2.1. Trissomia
        a. Total
            S.Down (trissomia do cromossoma 21)
            S.Edwards (trissomia do cromossoma 18)
            S.Patau (trissomia do cromossoma 13)
        b. Parcial – resultante de translocação não-equilibrada
    2.2.2. Deleções do tipo 4p-, 5p-, etc.
    2.2.3. Translocações: D/G, G/G
    2.2.4. Outras aberrações: aneuploidias de cromossomas sexuais (S. Turner, S. Klinefelter)

DM com participação desconhecida dos fatores ambientais e genéticos

Pensar esses quadros na criança entre 1 e 2 anos significa, em primeiro lugar, diagnosticá-los, e isso significa reconhecer. Em Medicina, diagnosticar algo é reconhecer uma patologia ou um indivíduo enfermo com um propósito determinado seja clínico (terapêutica), de comunicação, de investigação (anátomo patológico ou epidemiológico) ou outro (perícia laboral ou forense) (Miranda-Sá, 1992). De qualquer maneira consiste na construção de um *operador* que permite a manipulação de conceitos de modo que o relacione com outros.

O diagnóstico tem, portanto, características que, segundo Almeida Filho (1989), podem ser descritas como:

a) um processo mental dedutivo produzindo conclusões sobre casos particulares a partir de regras gerais;
b) realizado em casos individuais *considerados em sua singularidade* e integrados posteriormente a uma casuística. A seleção dos casos é feita em busca de uma homogeneidade;
c) a necessidade de integração de conhecimentos sobre cada caso determina maior necessidade de detalhamento, resultando critérios subjetivos e, assim, diminuindo seu grau de reprodutibilidade;
d) os dados semiológicos em Psiquiatria toleram atribuições simbólicas com diferentes graus de imprecisão, ambigüidade e incoerência.

O diagnóstico, ao ser pensado, deve ser considerado com todas as suas limitações, sabendo-se que, para estruturá-lo, utilizamos um modelo filosoficamente realista, partindo-se da crença em uma real existência de pressupostos universais que estabelecem de maneira ampla a dicotomia *realismo-idealismo*. Corresponde assim àquilo que Popper chama de *essencialismo* com as doenças sendo encaradas como entidades independentes e opondo-se ao chamado *nominalismo*, no qual os universais seriam o nome dado a uma classe de objetos ou eventos, e como tal estes seriam reconhecidos, com as doenças não apresentando existência real, independentemente do paciente.

Claro que essas considerações são teóricas como justificativa do modelo escolhido, uma vez que não impedem nem vão contra a avaliação do indivíduo como *ser-no-mundo*. Corresponde, porém, a um modelo operacional que pode ser utilizado como auxílio dentro de uma determinada perspectiva e suas limitações.

As crianças com suspeita de deficiência mental e/ou autismo devem ser submetidas a uma bateria de avaliações que possibilite o esclarecimento da provável base biológica do quadro e, pensando-se metaforicamente, o comprometimento da *capacidade do processador* em questão, bem como suas principais características. Essa pesquisa, extensa e trabalhosa, parte de uma cuidadosa anamnese e exame físico visando ao detalhamento da história gestacional e obstétrica, sobre abortos maternos prévios, idade dos pais, saúde dos demais membros da família, incluindo demais afetados, os quais podem ser da ordem de 10% dos familiares (Newell, 1987).

Caracterizando-se três ou mais sinais físicos que são significativamente comuns em indivíduos com deficiência mental, assim como malformações primárias de sistema nervoso central, temos de pensar, segundo Newell (1987), em bases genéticas específicas desses retardos mentais. Portanto, a pesquisa de infecções congênitas é de fundamental importância, pois, segundo o mesmo autor, cerca de 2% dos casos são por elas provocados. Doenças progressivas, embora não sejam freqüentes, são passíveis de serem pesquisadas, bem como disfunções de sistema nervoso central e sinais de lesão cerebral (Newell, 1987). Tudo isso é enfatizado, considerando-se real a ligação entre autismo e deficiência mental e estabelecendo-se a noção de um *continuum autístico* em função da variação de inteligência e do retardo mental, com características sintomatológicas decorrentes desse perfil de desempenho.

Poderíamos pensar que, nos quadros de deficiência mental, teríamos uma rede computacional na qual tanto o módulo principal como os módulos que a constituem estariam quantitativamente comprometidos naquilo que se refere à sua capacidade de processamento e de armazenamento de informações com o comprometimento conseqüente de toda uma bateria de comportamentos, pensamentos, emoções, impulsos e faculdades de processamento e comunicação moldados no decorrer do processo evolutivo da espécie. Teríamos assim o prejuízo adaptativo atual como conseqüência da falha no desenvolvimento de funções características da própria espécie. Então, um prejuízo em aspectos primários, com base lógico-adaptativa, como os padrões de processamento mental, levaria a falhas em aspectos próximos de comportamento verificados em tempo real como as dificuldades comunicacionais e de aprendizado observadas nessas populações.

Diferentemente disso, nos quadros autísticos poderíamos pensar que somente alguns módulos estariam comprometidos, não no que se refere à capacidade de processamento, mas em um déficit específico quanto a determinados padrões de processamento (por exemplo, processamento de mímica facial ou de linguagem não-verbal) embora o módulo geral possa apresentar um padrão de funcionamento similar aos padrões do restante da espécie. Isso porque aqui estaríamos falando de modelos de rede como mecanismos que permitem o aprendizado a partir do fato de que diferentes *inputs* mudem as forças de conexões entre os diferentes módulos. Assim, estabelecem-se as associações e as seqüências ordenadas a partir de mecanismos de *feedback*. Elas generalizam automaticamente o treinamento para itens semelhantes, e não associam vagamente coisas similares, mas concebem proposições. A capacidade de ter um pensamento novo e complexo não é decorrente somente da soma de pensamentos simples, mas depende da relação entre eles. A capacidade de embutir pensamentos em outros e também a capacidade de se ter um pensamento categórico em lugar de um impreciso são também aspectos do desenvolvimento cognitivo de fundamental importância no estabelecimento de seu processo de desenvolvimento. Isso não é o que observamos nesses quadros em que os modelos de aprendizado parecem ser somente lógicos e dedutivos.

Considerando-se que a especificidade sintomatológica e sindrômica dos quadros psiquiátricos e neurológicos no bebê e na criança pequena é baixa, principalmente no que se refere aos transtornos de desenvolvimento tipo autismo mais do que nos quadros vinculados ao retardo mental, temos grandes dificuldades na avaliação dos sintomas, não existindo marcadores biológicos ou mensurações objetivas para a maior parte dos transtornos psiquiátricos. Em função disso, instrumentos que visem a avaliar e a diagnosticar possíveis sintomas psiquiátricos no bebê são de muita importância em que pese a dificuldade em construí-los.

Considerando-se que, conforme refere Marcondes, a criança reage globalmente aos estímulos a que é submetida, quer sejam de caráter interno, quer sejam de caráter externo, uma das primeiras dificuldades em ser considerada é o fato de a reação do bebê diante de patologias mentais ser uma reação de alarme inespecífica.

A avaliação psicopatológica da criança que se encontra no sensório-motor é difícil e, embora existam alguns instrumentos diagnósticos padronizados, ainda não podemos considerá-los de grande fidedignidade na identificação dos transtornos psicopatológicos, identificação essa de extrema utilidade na determinação de sinais precursores de futuros quadros clínicos, visando-se à implementação de medidas preventivas e terapêuticas.

A reação de retração precoce pode ser um bom indicador desses quadros, principalmente naquilo que se refere aos quadros depressivos e de linhagem autística, uma vez que se baseia predominantemente em esquemas motores e de sociabilidade passíveis de serem identificados no bebê em período sensório-motor. Entretanto, esses diagnósticos são básicos para o estabelecimento de programas de habilitação e para o estabelecimento do prognóstico das crianças em questão, que devem ser abordadas, considerando a tentativa de estabelecimento de sistemas de apoio, visando à melhoria de sua capacidade adaptativa em um ambiente hostil (isso porque, a despeito de diferentes considerações inclusivas, não podemos considerar que a situação da pós-modernidade seja a de uma cultura não-competitiva), da seguinte forma:

Atenção Primária

Medidas Pré-natais

- Planejamento familiar
- Aconselhamento genético
- Pré-natal

Diagnóstico pré-natal, feito a partir de amniocentese (12ª semana de gestação) ou pelo estudo de vilosidade coriônica (8ª semana de gestação).

A partir do diagnóstico pré-natal, pode-se propor a alternativa do abortamento terapêutico, ainda proibido em nosso meio.

Medidas Perinatais

- Atendimento ao parto e ao recém-nascido

Screening neonatal, representado hoje pelo estudo de erros inatos de metabolismo como a fenilcetonúria, com ocorrência de 1:15.000 nascimentos, ou o hipotireoidismo congênito, com freqüência de 1:5.000 nascimentos, embora muitas outras patologias de origem genética possam já ser, hoje, rastreadas a partir do nascimento da criança, mas nem sempre sendo possível evitar o prejuízo de desenvolvimento decorrente do quadro. O diagnóstico precoce dessas doenças permite-nos a instalação de tratamento consistente de dieta sem fenilalanina, no primeiro caso, e administração de hormônio tireoidiano, no segundo. Com essa abordagem precoce, evita-se o advento da deficiência mental.

Diagnóstico precoce, visando ao chamado diagnóstico multiaxial, que tem em vista o grau da deficiência, a etiologia provável e o quadro clínico que a caracteriza, sempre dentro de um contexto sociofamiliar. Somente um diagnóstico dessa magnitude possibilita a estruturação de um projeto de trabalho.

Medidas Pós-natais

- Serviços de puericultura
- Diagnóstico precoce
- Serviços de estimulação sensório-motora, tendo em vista proporcionar à criança deficiente melhores condições de desenvolvimento dentro de sua limitação

Embora tentemos pensar sob um ponto de vista ético (e o homem é, ou deveria ser, um animal ético, uma vez que a partir de seu processador cognitivo desenvolve características tais que lhe permitem significar a própria vida e seus semelhantes), não podemos nos esquecer das primeiras posições estabelecidas neste trabalho; ou seja, não podcemos nos esquecer do homem como um animal adaptado que, exatamente por alterar o ambiente e ser alterado por ele, consegue permanecer vivo durante um período significativo de tempo da mesma maneira que consegue espalhar-se por todo o planeta. Por ter tais condutas, é um animal que é anti-seletivo, uma vez que escapa de determinadas leis naturais que fazem, por exemplo, que as populações aumentem até um determinado momento quando começam a declinar para que não se altere o ambiente (e este talvez seja um problema com o qual tenhamos de nos defrontar nos próximos anos).

Embora tenhamos um substrato ético que nos diferencie de maneira marcante do restante das espécies, não podemos esquecer que todo nosso trabalho, sob o ponto de vista de reabilitação, se defrontará com uma encruzilhada diante da qual teremos de nos posicionar de forma a tentar prover aos indivíduos mais afetados condições de autonomia e independência tais que os façam mais adaptados. Ou nos colocaremos dentro de uma postura somente ética, diante da qual a produção e a capacidade de competir em um grupo extremamente competitivo deixam de ser importantes, e o outro deve ser cuidado não porque ele pode apresentar-se melhor, mas porque ele é um homem, acima de tudo, com condições de reprocessar e recombinar as características que a biologia impõe de maneira uniforme nas demais espécies.

O BEBÊ AGITADO

É muito difícil pensarmos em TDAH nesse momento de desenvolvimento, embora, como transtorno de desenvolvimento, o TDAH não seja adquirido, mas faça parte do desenvolvimento da criança desde seu nascimento. Apesar de não ser diagnosticado, podemos dizer que é conhecido pelos pais das crianças afetadas, mesmo a sintomatologia sendo bastante variável, já que é um período marcado por imensas mudanças no desenvolvimento da criança. Usualmente são consideradas crianças muito agitadas comparativamente com as demais crianças da família, da vizinhança ou da própria creche. Algumas mães (embora não possamos considerar essa afirmação como cientificamente passível de comprovação) referem que as crianças já eram agitadas "intra-útero", fato perceptível pela constante movimentação (Lecendreux, 2003).

Em todo caso, embora não possamos falar de TDAH propriamente dito, podemos referir crianças que apresentam um padrão comportamental característico desde uma idade muito precoce e que se caracterizam por (Lecendreux, 2003):

- ter dificuldades para se deitar, chorando e se opondo ao serem levadas para a cama;
- ter dificuldades para adormecer;
- acordar muitas vezes durante a noite;
- chorar muito ao acordar;
- ter dificuldades em, novamente, conciliar o sono após acordar;
- falar muito durante o sono;
- ter dificuldades para dormir durante o dia;
- ter dificuldades para adormecer, embora se mostrem cansadas durante o dia;
- ser facilmente estimuladas pela luz ou por ruídos;
- excitar-se fácil e paradoxalmente com tranqüilizantes.

Segundo o mesmo autor, por volta dos 2 anos podemos observar ainda as seguintes características:

1. Irritabilidade
    - cólera
    - baixa tolerância à frustração
    - perdas de fôlego constantes
    - vômitos provocados
    - oscilações rápidas de humor
    - dificuldade de serem acalmadas
2. Hiperatividade
    - não param quietas sentadas, nem mesmo dentro do carro
    - sobem e caem das cadeiras
    - levam tudo à boca e mordem
    - não permanecem presas aos cintos de segurança no carro, no cadeirão ou em outro tipo de cadeiras
    - tentam abrir a porta ou o vidro dos carros quando dentro
    - não dormem dentro do carro nem mesmo quando o trajeto é longo
    - dormem e acordam bruscamente
    - acordam bruscamente, chorando e gritando

Essas crianças são usualmente populações de risco de ferimentos e ingestões acidentais de substâncias tóxicas, devido à possibilidade de acidentes domésticos pela falta de controle, ausência de linguagem e da noção de perigo, impulsividade e distraibilidade.

Embora se encontre na literatura descrição de tratamento medicamentoso em crianças de 2 anos, usualmente isso não é realizado e, assim, o tratamento de escolha é comportamental, visando à administração das crises de cólera, de agitação e de alterações de sono. Sugere-se ainda regime pobre em fosfatos, caseína, glúten, aditivos e conservantes e suplementos de cálcio e ácidos graxos (Ômega-3), embora tais tratamentos não estejam suficientemente estabelecidos.

DOS 2 AOS 6 ANOS

6

Partindo do final do mar Negro há mais de 7 mil anos, invasores a cavalo atravessaram, durante muitos milênios, todo o continente europeu, das estepes até o oceano. Eles possuíam línguas que se modificaram ao entrarem em contato com as populações encontradas em suas passagens, embora a paisagem lingüística deste final do século XX no Ocidente apresente uma diversidade tal que as fronteiras políticas não permitem que se perceba. A maior parte dessas línguas pertence a uma mesma família indo-européia que se propagou em direção ao Oeste. Ela chegou, mais tarde, a atravessar o Atlântico, fazendo que o espanhol, o português, o inglês e o francês fossem as línguas dominantes nas Américas.

(H.Walter, *L'aventure des langues en Occident*)

O USO DO SÍMBOLO E DAS OPERAÇÕES MENTAIS NO PROCESSO ADAPTATIVO

A linguagem parece ser uma característica singular da espécie humana que está arraigada, de maneira profunda, em sua própria psique. Essa capacidade, embora deva ser inata derivada de processos de adaptação por seleção natural, não parece ser decorrente somente de mudanças neurais em populações específicas, mas também de estímulos de desenvolvimento que, pelo seu potencial adaptativo, provavelmente se generalizaram e difundiram.

Após seu desenvolvimento, bem como da capacidade de interações sociais, alguns tipos de aprendizado podem ser simplesmente o armazenamento de informações para uso futuro. Entretanto, o cérebro muda em resposta ao aprendizado, à prática e à entrada de informações (Pinker, 2002). Gradualmente, o próprio tecido cerebral é realocado para novas tarefas com a plasticidade do cérebro se constituindo em uma das características da espécie e um de seus segredos adaptativos. Ele é, portanto, ativo enquanto está sendo montado no processo de desenvolvimento, mudando com a experiência, embora sistemas específicos pareçam apresentar uma especialização inata não passível de substituição.

A partir dos 3 anos, a criança passa a atribuir estados mentais a outras pessoas, particularmente suas crenças e desejos e, com isso, compreende e explica suas ações que, embora sejam adquiridos gradualmente, parecem emergir a partir de estruturas inatas (módulos mentais) que permitem a criação de interpretações do comportamento humano. A isso denominamos hoje *teoria da mente*. Pensando-se evolutivamente, podemos dizer que entre animais gregários que vivem em grupamentos e estabelecem relações de cooperação e de competição, aqueles que são capazes de prever o comportamento do outro são mais eficazes em relação ao que se refere a seu comportamento reprodutivo e de coesão social (Mithen, 1998).

Pensando-se por esse viés, podemos observar que crianças com apenas 3 anos também já são capazes de diferenciar seres animados de objetos inanimados e apresentam uma certa *noção de espécie* que faz que um animal, mesmo travestido de outro, mantenha suas características a seus olhos. Tais idéias nos permitiriam pensar também em um módulo mental concernente aos aspectos biológicos referentes a esses seres vivos, o qual permitiria uma classificação do mundo ao redor, independentemente da sociedade no qual o organismo se insere (Mithen, 1998). Esse módulo consistiria, então, em um esquema especializado para a compreensão desse mundo natural, de fundamental importância se considerarmos o homem primitivo. Essa idéia parece ser retomada de maneira empírica por Sachs (1995) quando, ao descrever seu encontro com uma portadora de síndrome de Asperger, refere o seguinte:

> Fiquei impressionado com a enorme diferença, o abismo entre o conhecimento imediato e intuitivo que Temple tinha dos signos e estados de espírito dos animais e sua extraordinária dificuldade em compreender os seres humanos, seus códigos e sinais, a maneira como se comportam. Não se pode dizer que ela seja desprovida de sentimento ou apresente uma falta fundamental de compaixão. Ao contrário, sua compreensão dos sentimentos e estados de espírito dos animais é tão forte que, por vezes, quase a dominam e subjugam. Ela acha que pode ter compaixão pelo que é físico ou fisiológico – pela dor ou pelo terror de um bicho –, mas falta-lhe a comunhão com os estados de espírito e as perspectivas das pessoas.

Tal fato poderia ser pensado uma vez que as formas de expressão animal são mais primitivas, menos elaboradas e, portanto, permitem menores variações quanto à sua expressão. Na espécie humana, se levarmos em consideração somente a expressão facial, por exemplo, já teremos uma variabilidade muito grande. Um comprometimento na capacidade de metarrepresentação ou a ausência dessa característica cognitiva específica dificultaria a compreensão dos estados mentais do próprio indivíduo, bem como o de outros, uma vez que seria ela que permitiria as interações sociais que envolvem o atribuir estados mentais, como crenças e desejos, a outras pessoas. A expressão facial, como meio comunicacional importante, permite a percepção de informações vitais que caracterizam esses estados e atributos mentais; assim, sua identificação é realizada não somente como identificação classificatória e generalizada, mas como uma identificação particularizada. A identificação de objetos genéricos é mais simples do que a de indivíduos específicos, ou seja, a habilidade de classificar (por exemplo, expressões específicas, mas sistematizadas) é mais simples do que a de identificar, sendo a primeira condição básica para o estabelecimento da segunda. Entretanto, mesmo considerando-se a presença da habilidade classificatória, não observamos a de identificação obrigatoriamente, uma vez que esta depende da interação com um sem-número de outras observações que fazem que uma mesma distribuição espacial das alterações faciais tenha um significado diferente, dependendo do contexto e de outras variações do emissor.

Pessoas que se enquadram nesse espectro, descritas como apresentando prosopagnosia (dificuldade no reconhecimento facial), poderiam reconhecer as categorias que constituem a expressão facial, mas não apresentariam condições de percebê-la corretamente (talvez a partir das variações de suas posições no espaço ou de luminosidade), o que dificultaria a junção de todos os elementos constitutivos e, principalmente, o estabelecimento de um significado específico à face observada. Isso não lhes permitiria colocar-se a partir do ponto de vista do outro, acarretando falta de empatia e de habilidade para apreensão de seu estado mental e apresentando, em decorrência, prejuízo marcante no discurso comunicativo. Esse prejuízo é representado por falhas freqüentes na troca de papéis entre o que escuta e o que fala com alteração nos princípios sociais da conversação, da educação e da cortesia, com conseqüente aparência de rudeza decorrente da não-compreensão das regras sociais que governam uma conversação aceitável.

Contudo, é importante notar que essas considerações não se restringem só à percepção de face nem à linguagem verbal, tendo de se pensar em uma rede de *inputs* diferentes e diferenciados que devem ser processados simultaneamente para que o estado mental do outro seja compreendido e significado. A estruturação dessas percepções relativas às expressões faciais parece-nos que se instala gradativamente para diferentes expressões em diferentes idades, embora sempre com um início precoce que permitirá um melhor processo adaptativo desse indivíduo que depende, fundamentalmente, da vida gregária. Deve-se produzir, portanto, de maneira progressiva em relação ao desenvolvimento da criança e em relação à maior complexidade da expressão apresentada.

A literatura sobre a linguagem de crianças normais mostra uma competência pragmática precoce, uma vez que, por volta dos 2 anos, elas já podem adaptar a mensagem àquilo que a pessoa que escuta sabe ou não e responder adequadamente às reações ou respostas daquele que ouve. A compreensão desses *inputs* sensoriais diversos faz-se necessário, então, já nesse momento. Também ocorre o processamento de dados referentes ao conhecimento sobre aspectos físicos (Mithen, 1998) da realidade, com a criança percebendo rapidamente que objetos físicos se submetem a regras diferentes de seres vivos, não podendo, assim, realizar ações a distância como uma pessoa o faz, bem como não ficando sujeita a noções de crescimento com o passar do tempo ou de movimento espontâneo.

O processo de construção da imagem divina, também importante nesse momento, uma vez que ocorre por volta da idade de 5 anos, corresponde ao estabelecimento de uma figura onipotente, hábil, infalível, completa, à semelhança de um pai; porém apresentando poderes mágicos e podendo realizar transformações boas e importantes. Para essa criança, é então natural o sentido de numinosidade e de mistério dessa figura divina. Suas preces são pedidos de favores pessoais, e seus sentimentos em relação a isso são bastante fortes com respeito significativo aos objetos considerados sagrados. Entretanto, em que pesem esses aspectos de desenvolvimento ontogenético, não podemos deixar de considerar aquilo que Pinker (2002) considera como as três leis da genética comportamental e que não podemos esquecer pensando sob o ponto de vista adaptativo. Pinker acredita que *características do comportamento humano são hereditárias* naquilo que consideramos aspectos gerais de conduta, e que não são variações eminentemente culturais. Defende também que *o efeito de ser criado na mesma família é menor do que o efeito dos genes*. Ambas as afirmações embasam-se nos estudos de gêmeos nos quais se observam maiores índices de correlação entre monozigóticos criados separados e dizigóticos criados juntos em que pese o fato de em nenhum deles a identidade ser total. Esse fato nos leva a uma terceira conclusão, a de que *uma porção substancial da variação em características complexas de comportamento humano não é explicada por efeitos de genes ou de família*, mas sim pela interação de ambas.

O PROCESSO DE SOCIALIZAÇÃO: FAMILIAR E COMUNAL

A vida social é de extrema utilidade na espécie humana, uma vez que, conforme já dissemos, ela permite a imitação de descobertas úteis, efetuadas por diferentes grupos. Entre esses comportamentos, características tais como a cooperação, o altruísmo e habilidades de caça, por exemplo, devem ter-se tornado cada vez mais importantes no desenvolvimento da espécie, fatos esses corroborados pelo desenvolvimento da própria linguagem que, talvez, tenha servido de base para outra capacidade eminentemente humana – a capacidade de planejamento.

O planejamento de movimentos rápidos, impossíveis de serem corrigidos após seu início, e extremamente necessários nas atividades de busca pela comida (caça) provavelmente possibilitou ao processador cerebral o desenvolvimento dessas estratégias de planejamento e previsão, sendo dependentes principalmente do córtex frontal e pré-frontal. Assim, a relação com os demais seres da mesma espécie foi passando a ter uma importância cada vez maior, sendo o grupo familiar um grupo de extrema importância no desenvolvimento. São bastante grandes as evidências, a partir de estudos animais, de que o estresse antenatal materno pode provocar transtornos comportamentais específicos, como, por exemplo, alterações nos comportamentos típicos de gênero, aumento de resposta ao estresse, diminuição de padrões atencionais e déficits neuromotores. Essas alterações poderiam ser pensadas a partir de influências diretas sobre o eixo hipotálamo-hipófise-adrenal (O'Connor, 2002).

Essa relação entre ansiedade materna e problemas comportamentais infantis parece ser mais forte até ao redor dos 4 anos, parecendo estar relacionada à hiperatividade/desatenção em meninos e problemas emocionais e de comportamento em ambos os sexos, sugerindo-se a ligação com mecanismos causais diretamente ligados ao período antenatal (Landesman, 1989).

Tal fato, independentemente de todo o modelo teórico utilizado até aqui, pode ser pensado como as próprias características parentais repercutindo sobre os filhos sob a forma de ação dos genes ou sobre os mesmos a partir de modelos interacionais diferentes que se criariam e se desenvolveriam como processos adaptativos que visariam a manter aquela unidade social estável. Isso porque os pais selecionam o ambiente da criança, fornecendo um grupo de semelhantes, o que pode afetar o comportamento de seus filhos.

QUADRO 6.1
Gradientes de crescimento psíquico segundo Gesell (apud Debray)

Mês	Tempo	Espaço	Linguagem
30 meses		Ordem dos objetos familiares. Representação do espaço para o qual se dirige a ação.	Vocabulário chega a centenas de palavras. Linguagem útil, rítmica e repetitiva. Emprego do eu e palavras-chave em relação aos pais.
36 meses	Dezenas de palavras designando passado, presente e futuro.	Noção de lugar e habitação. Orientação em itinerários simples.	Linguagem para comandar e obedecer. Interesse por palavras novas.
42 meses	Noção de duração das situações. Conceito de hora.	Noção de cidade e rua habitadas. Representação mental de itinerários.	Compreensão do discurso de outros. Referências verbais à mãe.
48 meses	Complexidade de vocabulário relacionado a duração e intervalos de tempo.	Emprego de vocabulário exato para espaço. Descrição de itinerário a seguir.	Desencadeamento verbal. Perguntas incessantes. Monólogo.

A QUESTÃO DA SEXUALIDADE

Sob o ponto de vista desenvolvimentista, a criança nesse período poderá ser observada apresentando condutas que podem ser, de maneira simplista, visualizadas da seguinte maneira:

- 2 a 3 anos e meio – aparecimento da função simbólica e da representação;
- 2 anos – aprende as palavras *menino* e *menina*;
- 2 anos e meio – reconhece o próprio sexo, mas não identifica corretamente o dos outros;
- 3 anos – reconhece o sexo do outro baseado em características físicas;

- 4 anos – classifica o sexo por critérios gerais;
- 4 a 5 anos e meio – egocentrismo, realismo moral, sem noção de transformação e raciocínio por configurações;
- 5 anos – diferenças sexuais entre adultos e crianças quanto a tamanho e forma.

A partir desse momento, estabelecem-se também a identidade e o papel sexual que podem ser pensados, como construção, a partir de modelos teóricos diferentes – dos quais os três mais importantes a serem pensados podem ser o modelo psicanalítico, compreendido a partir da resolução do complexo de Édipo e que pode ser visualizado melhor a partir da idéia básica de que o desejo pelo genitor do sexo oposto ocasionaria o medo da retaliação por parte do genitor do mesmo sexo, o qual serviria então como padrão identificatório para o posterior desenvolvimento da própria identidade sexual. Como dentro de nossa linha de raciocínio esse modelo teórico teria pouca aplicabilidade, preferimos pensar então dentro de um modelo cognitivo em que, a partir da exploração corporal de um dos genitores, usualmente daquele do mesmo sexo, se dá uma identificação passando-se a seguir a cópia do modelo em questão e desenvolvimento de um maior padrão de ligação com esse genitor.

Posteriormente, a partir de um modelo de aprendizado social, reforça-se mais a ligação com o genitor do mesmo sexo, fazendo-se que haja uma identificação com seu modelo social e, assim, estruturando-se uma identidade e um papel correspondentes.

A questão da sexualidade encontra-se também profundamente ligada ao aspecto moral, facilitando a aquisição de condutas e comportamentos mais adaptados pela criança. Dessa maneira, essa categoria vai sendo construída de modo ativo e gradual, com base na própria experiência infantil. Estrutura-se assim de forma seqüencial e invariante para a espécie, com características que marcam momentos diferentes de desenvolvimento e que, poderíamos pensar, fazem parte do arsenal da espécie que visa à sua adaptação ao grupo como animal gregário e social. Pouco a pouco, o indivíduo humano passa a ser mais eficaz na solução de problemas na área, e a passagem de um momento a outro, pensando-se piagetianamente, depende de mecanismos de assimilação e de acomodação. O primeiro permite que novas experiências sejam incorporadas, aumentando a própria estrutura mental de base e possibilitando (a partir de mecanismos de equilibração) que as soluções possam ser obtidas de maneira similar. Em situações de crise (desencadeadas por alterações internas ou externas ao sistema humano), reorganizam-se as estruturas anteriores em estágios mais sofisticados dentro de um processo de acomodação. Em suma, a aquisição da moralidade, diretamente ligada à consciência e à cognição, significa o final da heteronomia e a passagem à individualidade e à autonomia.

Kohlberg (apud Martins, 2001) sugere uma evolução por estágios considerando o valor moral defendido, a justificativa dos julgamentos e a orientação sociomoral. Nesse primeiro momento, portanto, essa criança se encontra em um estágio de moralidade pré-convencional no qual o valor moral defendido corresponde à obediência às regras e à autoridade, e é correto que se evite infringi-las com a justificativa do julgamento sendo a evitação da sanção física e a resposta adequada a um poder superior representado pela autoridade parental ou do adulto. A orientação, portanto, é egocêntrica e voltada para o próprio indivíduo.

Pouco após, o valor moral passa a corresponder ao próprio interesse, de maneira imediata, bem como às próprias necessidades, considerando-se correto que o outro proceda da mesma maneira. Corresponde, então, a um hedonismo instrumental no qual a igualdade e a reciprocidade emergem. Nas relações interpessoais observa-se a busca pela equivalência, ou seja, relações transacionais iguais justificando-se o julgamento pela presença de necessidades e interesse próprios em um mundo onde as outras pessoas também defendem seus próprios interesses. Observa-se assim uma orientação ainda individual e concreta.

AS DEPRESSÕES NO PRÉ-ESCOLAR

Nesses quadros, as súbitas mudanças de conduta são de extrema importância pelo caráter episódico, tendo de ser consideradas, principalmente, quando abruptas, ocorrendo de modo inexplicável. Crianças antes adequadas e adaptadas socialmente passam a apresentar irritabilidade, destrutividade e agressividade, com violação de regras sociais anteriormente aceitas. Esse comportamento pode ser decorrente de alterações de humor tipo disfórico e aparenta ser um dos sinais mais importantes para esse diagnóstico, uma vez que, pela sua heteronomia (nesse momento não só existe uma heteronomia de conduta como uma heteronomia moral), a criança é levada ao psiquiatra da infância mais por suas condutas do que por seu próprio sofrimento (apud Assumpção Jr. e Kuczynski, 2003).

Essas disforias podem ser descritas como ansiedade, irritabilidade, tristeza ou mesmo um misto desses afetos. Quando encontradas no cotidiano, sem conotação psiquiátrica e como resposta afetiva aos eventos diários, observamos sua brevidade e o não-comprometimento das condutas adaptativas, diversamente daquilo que encontramos nos quadros depressivos (apud Assumpção Jr. e Kuczynski, 2003).

É evidente que as depressões nessa idade são, muitas vezes, mal diagnosticadas ou passam despercebidas. Tal fato ocorre pela sua pequena especificidade na criança e pelo fato de seu diagnóstico diferencial incluir problemas orgânicos vários, assim como outros quadros psiquiátricos (Rush, 1990). Assim como na criança menor, o uso de determinadas drogas, utilizadas no tratamento de algumas condições clínicas infantis, pode mimetizar quadros semelhantes. Outras afecções clínicas, bem como o uso de medicações, podem ocorrer em associação com a depressão, mas não há estudos consistentes caracterizando esses quadros na faixa etária pediátrica.

Conforme já falamos, vários índices de prevalência têm sido estabelecidos para a depressão, em função da diversidade dos locais onde os estudos foram realizados e das populações por eles observadas. No entanto, estudos norte-americanos revelam uma incidência de depressão em aproximadamente 1,9% de escolares (Kashani, 1988 apud Weller e Weller, 1991). Estudo sueco (Larsson e Melin, 1992) não observou diferença significativa na prevalência da depressão, considerando-se o meio (urbano e rural) ou idade – embora as crianças de sexo feminino apresentassem mais sintomas depressivos do que as de sexo masculino, essa diferença era pouco significativa. A estabilidade dos sintomas depressivos foi, porém, mais pronunciada nos meninos.

Sintomas de tipo vegetativo ocorrem na criança depressiva, embora não de modo tão intenso como no adulto, com cerca de um terço dos pacientes apresentando diminuição, e 25% referindo aumento de apetite. Insônia inicial foi descrita entre 30 a 60% dos casos hospitalizados, e a clássica insônia terminal, em cerca de 25% do grupo (Pataki e Carlson, 1990). A lentificação e a inibição psicomotoras podem ser observadas, como se o paciente fosse um *pequeno velho* (Marcelli, 1998) com uma fácies pouco expressiva, pouco móvel e com escassos sorrisos. Freqüente também é a descrição de agitação (Marcelli, 1998) intercalada por momentos de inércia e de indiferença. A instabilidade assume, às vezes, a forma de episódios de cólera, e a falta de interesse se traduz pela interrupção das atividades lúdicas. Sentimentos de desvalia são também observados como se não fosse amado por pais ou companheiros, da mesma forma como podem ser vistos sentimentos de culpa e de desvalorização. Essa culpabilidade, freqüente na criança entre 5 a 6 anos, corresponde a sentimentos conscientes que se manifestam com maior freqüência em situações nas quais aparecem doenças ou separações familiares que, são vistas pela criança, como sendo por sua responsabilidade. Isso porque o padrão moral dessa criança, ainda heterônomo, pode ser agravado pelo nível das exigências externas e que, estimulados pelo quadro depressivo, se organizarão de forma mais dura e pesada. O déficit atencional com dificuldades escolares e lúdicas também está presente.

Como, então, poderíamos tentar pensar, sob nosso ponto de vista evolutivo, essa questão da depressão? Como refere Nesse (1995), compreendermos que a capacidade de prazer e iniciativa são importantes dentro do processo de desenvolvimento e adaptação ao ambiente é bastante fácil; porém pensarmos a depressão como um traço adaptativo torna-se mais difícil, embora constatemos sua presença nas mais variadas culturas.

Para essa compreensão, teríamos talvez de pensar os padrões de sucesso humanos como vinculados também à sua capacidade reprodutiva e, em conseqüência, de disseminação de genes dos indivíduos vitoriosos. Saúde, beleza, sucesso econômico e social, entre outros, seriam padrões que teoricamente aumentariam a capacidade reprodutiva. Um estado de otimismo e bem-estar favoreceria a competição social e a resistência às atividades rotineiras, enquanto a depressão e a dor moral parariam a motivação e o desenvolvimento das atividades a serem realizadas. Nessa parada, a partir da diminuição do humor e o surgimento das depressões, se escaparia, temporariamente, das dificuldades imediatas permitindo que, teoricamente, o indivíduo recuperasse suas energias e gradualmente passasse a trilhar caminhos alternativos de solução das questões com as quais se defrontaria. Pensando-se assim, as depressões das quais falamos poderiam ser visualizadas como mecanismos de desregulação de uma capacidade normal, pré-programada geneticamente e destinada a fazer que o indivíduo recuperasse energia para o enfrentamento de situações difíceis (a antiga defesa maníaca que sucederia aos estados depressivos e tão bem descrita pelos autores psicodinâmicos).

Lógico que temos de considerar que as pessoas não são somente reguladas por meio de mecanismos reprodutivos entrando em jogo um sem-número de aspectos, inclusive éticos e morais, característicos de nossa espécie, e que influenciarão de maneira incontestável nosso comportamento. Entretanto, mesmo essa consideração não pode nos fazer deixar de pensar que essa característica adaptativa persiste em nosso *pool* gênico por alguma utilidade. Poderíamos, mesmo pensando em outra possibilidade, dizer que indivíduos com humor menos exaltado e menor auto-estima poderiam apresentar maiores possibilidades de sucesso que seus opostos, uma vez que apareceriam como menos ameaçadores para seus superiores na hierarquia social e, em decorrência, teriam menores chances de serem agredidos e impossibilitados de caminhar.

Outros autores (apud Nesse, 1995) também referem que uma das maneiras de evitação da depressão seria a submissão voluntária e consentida diante de outro indivíduo mais poderoso e dominante.

De qualquer maneira, quaisquer que fossem os mecanismos adaptativos envolvidos na situação, eles não excluiriam os mecanismos biológicos envolvidos, uma vez que mesmo estudos animais (apud Nesse, 1995) mostram que, ao se estudar grupos animais, em algumas espécies, os machos dominantes apresentam maiores índices de determinados neurotransmissores, os quais diminuem quando esse indivíduo cai em sua posição social a partir dos mecanismos de dominância. Assim, relacionar-se-iam sistemas hierárquicos e de controle humoral sem que possamos garantir efetivamente se as alterações no nível de neurotransmissores desencadearia o quadro depressivo e em conseqüência as alterações no padrão de hierarquia social ou se alterações ou ameaças à estrutura de hierarquia social de determinados indivíduos alteraria os padrões de neurotransmissores e, em conseqüência, adviria um quadro de tipo depressivo.

De todo modo, considerações desse tipo são importantes para a tentativa de compreensão da psicopatologia.

COMO FICAM OS TRANSTORNOS DO DESENVOLVIMENTO: RETARDO MENTAL E AUTISMO

A questão do retardo mental vai tornar-se mais visível como dificuldade adaptativa nesse momento evolutivo. Diferentes etiologias e diferentes histórias naturais da doença de base vão refletir-se no desenvolvimento cognitivo dessa população que irá, assim, apresentar-se de maneiras diferentes com o passar do tempo.

Em função do próprio crescimento e desenvolvimento, observam-se aqui os primeiros problemas adaptativos que vão refletir-se já na própria relação de socialização familiar e comunal, uma vez que essas crianças, por não suprirem as expectativas dos grupos nos quais deveriam inserir-se, são desvalorizadas e negligenciadas e, conseqüentemente, recebem menores oportunidades para aprendizado e participação (Landesman, 1989). Se variáveis ambientais são fundamentais para seu desenvolvimento, esse abandono por parte do próprio grupo social dificultará seu processo de desenvolvimento, isso porque seria a qualidade dessa rede biossocial que favoreceria, ou não, o desenvolvimento dessas crianças.

Considerando-se a constituição dessa rede, a prevenção de alvos ambientais determinados, baseada em intervenções educacionais, poderia prevenir ou minimizar déficits no desenvolvimento de crianças de risco, como, por exemplo, altos níveis de estimulação cognitiva em crianças com risco elevado para retardo mental.

O ensino dos próprios processos de pensamento para a criança, bem como o ensino de estratégias para resolução de problemas, parece ser altamente eficaz na produção de avanços cognitivos. Cada estratégia pode ser treinada diretamente para que se consiga eficácia em padrões específicos de exposta *performance* (Landesman, 1989). Essas possibilidades se revestem de importância ainda maior quando pensamos os padrões sociais de crianças com transtornos abrangentes de desenvolvimento que necessitam, obrigatoriamente, de treino em padrões específicos de sociabilidade.

Finalmente considerando-se um domínio ecológico, as características coletivas do ambiente social são fatores determinantes no comportamento e na competência desses indivíduos; as condutas cotidianas são mais ligadas a essas variáveis do que as características individuais propriamente ditas, jogando assim um papel fundamental (Landesman, 1989).

Sob o ponto de vista evolutivo, temos aqui os primeiros padrões comportamentais que caracterizarão uma socialização comunal na qual a inter-relação e, principalmente, os padrões de cooperação entre diferentes indivíduos visando-se a metas comuns estão presentes.

Em ambos os quadros descritos, encontramos dificuldades significativas que impedirão também a elaboração de boas estratégias a partir de um processamento inadequado que, tanto impede, ou dificulta, o desenvolvimento de estratégias eficazes para a solução dos problemas de convivência em grupo como a partir de dificuldades de planejamento, visualizadas a partir do déficit de função executiva encontrada nos transtornos abrangentes de desenvolvimento.

As dificuldades empáticas decorrentes dos prejuízos na teoria da mente dificultarão o estabelecimento das relações sociais, o que impedirá as atividades colaborativas tão características da espécie.

A SUSPEITA DE TDAH

Suspeita-se que entre 3 a 6% das crianças em idade escolar apresentem TDAH (Faraone et al., 2003). Elas mostram uma persistência do diagnóstico em até cerca de 70-80% dos casos na adolescência inicial até a intermediária e de aproximadamente 50% dos adultos que continuam apresentando sintomas significativos associados a prejuízo funcional. Ao longo desse desenvolvimento, observa-se a diminuição da hiperatividade persistindo os déficits atencionais e a impulsividade (Wilens et al., 2004). Nessa idade, suas características nucleares são a desatenção, a hiperatividade e a impulsividade e, em mais de 50% dos casos, observam-se comorbidade com transtornos do aprendizado, transtornos do humor e de ansiedade, transtornos disruptivos do comportamento, e transtornos de abuso de substância e de álcool (Souza et al., 2004).

Estudo recente de neuroimagem estrutural evidenciou que a trajetória neuroevolutiva de aumento dos volumes intracerebrais das crianças com TDAH segue um curso paralelo ao das crianças sem o transtorno, porém sempre com volumes significativamente menores, o que sugere que os eventos que originaram o quadro (influências genéticas ou ambientais) foram precoces e não-progressivos. As diferenças entre casos e controles não pareceram relacionadas ao uso de medicações psicoestimulantes (Castellanos et al., 2002).

Seu diagnóstico é clínico, baseado em critérios operacionais bem-definidos (American Academy of Child and Adolescent Psychiatry, 2002) provenientes de sistemas classificatórios como o DSM-IV (American Psychiatric Association, 1994), ou a CID-10 (Organização Mundial de Saúde, 1993). Essas diretrizes diagnósticas apresentam, hoje, mais similaridades do que diferenças, e o DSM-IV os subdivide em três tipos:

a) TDAH, com predomínio de sintomas de desatenção.
b) TDAH, com predomínio de sintomas de hiperatividade/impulsividade, mais agressivas e impulsivas do que aquelas classificadas como desatentas ou combinadas, tendendo a apresentar altas taxas de rejeição por parte dos colegas.
c) TDAH, combinado, mais freqüente no sexo feminino e com taxa mais elevada de prejuízo acadêmico e de funcionamento global (Rohde e Halpern, 2004).

Seu diagnóstico deve ser pensado, embora com dificuldades, considerando-se a inespecificidade da criança, enquanto sintomas apresentados, nessa idade bem como as diferentes possibilidades que ocasionariam reações similares na criança. Evolutivamente a atenção é uma função psíquica que permite a focalização da consciência em eventos ou atividades úteis na própria sobrevivência. Assim, mesmo com a proteção de um grupo humano sofisticado, o prejuízo nesses processos não somente dificulta o aprendizado, ou como falamos antes, a captação das informações existentes extra cérebro, mas também torna esse indivíduo mais vulnerável às variações do meio ambiente que podem manifestar-se desde a presença de predadores até maior exposição a outros fatores de risco. Suas alterações poderiam ser visualizadas, então, predominantemente dentro dessa questão adaptativa, independentemente dos aspectos culturais e de aprendizado envolvidos.

A ANSIEDADE NO PRÉ-ESCOLAR

Nessa idade, os transtornos de ansiedade usualmente correspondem ao transtorno de pânico, transtorno de ansiedade generalizada, fobias específicas e social e transtorno de ansiedade de separação, acreditando-se que de 10 a 15% das crianças sejam afetadas por cada um desses transtornos. Essa ansiedade é expressa habitualmente pelo choro, com conduta caracterizada por ficarem paralisadas e agarradas aos pais, dificultando seu processo de sociabilização e de maior autonomia, ou expressa por meio de crises de birra que alteram o ambiente no qual se incluem dificultando sua própria adaptação.

Usualmente os transtornos ansiosos encontram-se associados a outros quadros, sendo uma comorbidade freqüente (Pine, 1999). Segundo os critérios do DSM-IV, para se estabelecer o diagnóstico de transtorno ansioso, o tempo necessário é de quatro semanas, devendo-se avaliar a sintomatologia, a relação com o desenvolvimento (fundamental dentro de nosso modelo), o contexto familiar e o processo adaptativo expresso nestas crianças pelo funcionamento social e pelo desempenho escolar.

Conforme temos citado até o presente momento, considerando-se que os fatores genéticos parecem jogar um papel fundamental no fenótipo comportamental dos indivíduos, as taxas de familiares com os mesmos transtornos são elevadas, existindo fatores preditivos, tais como inibição de comportamento, característico de bebês irritados, excesso de medo nos pré-escolares e introversão na idade escolar (Kagan, 1984; Kagan, 1987).

Com finalidade clínica, podemos descrever os principais transtornos ansiosos na criança dessa fase de desenvolvimento como vemos a seguir.

Fobia

A fobia apresenta como característica fundamental o medo excessivo e irracional a um objeto, pessoa ou situação, com manifestações de ansiedade e comportamentos de evitação. Diferentemente do medo "normal" que é experimentado diante de situação de perigo real, ou daquele aprendido por meio do processo educacional, não se observa aqui qualquer relação com experiências ou vivências prévias. Observa-se ainda prejuízo em áreas do desenvolvimento. Sua prevalência entre 2,4 (Anderson, 1987) a 9,2% (Costello, 1989b) aumenta nos adolescentes (McGee, 1990).

Os motivos mais freqüentes os quais podem ser visualizados no quadro a seguir, refletem provavelmente esquemas ameaçadores provenientes da própria evolução da espécie e que permanecem, por isso, como temas mais freqüentes no quadro em questão.

As fobias simples, com início mais precoce, habitualmente melhoram, em cerca de 40% dos casos, espontaneamente (Bernstein e Borchardt, 1991), ao passo que aquelas com início mais tardio determinam um pior

QUADRO 6.2
Distribuição dos medos infantis de acordo com o período de aparecimento

Tipo de fobia	Idade
de insetos e animais	Por volta de 2 a 3 anos
de escuro	3 anos
animais destrutivos	Período escolar
agorafobia	Adolescência

prognóstico (Agras, 1972). O "medo normal", presente freqüentemente na criança dessa idade, dificulta o diagnóstico, devendo-se considerar sua intensidade e persistência, bem como as limitações dele decorrentes.

Fobia social

Considerando-se uma espécie gregária, esse quadro consiste em um significativo e persistente medo de situações sociais, o que leva a um comprometimento da *performance* social, embora seja essencial, para seu diagnóstico, considerar o momento relativo a essa fase de desenvolvimento.

A fobia social expressa-se por meio dos sintomas habituais de ansiedade (choro, paralisia, etc.), com evitação de situações de estresse que, nessa idade, se caracterizam como ir à frente na sala de aula ou a responder questões escolares. Observa-se ainda a evitação do brincar em grupo ou outros tipos de contato social ou de exposição, o que leva, nesse momento, a um prejuízo marcante na adaptabilidade desse indivíduo com prejuízo marcado na sua autonomia.

Transtorno de ansiedade generalizada

Apresenta início principalmente na infância e se caracteriza pela preocupação excessiva. Observa-se um prejuízo funcional em aspectos como segurança pessoal, interações sociais e preocupação com eventos futuros ou passados, preocupações essas que são seguidas por sintomas somáticos (cefaléias e dores de estômago).

Sua prevalência é em torno de 2 a 4%, com predominância no sexo feminino.

Ansiedade de separação

A criança experimenta uma ansiedade excessiva e inapropriada quando se encontra longe de casa ou separada de seus pais, que, para a espécie, correspondem a fator de segurança e proteção. É associada a prejuízo adaptativo uma vez que dificulta o funcionamento social, a autonomia e a independência. Sua prevalência é entre 3 e 5%, sendo mais freqüente em crianças entre os 7 e 9 anos, e cerca de 50% delas apresentam co-morbidade com outros transtornos psiquiátricos, mais freqüentemente outros transtornos de ansiedade ou depressão. As alterações respiratórias observadas são similares às encontradas em adultos com ataque de pânico (Pine, 1997; Pine, 1998b), sugerindo padrões hereditários de transmissão.

A ansiedade de separação e os quadros fóbicos são fatores importantes quando pensamos nos casos de recusa escolar em que os dois eventos podem estar presentes de maneira importante.

Transtorno de pânico

É uma recorrência inesperada de ataques de ansiedade, seguidos por pelo menos um mês de preocupação com a possível reocorrência, ou com suas conseqüências, ou mudanças de comportamento relacionadas ao ataque (resquício). A agorafobia pode ou não estar presente, e o ataque não deve ter nenhuma relação com condições médicas, uso de drogas ou outros transtornos mentais. (Garland e Smith, 1990).

Considerando-se que esse momento marca, de maneira característica, uma maior independentização da criança que passa a ter maiores comportamentos de autonomia, estes quadros restringem seu espaço pessoal e a impossibilitam de adquirir esses comportamentos, bem como afetam, de maneira marcante, sua auto-imagem e auto-estima. Esses quadros mostram um componente somático e outro cognitivo, com a criança relacionando os sintomas corporais a eventos externos ou a objetos, diferentemente dos adolescentes que relacionam os sintomas a sentimentos e sensações que ocorrem durante o ataque (Nelles e Barlow, 1988). Essa diferença pode ter como base o próprio desenvolvimento cognitivo da criança.

Sua ocorrência encontra-se em torno de 0,5% (0,7 para meninas e 0,4% para meninos) na população em geral (apud Black, 1990) e, habitualmente, inicia-se na adolescência, entre os 15 e 20 anos, embora já tenha sido descrito em crianças com apenas 3 anos. Em pré-púberes pode ser desencadeada por fatores externos, sendo vários os agentes capazes de desencadear o ataque (infusão de lactato, dióxido de carbono, cafeína, álcool, nicotina, *cannabis*, cocaína, privação do sono, dietas, exercícios, relaxamento, hiperventilação, luz fluorescente, situações estressantes e foco temporal) (Bradley, 1990).

É importante sua diferenciação dos quadros orgânicos (feocromocitoma, hipertireoidismo, distúrbios respiratórios e cardíacos) que podem cursar com sintomatologia de depressão e ataques de pânico (Gokçe, 1991; Vitiello, 1990).

Para sua compreensão dentro de nossa visão evolutiva, podemos nos remeter a Bickerton (1966), que apresentou dois modos básicos de funcionamento mental, um primeiro *on-line*, comum a muitos organismos complexos envolvendo atividade mental designada para a solução direta de problemas com os quais o indivíduo se defronta. Um segundo, *off-line*, envolvendo atividade mental destinada a solucionar problemas com os quais o indivíduo pode defrontar-se futuramente. É assim baseado em mecanismos simbólicos e lingüísticos e, portanto, característico da espécie humana.

Os quadros ansiosos, pela linha de Bickerton, estariam ligados aos mecanismos *off-line*, observando-se um prejuízo adaptativo nesses mecanismos de funcionamento. Seria envolvido um módulo de processamento com dois domínios separados, um físico e outro social, ambos destinados à prevenção de perigos e de riscos visando à identificação desses ainda desconhecidos ao momento presente e imediato. Verificar-se-iam aqui os sintomas do transtorno de estresse pós-traumático com a ativação de um sistema involuntário gerador de um cenário de risco que apresentaria ao indivíduo uma situação hipotética de risco com pensamentos intrusivos e imagens recorrentes enquanto acentuação de uma resposta adaptativa decorrente de uma mudança prévia a partir de um comportamento individual que visa a minimizar o risco. São, então, decorrentes os *flashbacks*, os pesadelos vívidos que são característicos dessas patologias.

Em contrapartida, os quadros de pânico e ansiedade seriam estados emocionais *on-line* que visariam à avaliação de um quadro de risco imediato como resposta direta (frente a perigo real ou imaginário).

Finalmente, só com o intuito de localizar o leitor nesse quadros, podemos estabelecer as seguintes possibilidades terapêuticas:

QUADRO 6.3
Terapêutica dos transtornos ansiosos

Tratamentos psicológicos	Psicofarmacoterapia
Terapias psicanalíticas	Alprazolam (0,75 a 4,0 mg/dia)
Terapia cognitiva	Clordiazepóxido (30 a 60 mg/dia)
Terapia comportamental – fobias simples e social	Clonazepam (0,5 a 3,0 mg/dia)
Ludoterapia	Imipramina (0,5 a 2 mg/Kg/dia)
Terapia Familiar	Clomipramina (até 3,5 mg/Kg/dia)
Técnicas de Relaxamento	Fluoxetina (de 5 a 10 mg/dia até 40 mg/dia)
Treinamento respiratório	Sertralina (de 12,5 mg/dia até 150 mg/dia) Fluvoxamina (de 12,5 mg/dia até 200 mg/dia) Paroxetina (de 10 mg/dia até 40 mg/dia)

A IDADE ESCOLAR

PENSAMENTO CONCRETO. A FORMULAÇÃO DE HIPÓTESES

Com o advento das operações concretas, a criança adquire a possibilidade de estabelecer hipóteses sobre dados empíricos e assim seu sistema de processamento adquire uma efetividade tal que lhe permite avaliar a si mesmo e a realidade, estabelecendo, de maneira física, a noção de tempo. A partir de um dado concreto (por exemplo, o presente encontrado embaixo da árvore de Natal), estabelece uma hipótese (é o Papai Noel que traz o presente) a qual é verificada (finge que está dormindo para pegar o Papai Noel em flagrante), o que lhe permite chegar a uma conclusão. Passa, então, de uma situação na qual o real e o imaginário se fundem, para outra na qual a noção de realidade é conceituada a partir, inicialmente, da checagem do sensório, posteriormente da comparação entre o dado obtido com aqueles que estão estocados em sua memória de longo prazo para, finalmente, comparar, intersubjetivamente, o resultado obtido.

Essa realidade é inserida dentro de uma noção temporal, muito mais sofisticada do que a seqüencialidade de ações característica do período anterior, que permite que esse ser se localize em um modelo cronológico de tempo, próprio da espécie humana e ao qual vai, posteriormente, significar.

Em função dessa capacidade de pensamento que possibilita a formulação de hipóteses, o nível de moralidade passa para um estágio no qual se observam expectativas interpessoais mútuas, havendo a preocupação em desempenhar o papel de uma pessoa boa que se preocupa com os outros e seus sentimentos, mantendo-se leal aos parceiros, estando motivado a seguir as regras usuais e as expectativas do grupo. Assim, justifica-se a si mesmo pela necessidade em seguir as expectativas, havendo uma perspectiva sociomoral do indivíduo em relação aos outros. Posteriormente podemos observar a necessidade de preservar os valores, apoiando a ordem e mantendo o bem-estar do grupo, uma vez que isso mantém o auto-respeito e a consideração das conseqüências, que ainda são, de alguma maneira, muito próximas no tempo. O sistema é, então, parte fundamental no desempenho, definindo as regras, e as relações individuais são consideradas em função dessas regras. Nesse momento também já se desenvolveram os padrões de pensamento indutivo e dedutivo, embora estejam limitados a situações concretas com a criação de idéias de causalidade, ao redor dos 7 a 8 anos, nas quais a figura divina é a responsável pela criação de determinadas coisas, dando-lhes, assim, sentido.

Deus é então pensado como alguém grande, com roupas longas, voz poderosa, que vive no céu ou em algum lugar da terra. Não surge muito freqüentemente, mas pode apresentar atitudes de vingança, sendo muitas vezes imprevisível. Permanece a crença em anjos como seres reais, tendo a criança dificuldades em separar o que é história e o que é mito. A oração é vista como prazerosa e reflete desejos materiais como resíduo do egocentrismo. Comportamento moral com base religiosa pode ser observado nesse estágio. Não existe ainda uma real compreensão da natureza do mal, que tem como descrição a simples desobediência das regras (Goldman, 1964).

Entre 9 e 12 anos, como as experiências aumentam, pode-se observar, muitas vezes, confusão para que se conciliem aspectos religiosos e aspectos mais ligados à realidade. Deus passa a ser visto como alguém sobrenatural, estando em todos e nenhum lugar, o que dificulta a compreensão, às vezes com uma visão dualística da realidade. Representa o amor e a justiça, já compreensíveis. O padrão moral é influenciado com a inclusão da visão do outro e das conseqüências dos próprios atos.

O PROCESSO DE ESCOLARIDADE

A capacidade de armazenamento de símbolos fora do próprio cérebro é uma característica eminentemente humana que proporcionou à espécie todo seu processo de desenvolvimento. Dentro dessa característica, o conhecimento organizado e sistematizado, representado pelos mecanismos de transmissão de conhecimento escolar, tornam-se cada vez mais importantes dentro de uma perspectiva adaptativa, uma vez que o processo simbólico, ao tornar-se base para organização social, resulta em extensa rede de troca de informações entre diferentes e cada vez mais complexos grupos.

A importância do estudo e compreensão dos transtornos que interferem no processo escolar reside no fato de a escola ser um lugar de transmissão de conhecimentos e valores (Sacristán, 1995) e, assim como a família e a sociedade, é um meio de transmissão da cultura e de formação da personalidade social dos indivíduos em desenvolvimento, caracterizando o que Althusser descreve como aparelho ideológico do Estado. Assim, dela depende, em princípio, o sucesso e o êxito, pois a criança com dificuldade de aprendizagem tem acesso social limitado, sendo suas vivências comprometidas pelo insucesso.

A dificuldade no aprendizado pode ter várias origens que se estendem desde o retardo mental e a paralisia cerebral até as epilepsias e os déficits sensoriais. A questão das alterações no aprendizado escolar é estudada há muito tempo embora com diferentes nomes e concepções. Em 1947, Strauss e Lethinen se referem a crianças portadoras de uma "lesão cerebral mínima", e em 1962, o termo "lesão" foi substituído por "disfunção cerebral mínima" (Strauss e Lethinen, 1947; apud Lewis, 1996). O conceito de dificuldade de aprendizagem passou assim por várias fases sem que, no entanto, haja sobre sua definição. A *Association of Children with Learning Disabilities*, em 1986, propõe uma definição abrangente, porém pouco utilizada e com pouca influência:

> As dificuldades específicas de aprendizagem são uma condição crônica de suposta origem neurológica que interfere seletivamente no desenvolvimento, integração e/ou demonstração de habilidades verbais e/ou não-verbais. As dificuldades de aprendizagem específicas existem como uma condição incapacitante e variam em suas manifestações e no grau de gravidade. Ao longo da vida, a condição pode afetar a auto-estima, a educação, a vocação, a socialização e/ou as atividades da vida diária.

Silver (1988; apud Lewis, 1996) utiliza uma definição descritiva propondo que "as dificuldades de aprendizagem centram-se em dificuldades nos processos implicados na linguagem e nos rendimentos acadêmicos independentemente da idade das pessoas e cuja causa seria ou uma disfunção cerebral, ou uma alteração emocional-condutual".

Nos Estados Unidos, a definição de consenso é a do *Nacional Joint Committee on Learning Disabilities*, (1988) que refere

> Dificuldade de aprendizagem é um termo geral que se refere a um grupo heterogêneo de transtornos que se manifestam por dificuldades significativas na aquisição e uso da escuta, fala, leitura, escrita, raciocínio ou habilidades matemáticas. Esses transtornos são intrínsecos ao indivíduo, supondo-se que são devido à disfunção do sistema nervoso central, e podem ocorrer ao longo do ciclo vital. Podem existir, junto com as dificuldades de aprendizagem, problemas nas condutas de auto-regulação, percepção social e interação social, mas não constituem, por si próprias, uma dificuldade de aprendizagem. Ainda que as dificuldades de aprendizagem possam ocorrer concomitantemente com outras condições incapacitantes, p. ex.: deficiência sensorial, retardamento mental, transtornos emocionais graves, ou com influências extrínsecas (tais como

as diferenças culturais, instrução inapropriada ou insuficiente), não são o resultado dessas condições ou influências.

A Organização Mundial de Saúde, na Classificação Internacional de Doenças – CID-10 (OMS, 1992), denomina-os de transtornos específicos do desenvolvimento das habilidades escolares - F81, colocando-os na categoria dos Transtornos do Desenvolvimento Psicológico - F80 e a Associação Psiquiátrica Americana, em seu DSM-IV (APA, 1994), refere-os como

> "...um funcionamento acadêmico substancialmente abaixo do esperado, tendo em vista a idade cronológica, medidas de inteligência e educação apropriadas à idade." Essas inabilidades não se devem a transtornos físicos ou neurológicos demonstráveis ou a um transtorno global do desenvolvimento, ou a um retardo mental. Atualmente, acredita-se que esses transtornos têm origem em anormalidades do processo cognitivo, derivadas, em grande parte, de algum tipo de disfunção biológica.

Entretanto, várias são as formas de classificar e subdividir os transtornos de aprendizado. Ao DSM-IV correspondem aos transtornos de leitura, transtornos do aprendizado da matemática, transtornos da expressão escrita e transtornos da aprendizagem sem outra especificação. Outras classificações, baseadas no desempenho acadêmico (1977), especificam áreas nas quais a criança deve apresentar dificuldades, tais como expressão oral, expressão escrita, compreensão oral, habilidades básicas de leitura, compreensão de leitura, cálculo matemático e raciocínio matemático.

Considerando os estágios envolvidos no processo de leitura, propõem-se três subtipos de transtorno de leitura (Lyon, 1995), sendo um baseado em dificuldades fonológicas, outro em dificuldades fonológicas e memória de fixação, e um terceiro baseado em dificuldades cognitivas gerais. As dificuldades que envolvem a expressão escrita (disgrafia) podem ser caracterizadas por transtornos de linguagem, dificuldades espaciais, dificuldades de memória e atenção e dificuldades motoras.

Os transtornos no aprendizado da matemática (discalculia) podem ser classificados isoladamente ou fazendo parte de um transtorno combinado de leitura e escrita.

Todas essas modificações conceituais sofridas no decorrer do tempo pelo conceito permitem a inclusão, nesse grupo de crianças, daquelas que apresentam dificuldades circunscritas ou discretas, o que aumenta o número total de casos, podendo ser observado, com o passar dos anos, um aumento significativo no número de crianças identificadas

A prevalência na população escolar (6 a 17 anos) é de cerca de 4 a 5% (Macmillan, 1993; Roush, 1995), e, se a essas forem acrescidas as que apresentam transtorno de hiperatividade com déficit de atenção, obteremos um valor de 11% (Epstein e Shaywitz, 1991). Indivíduos com síndromes genéticas têm um risco maior, embora diferentes síndromes mostrem diferentes características. Assim, crianças com síndrome de Turner, X frágil e síndrome de Klinefelter apresentam dificuldades visuoperceptivas, ao passo que crianças com neurofibromatose do tipo 1 têm dificuldade visuoperceptiva associada a dificuldades de linguagem. Dessa forma poderíamos pensar em um fenótipo comportamental diferente em relação às patologias determinantes.

Os transtornos da leitura são predominantes, afetando 80% dos indivíduos acometidos. Esses transtornos de leitura, sob o ponto de vista diagnóstico, podem ser caracterizados conforme o quadro seguinte.

Estudos neuropatológicos encontraram assimetrias cerebrais relacionadas à linguagem, bem como anormalidades microscópicas (ectopias e displasias arquitetônicas) nos lobos parietais envolvidos no processo auditivo e na sintaxe da linguagem (Duffy, 1988; Galaburda, 1993; Menard; Rosen, 1994, apud Batshaw, 1999). Como se constituem em problema multifatorial envolvendo diferentes áreas cerebrais, muitas dessas crianças apresentam outros transtornos associados, entre os quais apresentam os problemas motores e de memória, TDAH, prejuízos da sociabilidade e distúrbios de conduta que se estendem desde condutas opositivas e agressivas até a excessiva timidez e o retraimento (Caputo, Accardo e Shapiro, 1994).

Pensando-se exatamente essa questão multifatorial é que podemos utilizar o modelo do Quadro 7.1 como possibilidade de raciocínio naquilo que se refere às dificuldades de aprendizagem.

Entretanto, algumas crianças não portadoras de transtorno de aprendizado podem apresentá-lo em conseqüência de outros problemas como doenças crônicas, problemas psicossociais ou carências globais. Seu diagnóstico ocorre, usualmente, quando a criança já está inserida na escola e apresenta atrasos de linguagem, déficits de atenção e problemas de comportamento, bem como dificuldades motoras, impulsividade e problemas de relacionamento social. Essa constelação sintomatológica leva a se aventar a suspeita de transtorno específico da aprendizagem, sendo difícil a avaliação dos casos menos graves e com manifestação tardia. Nessa fase, o diagnóstico é clínico, podendo ser realizados testes padronizados (WISC, Bender, testes visuoperceptivos, etc.), que se encontram abaixo do esperado para a idade, escolarização e nível de inteligência (DSM-IV).

Por sua multifatorialidade, várias podem ser as origens do problema, as quais devem ser pesquisadas para melhor estabelecimento do processo terapêutico. Temos então:

1. prejuízos sensoriais auditivos, visuais, perceptivos;
2. atrasos do desenvolvimento, como retardo mental e transtornos abrangentes do desenvolvimento;

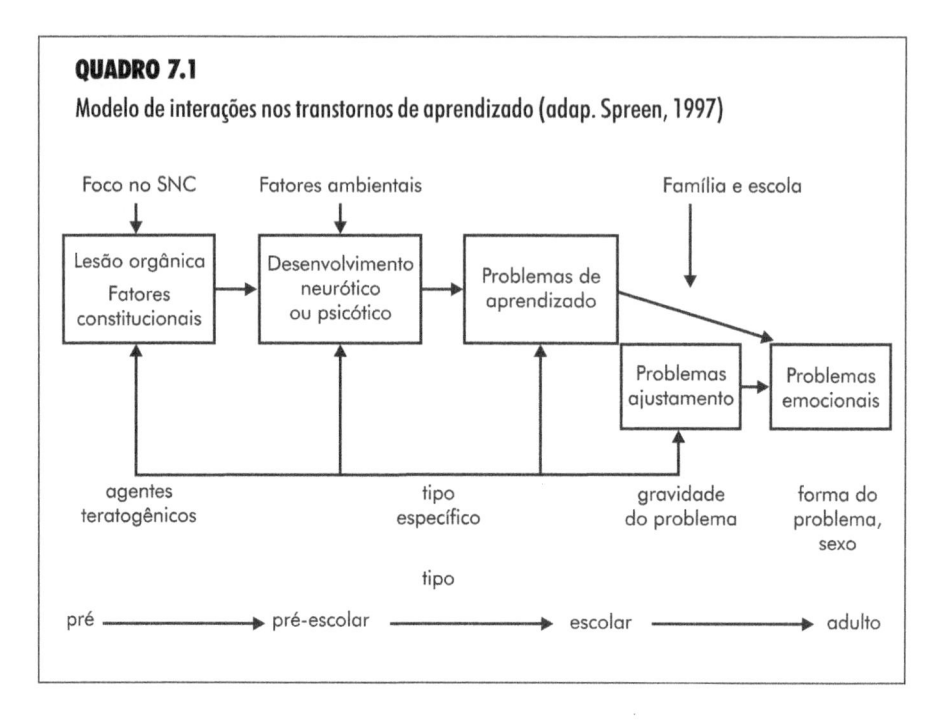

QUADRO 7.1
Modelo de interações nos transtornos de aprendizado (adap. Spreen, 1997)

```
Foco no SNC          Fatores ambientais                    Família e escola
     ↓                      ↓                                    ↓
┌──────────────┐     ┌──────────────┐     ┌──────────────┐
│ Lesão orgânica│    │Desenvolvimento│    │ Problemas de │
│   Fatores    │───▶│   neurótico   │───▶│  aprendizado │
│constitucionais│    │ ou psicótico │     │              │
└──────────────┘     └──────────────┘     └──────────────┘
                                                  │
                                                  ▼
                                          ┌──────────────┐    ┌──────────────┐
                                          │  Problemas   │    │  Problemas   │
                                          │ ajustamento  │    │  emocionais  │
                                          └──────────────┘    └──────────────┘

   agentes              tipo              gravidade         forma do
 teratogênicos        específico          do problema       problema,
                                                              sexo
                         tipo
  pré ─────────▶ pré-escolar ─────────▶ escolar ─────────▶ adulto
```

3. TDAH e suas variáveis, transtornos de linguagem;
4. transtornos psiquiátricos como transtornos de humor, de ansiedade, fobia e pânico, TOC, transtornos psicóticos, SMO.

Um diagnóstico fidedigno é o primeiro passo para a implantação e eficácia de uma terapêutica cujas metas são atingir o êxito acadêmico visando-se a inclusão e a adaptação ao grupo no qual se insere. Exige, portanto, uma abordagem multidisciplinar da qual participam educadores, profissionais de saúde (médicos e não-médicos), e família, sempre intimamente ligados uma vez que representam um modelo de desempenho e de eficácia aprovados pelo grupo. Assim, em verdade, os modelos propostos têm por finalidade a perspectiva de melhoria de desempenho de habilidades e funções que permitam a esse indivíduo uma capacidade adaptativa específica (Quadro 7.2).

Os resultados dependem menos dos métodos e mais da gravidade do transtorno, das condições associadas, do nível de inteligência, das condições socioeconômico-culturais, da participação familiar e da motivação da criança.

QUADRO 7.2
Intervenção terapêutica nos transtornos de aprendizado

Programa de intervenção	Estratégias de intervenção	Abordagens familiares
Treino para reconhecimento de fonemas Estabelecimento da relação som-símbolo Leitura contextual (Bakker, 1992)	Reabilitação dos prejuízos associados (transtornos de atenção, senso-percepção, desmotivacão, impulsividade)	Visando ao suporte, estímulo e à continência da criança em relação as suas dificuldades

Durante o período de adolescência, isso é mais difícil, uma vez que as exigências acadêmicas e a complexidade dos novos conhecimentos e exigências checam os mecanismos desenvolvidos durante a infância, fazendo que o indivíduo consiga, ou não, uma melhor adaptação e, em conseqüência, menores sanções do grupo no qual se inclui.

Embora esses transtornos apareçam em crianças com inteligência normal, mas que falham no processo de aprendizagem, não sendo, tal falha, atribuída a nenhuma condição incapacitante associada, seu diagnóstico deve ser precoce, acurado e global para que profissionais de saúde e família possam estruturar estratégias de intervenção multidisciplinares, envolvendo o ambiente escolar. É importante fazer seu acompanhamento ao longo do desenvolvimento para que o prognóstico, intimamente relacionado com a abrangência, gravidade do transtornos e condições oferecidas ao indivíduo, possa ser bom.

Isso porque, em uma cultura extremamente sofisticada e dependente de um processo acadêmico cada vez mais diferenciado, o déficit no aprendizado transforma-se em fator de difícil correção, passando a ser importante forma de discriminação e de perda de possibilidades de sucesso dentro de um grupo humano específico.

AS FAMÍLIAS

A família, sociologicamente, é definida como um sistema social, dentro do qual podem ser encontrados subsistemas cujo funcionamento depende de seu tamanho e da definição de papéis. Não obstante, ela representa um grupamento, encontrado em diferentes outras espécies, no qual o filhote é protegido biológica e psicologicamente, a partir do fornecimento de alimentação, de proteção contra os predadores e de segurança afetiva. Com isso, ele permanece nesse grupo até se tornar independente e capaz de gerir sua própria existência, passando a constituir outro grupo, com outros filhotes.

Na espécie humana esse amadurecimento, conforme falamos anteriormente, é bastante lento, e assim a família passa a ter uma importância grande durante um período muito grande de tempo, assumindo funções muito mais complexas além da biológica e da econômica, ambas ligadas aos modelos de subsistência. Passa então a ter uma função social por meio da qual o filhote humano aprende comportamentos grupais que lhe permitirão, ao crescer, constituir novos grupos familiares com características básicas bastante semelhantes aqueles aos quais pertenceu. Isso pode ser visualizado facilmente quando pensamos que o próprio modelo de família monogâmica ao qual estamos acostumados e que consideramos como o único modelo familiar possível permanece mais ou menos estável há aproximadamente 2.500 anos pelo menos, embora possamos observar pequenas variações culturais e temporais nesses agrupamentos.

O papel psicológico, mais sofisticado ainda, uma vez que a espécie humana é a única a processar símbolos de maneira eficaz, vai permitir a todos os elementos desse grupo a aprenderem e desempenharem papéis, com finalidade adaptativa e objetivo de manter a unidade do grupo, uma vez que essa unidade mostra-se de fundamental importância para o mais eficiente cuidado para com a prole. Assim, conceitos que consideramos, na modernidade, como fundamentais para pensar o relacionamento, como amor e afeto, são bastante recentes na história cultural humana, transcendendo o conceito e família em suas necessidades básicas e sendo meras aquisições culturais que *significam* os atos, mais primitivos, de proteção e cuidado, com base nitidamente biológica e adaptativa.

É por meio das relações familiares que os próprios acontecimentos da vida recebem seu significado e são entregues à experiência individual (Saraceno, 1992). Podemos pensá-la, portanto, como a unidade básica de desenvolvimento dos filhotes humanos a partir de suas primeiras realizações e fracassos.

A organização e a estrutura familiar, entretanto, em que pesem seus objetivos de cuidado e proteção, não são estáveis, pois, em sendo o homem um ser social e histórico, esse grupo social fornece diretrizes para o seu funcionamento de modo que seja útil (Assumpção e Sprovieri, 1991) sob o ponto de vista do cuidado do filhote, bem como sob o ponto de vista de preservação da própria gregariedade. Ela representa um sistema de crescimento e de experiências do ser humano sendo responsável pelo desempenho ou falha de seus membros e, assim, constitui uma unidade básica na qual se manifestam doença e saúde (Ackerman, 1986).

Em nossa sociedade, o grupo familiar se estrutura nuclearmente sendo composta de pais e filhos que interagem com grupos semelhantes e assim se constitui em um grupo natural, que controla as respostas de seus membros às informações e aos estímulos provenientes de seu próprio interior bem como do exterior. Esse controle de respostas pode ser visto como importante dentro do processo adaptativo e de aprendizado, uma vez que esse filhote, em função dele, aprenderá, futuramente, a se manter dentro de diferentes grupos humanos.

O comportamento de um de seus membros é causa de comportamentos de outro (Andolfi, 1981), constituindo-se uma rede complexa de relações, afetos, emoções e significados que, conforme já descrevemos, se constituirá em um dos elementos responsáveis pela construção da árvore informacional humana. Dessa forma, a mera descrição de seus elementos é insuficiente para que se perceba sua riqueza e complexidade relacional.

Sua construção e desenvolvimento se constituem em um ciclo de eventos que envolve muitas gerações e diferentes contextos histórico-socioculturais (Sampaio e Gameiro, 1985), uma vez que ela se altera dentro de uma perspectiva têmporo-espacial, eminentemente humana. É assim uma instituição social significativa, e dentro de nossa perspectiva temos de pensá-la sempre buscando entender sua interação e dinâmica frente aos quadros que atingem a criança, uma vez que estes trazem conseqüências, não só para o afetado, uma vez que interferem em sua posição social e seu estilo de vida, mas também nos demais membros do grupo, haja vista que atingem relacionamentos internos e externos.

A conceituação de transtorno mental hoje corrobora a idéia de comprometimento do grupo familiar, uma vez que é ligada diretamente a prejuízo adaptativo, principalmente em suas atividades de gregariedade, tais como desempenho escolar, laboral e social. Assim, no cotidiano, as relações familiares são naturalmente afetadas quando um elemento de seu grupo apresenta um transtorno mental, independentemente de suas características (Shapiro, 1976). Suas limitações, vivenciadas frente a essas modalidades de transtorno, levam o grupo familiar a experimentar tipos diferentes de limitação permanente ou transitória que alteram, de maneira significativa, sua capacidade adaptativa ao longo dos ciclos de desenvolvimento.

O transtorno mental do filho coloca o grupo familiar diante de emoções decorrentes da perda das expectativas diante daquela criança, bem como de problemas de manutenção de equilíbrio do próprio grupo, uma vez que o processo adaptativo é quebrado. Em decorrência, seus membros passam a apresentar sentimentos de desvalia e de isolamento (Krynski, 1969), com perda significativa de suas capacidades adaptativas dentro de um grupo social cada vez mais sofisticado e organizado dentro da modernidade.

Entretanto, essas premissas sobre famílias de crianças afetadas por transtornos mentais têm sido repensadas uma vez que o homem, como animal ético, significa de maneira abstrata sua própria existência. Assim, uma mudança conceitual significativa refere-se à rejeição, a qual tornaria os próprios pais agentes agravantes do próprio transtorno de base (Cantwell et al., 1979). Contudo, estudos recentes refutam a culpabilidade dos pais com estes passando a serem vistos, e possivelmente reconhecidos, como parceiros necessários para o tratamento e desenvolvimento das crianças afetadas. Essa visão implica conceitos mais amplos de família, bem como uma melhor avaliação de seu papel na dinâmica dessas crianças.

Dentro de uma nova visão familiar que privilegie o homem como ser ético (e isso deve ser pensado cuidadosamente, uma vez que nossas culturas pós-modernas o são muito pouco a partir do momento em que privilegiam a capacidade produtiva e o sucesso muito mais do que as características pessoais e a felicidade dos sujeitos, ou seja, privilegiam muito mais o Ter – produzir – em detrimento do Ser), é possível verificar, ou mesmo reconhecer, uma contribuição positiva das pessoas afetadas para suas famílias, mesmo a partir de estudos empíricos (Summers et al., 1989; Bebko et al., 1987) que relatam evidências de contribuição positiva (embora muito pouco práticas sob o ponto de vista de eficácia) como aumento da felicidade, amor, fortalecimento de laços familiares (gregariedade), rede social expandida, maior conhecimento sobre os transtornos em questão, tolerância, sensibilidade, paciência, crescimento pessoal, domínio pessoal e vida mais calma. É óbvio que todas essas características citadas não podem ser pensadas como mecanismos biologicamente adaptados de sobrevivência, embora possam (e devam) ser pensadas como fruto de um (teórico) desenvolvimento humano. Entretanto, de maneira paralela, essas famílias vivem a angústia e a desesperança ao momento do diagnóstico do filho. E, de acordo com estratégias mais ou menos elaboradas para enfrentar o problema, podemos observar bons ou maus prognósticos em relação às crianças.

O nascimento de um filho representa, sob o ponto de vista dos significados humanos, as esperanças de uma família que, nesse momento, vai conviver com a sua perspectiva de se eternizar ao estruturar uma nova vida. Entretanto, ao deparar-se com uma criança com algum tipo de transtorno mental, aliás os transtornos mentais são ataques diretamente ligados ao que de mais humano temos, o processador simbólico e seu produto, frustrações se fazem presentes, e aqueles aspectos mais básicos e fundamentais da espécie, ou seja, o cuidado com a prole, falham, produzindo-se relações de cuidado deficitárias. Ter um filho com um transtorno mental é uma situação de estresse psicológico principalmente para a mãe que obtém menor prazer no relacionamento com essa criança (relacionamento esse estruturado sob o ponto de vista simbólico) em relação aos seus irmãos saudáveis (Cummings, 1976). Observamos, então, relações com características de ansiedade e depressão, acompanhadas por sentimentos de raiva e hostilidade, tanto com relação à criança quanto em relação aos outros elementos da família. Isso porque o transtorno mental leva a família a viver rupturas ao interromper as atividades sociais cotidianas (pela alteração da capacidade adaptativa desse seu elemento), o que altera a sua própria estrutura afetiva. Isso porque, se quisermos pensar conforme refere Buman (2003), embora hoje um filho possa ser, diferentemente de em épocas passadas, considerado somente como uma eventual "ponte" com algo mais duradouro que a "liquidez" do cotidiano, a quebra dessa possibilidade, ainda que fluída e difusa, já pode ser considerada, a princípio, um fator importante de estresse. Assim em função dos significados, frutos do processo civilizatório, essa família se une ao transtorno observado na criança, o qual se transformará em fator determinante no seu processo de adaptação.

Entretanto, como se torna inviável reproduzir as normas e valores sociais vigentes (por toda a sua complexidade em uma sociedade moderna e predominantemente urbana) e, em conseqüência, preservar o contexto social, a família perde seu *status* frente ao meio e então sente-se diminuída e desvalorizada (Cohen e Warren, 1985). Isso porque a inadaptação de um elemento afeta os relacionamentos entre o inadaptado e os demais, bem como a todos os outros elementos desse grupo, e assim as relações familiares são afetadas com a presença dessa criança, observando-se alterações comunicacionais com a presença de elementos de agressividade (Yarrow et al., 1985), com essa tensão interna sendo suficiente para essa família tornar-se disfuncional (Bowen, 1978). Se quisermos continuar pensando conforme o proposto por Buman (2003) quando diz que *os filhos estão entre as aquisições mais caras que um consumidor médio pode fazer ao longo da vida*, teremos que pensar que o fracasso desse elemento reflete, na melhor das hipóteses, a idéia de um péssimo gerenciamento, o que *a priori* traz à tona esses sentimentos já descritos de incompetência e incapacidade.

Estudando-se essas famílias naquilo que se refere à sua dinâmica, podemos dizer então que, quando existe um elemento-problema, ela não cumpre adequadamente com seu papel social de educação dos indivíduos para sua inclusão no grupo social amplo, uma vez que ela, conforme já dissemos, seja fruto do aspecto gregário da espécie, foi criada para formar indivíduos para esse grupo conforme regras que, hoje em uma sociedade pragmática, contêm dados de seleção a partir da eficiência e da eficácia do sujeito (a prole afetada) e do grupo (capaz de produzir uma prole forte, adaptada e produtiva).

Famílias com um elemento deficitário passam a dificultar o desenvolvimento de seus outros membros (Sprovieri, 1999), uma vez que o transtorno mental afeta a família enquanto unidade (Huth, 1978) por distribuir as responsabilidades de disfunção ao sistema ao longo do tempo. Ela tende então a responder como uma unidade à doença em um de seus membros, e então todos os membros passam a ser afetados pela sintomatologia desse paciente (Craven, 1972), da mesma maneira que a resposta dos familiares passa a apresentar também um efeito sobre o paciente.

Esse estado de desequilíbrio vivido como decorrência às dificuldades observadas frente à doença ocasiona situações de tensão que, conforme referimos anteriormente, leva a conseqüências no relacionamento entre os membros do sistema e, em conseqüência, dificulta aquilo que chamaríamos de saúde emocional de todos os seus membros.

Dependendo de seu estágio de desenvolvimento, a necessidade de mudanças em sua estrutura (decorrente da presença de prole com transtornos mentais) provocará estímulos que podem ser traduzidos como crises com maior ou menor proporção. Entretanto, de acordo com que está sendo dito no desenrolar deste nosso trabalho, considerando-se o homem como um ser com grande flexibilidade, fator esse fundamental para seu processo adaptativo, para que essas mudanças sejam satisfatórias, esse grupo também deve ser extremamente flexível, o que é dificultado pelo transtorno mental do filho que, ao se caracterizar por dificuldades no processo adaptativo, dificulta também tais mudanças, uma vez que por suas próprias limitações apresenta dificuldades em exercer seu próprio papel no grupo, o que leva essa família a grandes limitações nos processos de transformação necessários para essas adaptações (Paul e Grosser, 1965).

Determinados padrões de comportamento e atitudes com relação aos aspectos da vida passam então a ser subordinados quase exclusivamente à doença, o que leva ao estabelecimento de padrões familiares que impossibilitam o desenvolvimento do indivíduo e da família. Isso porque os problemas identificados passam a ser vinculados aos cuidados exigidos pelo paciente, o que requer, em conseqüência, o envolvimento da família para o tratamento, bem como a freqüência a instituições que demanda tempo da mãe e exige que outras pessoas exerçam esse papel. Tais situações colaboram para a desorganização do sistema. Em conseqüência, o sistema familiar não se desenvolve, desorganiza-se e a angústia apresenta-se freqüentemente, sendo os conflitos transferidos para o problema da criança, encobrindo outras áreas sintomáticas. Observam-se então queixas constantes quanto a falhas dos pais diante das limitações da criança que, com seu comportamento inadaptado, altera o contexto familiar.

Por conseqüência, ressentimento, irritação pela carga que a criança representa e raiva pela decepção são consideradas reações possíveis e ligadas tanto à punição quanto à ignorância e rejeição pela criança afetada. Surgem então reações de ansiedade e de depressão, mescladas com hostilidade em relação à criança e ao restante da família (Shapiro, 1976), observando-se assim uma interação conjugal característica, marcada pela perda das ambições, habilidades, ideais e expectativas sobre aquele elemento em relação às suas possibilidades de desempenho e de adaptação que necessitam ser abandonadas, gradualmente, pelos familiares (Stierling, 1974). Isso caracteriza a perda dos projetos familiares, inviabilizados ou postergados, por parte dos genitores e da própria irmandade.

Essas vivências de perda vão se repetindo ao longo do ciclo vital, o que dificulta, cada vez mais, a interação familiar, pois o fracasso devido à perda desse filho, enquanto significados, e as necessidades de adaptação constante e de mudança de papel prejudicam esses processos adaptativos. Porque a família não consegue lidar com as situações cotidianas, ocorrem disfunções que dificultam o desenvolvimento emocional de seus membros com o conseqüente comprometimento da auto-estima.

Famílias funcionais empregam seus recursos adaptativos para solucionar os problemas do grupo e, ao mesmo tempo, preocupam-se com as necessidades individuais de cada elemento. Mostram assim flexibilidade e alternância de liderança – características essas usualmente não observadas em famílias com crianças afetadas por transtornos mentais, usualmente, portanto, menos adaptadas sob o ponto de vista evolutivo. Nessas famílias, observa-se comunicação pouco clara e com menos carga emocional adequada. O papel de liderança é exercido, habitualmente, pela mãe, que se porta de maneira autocrática, permitindo pouco espaço para a expressão da agressividade e da afeição física, pequena individuação dos membros e integração comprometida (Sprovieri, 1998).

Conforme já dissemos, as mudanças adaptativas dessa estrutura familiar ocorrem em função de sua organização interna (mecanismos de manutenção e/ou obtenção de homeostase) e de sua posição externa na sociedade (adaptabilidade a um bando maior). Em conseqüência, se essas mudanças se dão em resposta a um contexto predominantemente social, os vínculos afetivos ficam enfraquecidos e a configuração familiar oferece modelos de fracasso pessoal ou social.

Devido a essas limitações, esse sistema familiar passa a viver em crise permanente, com poucas perspectivas de mudança em função das dificuldades adaptativas da criança afetada, uma vez que tais alterações requerem mudanças no desempenho de papéis e de regras e na organização. A crise também decorre das dificuldades adaptativas relacionadas com a própria composição familiar. Ela então, muitas vezes, fracassa em completar etapas de desenvolvimento (Minuchin, 1981).

Entretanto, considerando-se que a família é uma instituição social sólida que deve proporcionar suportes biológico, psicológico, econômico e social tais que possibilitem o desenvolvimento e a inserção social de seus membros, quando um de seus elementos é doente, o estresse, no sentido de compreender os processos normativos e atendê-los, é grande e assim o seu funcionamento sob condições incomuns de tensão (transtornos mentais da criança) a leva à desorganização, dificultando sua saúde emocional e também sua adaptação social (Terkelsen, 1980). Ela é, portanto, muito afetada por um transtorno mental infantil mesmo tendo como uma de suas funções mediar a tensão entre seus membros, pois níveis grandes e prolongados de tensão podem destruir a capacidade de funcionar como anteparo, bloqueando-se para a comunicação, expressão e verbalização de afetos.

Esses comportamentos disfuncionais referem-se a processos que interrompem a capacidade da família de manter seqüências de realização e preenchimento das necessidades de seus membros, o que compromete sua auto-estima, muitas vezes não se percebendo o fenômeno e, em conseqüência, tornando-se disfuncional.

Finalizando essa questão, podemos dizer que famílias disfuncionais valorizam o mito da preservação do *status quo* e não facilitam as mudanças. Por isso, as capacidades de cada membro é, geralmente, suprimida e, quando todos os elementos planejam algo em conjunto, mostram grande homogeneidade com os sintomas de um membro, podendo camuflar o comportamento inadaptado de outro (Satir, 1969). Seu clima é, portanto, restritivo, a comunicação é confusa, e há dificuldades na expressão de sentimentos. A agressividade não pode ser manifesta, pois a presença de uma criança problemática limita todos os outros elementos e se constitui em fator de estresse. Assim, vivem continuamente sintomáticas, uma vez que o problema, habitualmente, progride em termos de gravidade, com os limites se fazendo mais presentes conforme o desenrolar das etapas evolutivas, tendo a família de enfrentar os efeitos de um de seus membros ser permanentemente sintomático, e os períodos de alívio das exigências ligadas à doença passam a ser cada vez menores, o que contribui para sua disfunção.

Pelas suas características de inadaptação decorrentes do processamento alterado de informações, a criança portadora de transtornos mentais participa de um processo de exclusão social, e sua família conforme o descrito por Goffman (1978), sofre uma pressão social marcante e também por isso passa a apresentar maiores dificuldades relacionais. Com as pessoas sendo avaliadas por sua competência, uma família com um elemento que não cumpre adequadamente seu papel não atende às exigências sociais e tem dificuldades em se organizar, sendo depreciadas, pois, conforme Goffman (1982) observou, a posição ocupada na sociedade pelas pessoas com algum tipo de limitação é semelhante a dos grupos étnicos menos privilegiados e a dos grupos religiosos minoritários; sofrendo restrições em todos os setores da vida (Ricci, 1989). Essas próprias características apontam para as dificuldades adaptativas familiares decorrentes da presença de uma criança com transtornos mentais, o que nos permitiria pensá-los, sob o ponto de vista evolutivo, como fatores de inadaptação não somente para o indivíduo como para seu próprio ambiente familiar que se estruturaria de maneira menos eficaz sob o ponto de vista de sobrevivência (física ou psíquica).

RETARDO MENTAL

No conceito de deficiência mental, encontramos uma grande variedade de idéias que se estendem desde aquela desenvolvida por Kraepelim e citada por Weitbrecht (1970), na qual *os débeis mentais são pessoas em cujo cérebro não ocorrem muitas coisas*, até a proposta em 1958 pela Associação Americana de Deficiência Mental, que define que *o retardamento mental refere-se ao funcionamento intelectual geral abaixo da média, que se origina durante o período de desenvolvimento e está associado a prejuízo no comportamento adaptativo* (Robinson, 1975; OMS, 1985).

Podemos observar nela, além das óbvias perturbações orgânicas, dificuldades na realização de atividades esperadas socialmente, uma vez que o processamento de informações se acha alterado em função de perturbações no aparato biológico de base, bem como as conseqüentes alterações no relacionamento com o mundo expressas pelas incapacidades adaptativas que o fazem apresentar um desempenho grupal insuficiente ou, melhor dizendo, pouco eficaz. Não corresponde, portanto, a uma doença propriamente dita, mas é um complexo sindrômico com uma característica comum correspondendo a uma insuficiência no processamento dos dados captados a partir da relação com o mundo. Em função disso, o indivíduo por ela afetado é incapaz de competir, em termos de igualdade, com os demais participantes de seu grupo, constituindo-se em fator de isolamento e de segregação dentro do grupamento social no qual esse indivíduo se insere. No DSM-IV (1995), é definida como um funcionamento mental significativamente inferior à média, acompanhado de limitações significativas no funcionamento adaptativo em pelo menos duas das seguintes áreas: comunicação, autocuidados, vida doméstica, habilidades sociais/interpessoais, uso de recursos comunitários, auto-suficiência, habilidades acadêmicas, trabalhos, lazer, saúde, segurança; com início antes dos 18 anos, podendo ser visualizada como uma via final comum de diferentes processos patológicos que afetam o funcionamento cognitivo.

O funcionamento intelectual abaixo da média vai ser considerado a partir de um QI padrão de 70/75, avaliado a partir de provas padronizadas e levando-se em consideração a diversidade cultural e lingüística bem como outros fatores de comportamento definidos pelo ambiente onde se encontra o indivíduo, uma vez que estamos falando de um quadro cuja principal dificuldade expressa-se na incapacidade de se adaptar socialmente, o que se caracteriza como um grande prejuízo se considerarmos o homem como um animal predominantemente gregário.

Para seu diagnóstico deve-se utilizar uma bateria de avaliações que possibilite o esclarecimento de uma provável etiologia. Sendo assim, essa avaliação deve ser extensa e trabalhosa, partindo de uma cuidadosa anamnese e exame físico visando ao detalhamento de historia gestacional e obstétrica que inclua detalhes de abortos maternos prévios, idade dos pais, saúde dos demais membros da família, incluindo demais afetados, os quais podem ser achados em cerca de 10% dos casos (Newell,1987).

Ao realizarmos o exame físico, buscamos tentar caracterizar ao menos três ou mais sinais físicos que são significativamente comuns em indivíduos com deficiência mental, assim como malformações primárias de sistema nervoso central segundo Newell (1987).

A pesquisa de infecções congênitas também é de fundamental importância, uma vez que, segundo o mesmo autor (Newell, 1987), cerca de 2% dos casos são por elas causadas. Também doenças progressivas, embora não sejam freqüentes, também são passíveis de serem pesquisadas. (Newell, 1987).

Segundo a AAMR (1992), esse diagnóstico deve então ser formulado em três passos, sendo a dimensão 1 aquela referente ao funcionamento intelectual e aos padrões adaptativos, avaliados a partir de instrumentos padronizados que permitam verificar esse funcionamento abaixo de 70/75, com incapacidades em diferentes áreas adaptativas e ocorrendo em idade inferior a 18 anos. A dimensão 2 verifica e identifica aspectos psicológicos e emocionais, etiologia e déficits físicos associados, bem como o ambiente onde esse indivíduo situa-se.

Na dimensão 3, a partir das necessidades e dificuldades identificadas nas outras duas, são estabelecidos os suportes necessários para que esse indivíduo possa ter minorada sua incapacidade e maximizado seu desempenho adaptativo.

Pensando-se dessa forma predominantemente adaptativa, a deficiência mental corresponde a um *continuum* que se estende do muito próximo ao normal (considerado dentro do modelo estatístico do mais freqüente, parâmetro esse utilizado pelas Ciências Naturais) ao francamente anormal (enquanto desvio, a cada vez maior, da média estabelecida por uma curva de Gauss), considerando-se que, de acordo com o potencial adaptativo do indivíduo em questão, esse potencial será representado pela sua capacidade intelectual.

Avaliações padronizadas permitem, desse modo, o estabelecimento de um índice que expressa *teoricamente* o nível de habilidade de um indivíduo de acordo com as *normas* de sua idade, prevendo-se um eventual desempenho futuro.

Considerando-se o desenvolvimento, bem como os déficits dessa população, temos também uma distribuição que, seguindo as seguintes características (OMS, 1985), obedece à distribuição normal observada a partir de uma curva de Gauss e, principalmente, a partir de suas características adaptativas que devem ser considerados pensando-se nos mecanismos de inclusão necessários dentro de uma sociedade moderna e complexa.

- **Deficientes mentais profundos (20>QI)** correspondem a indivíduos com uma idade de desenvolvimento abaixo de 2 anos, nível compatível com inteligência sensório-motora, freqüentemente com déficits motores acentuados. Considerando-se essas características, parece-nos óbvia a necessidade de mecanismos de suporte para que esse indivíduo sobreviva (mais ainda de maneira digna) dentro de modelos sociais modernos nos quais, conforme refere Bauman (2003), existe uma fronteira disfarçada entre o humano e o inumano dividindo os cidadãos, não porque alguns não sejam iguais perante a lei, mas principalmente porque, na maioria das vezes, não existem leis que sejam aplicadas a eles ou, se existem, são muito pouco cumpridas, tornando extremamente vulneráveis determinadas populações, entre elas o deficiente mental, o qual se torna mais vulnerável quanto mais comprometido ele é.
- **Deficientes mentais graves e moderados (20<QI<36; 36<QI<50)** correspondem a indivíduos que apresentam um nível de independência nas atividades cotidianas dependendo de treinamento e com padrão de desempenho que corresponde a nível de pensamento pré-operatório.

    Estruturas de proteção e cuidado, legais ou sociais, fazem-se necessárias uma vez que também característica das sociedades modernas é a busca da novidade e da variedade que faz que aqueles que permanecem presos a um único (ou a poucos) bem (e aqui o deficiente mental fica preso por sua menor capacidade de produção diferenciada) são excluídos e considerados inadequados e incompetentes.

- **Deficientes mentais leves (50<QI<70)** correspondem a indivíduos que também dependem dos processos de treinamento e de adequação com um padrão de pensamento correspondendo ao nível de operações concretas.

Essa população fica ainda mais vulnerável uma vez que possui autonomia maior, porém possui a mesma incapacidade ou dificuldade na produção e, principalmente, no consumo de bens considerados indispensáveis em uma sociedade moderna.

Em função desses modelos avaliatórios e considerando o homem como um animal ético, fruto do pensamento simbólico que proporcionou a possibilidade de desenvolvimento de todo um processo civilizatório, esses indivíduos, em que pese sua dificuldade adaptativa, passam a ser acompanhados pelo grupo humano com a finalidade de preservação e proteção deles mesmos, uma vez que, além de ético, o homem corresponde a uma espécie antiseletiva que, por suas características próprias, luta, em seu processo de desenvolvimento, contra os próprios processos de seleção natural.

Esse acompanhamento estabelece modelos de suporte que constituirão o processo de habilitação que irá definir as necessidades básicas para os serviços necessários para a implantação do atendimento a essa população, o que vai determinar de certa forma, o prognóstico dessa população envolvida. Esses serviços podem ser esquematizados da seguinte maneira, de acordo com diversos autores (Comissão Conjunta em Aspectos Internacionais da Deficiência Mental, 1981; Krynski, 1985; OMS, 1985):

A. Atenção primária
    A.1. Medidas Pré-natais
        A.1.a. Planejamento familiar
        A.1.b. Aconselhamento genético
        A.1.c. Pré-natal
        A.1.d. Diagnóstico pré-natal, feito a partir de amniocentese (12ª semana de gestação) ou pelo estudo de vilosidade coriônica (8ª semana de gestação)
    A.2. Medidas Perinatais
        A.2.a. Atendimento ao parto e ao recém-nato
        A.2.b. *Screening* neo-natal
        A.2.c. Diagnóstico Precoce
    A.3. Medidas Pós-natais
        A.3.a. Serviços de puericultura
        A.3.b. Diagnóstico precoce
        A.3.c. Serviços de estimulação sensório-motora

B. Atenção Secundária
   B.1. Diagnóstico
   B.2. Tratamento biomédico e cirúrgico
   B.3. Serviços de apoio às famílias
   B.4. Serviços de estimulação
C. Atenção Terciária
   C.1. Diagnóstico
   C.2. Tratamento biomédico e cirúrgico
   C.3. Serviços pré-escolares
   C.4. Educação especial
   C.5. Programas profissionalizantes
   C.6. Programas residenciais

Esses modelos de atenção correspondem especificamente à resposta de uma sociedade ética e estruturada diante de um problema adaptativo caracterizando a espécie humana de maneira mais simbólica e menos dependente de padrões exclusivamente biológicos que a levariam a mecanismos de seleção pura e tornariam inviáveis esses modelos de cuidados e suporte.

TERAPÊUTICA

A questão da terapêutica, mais do que a correção propriamente dita dos eventuais *gaps* observados nessa população, caminha em duas direções, conflituosas nos últimos anos e que propiciam inúmeros questionamentos.

Por um ângulo caminha na direção da minimização dos déficits visando a uma teórica integração, pensando-se dentro de um modelo eminentemente adaptativo.

Por outro ângulo, caminha, pensando de maneira ética e abstrata, na direção de modelos inclusionistas considerando que, independentemente dos déficits observados, pessoas com capacidades diversas teriam os mesmos direitos de vida em sociedade (grupos humanos). Passa-se assim de uma mentalidade de valor por produção, muito característica de nosso momento pós-moderno (e reflexo das características seletivas observadas em outras espécies) para um modelo de padrão ideal no qual o homem foge de sua animalidade e direciona-se para um aspecto espiritualizado.

Claro está que ambas as direções já são bastante diversas do encontrado em outras espécies animais e mesmo em grupos humanos mais primitivos, mas a escolha entre os dois modelos talvez se revista de um aspecto subjacente que seja, a escolha entre a crença nas *utopias*, muito bem representadas pelos textos clássicos de Thomas Morus, Campanella ou mesmo Platão, e a crença nas *distopias*, muito bem mostradas por contemporâneos como Huxley, Orwell ou Zamiatin.

Claro que essa escolha não se encontra no âmbito das ciências, mas sim no território da filosofia e da ética.

QUADRO 7.3
Modelos de terapêutica comportamental passíveis de serem utilizados (adap. Benson, 1999)

Tratamento comportamental

Reforço	Punição	Controle de estímulo e generalização	Modelagem
Pareamento de estímulos	Time out	(–)	(–)
Reforço diferencial	Supercorreção	(–)	(–)
Extinção	Estimulação aversiva à resposta	(–)	(–)

QUADRO 7.4
Psicofarmacoterapia no retardo mental

Psicofarmacoterapia	
Comportamento agressivo Agitação Auto-agressividade	Fluoxetina (40-80mg) Sertralina (50mg) Paroxetina (20mg) Levomepromazina (25-300mg) Haloperidol (3-15mgs) Clorpromazina (75-300mg) Buspirona (15-45mg) Naltrexone (1-2mg/kg/d) Propanolol (60-120mg)
Tricotilomania	Fluoxetina (20-80mg) Sertralina (50-100mg)
Estereotipias	Clomipramina (25-125mg) Fluoxetina (20-80mg)

TRANSTORNOS ABRANGENTES DE DESENVOLVIMENTO

Em 1943, Leo Kanner descreveu um quadro caracterizado por isolamento extremo, obsessividade, estereotipias e ecolalia denominando-o *Transtornos autísticos do contato afetivo*, buscando nessa denominação conceituar uma doença psiquiátrica, de início precoce cuja principal característica seria o retraimento para um mundo próprio (dentro da concepção bleuleriana).

À medida que o tempo foi passando, esse conceito e diagnóstico foram se alterando, visando-se melhor qualidade diagnóstica e de pesquisa. Em meados dos anos de 1960, é descrito um quadro caracterizado por uma retração frente à realidade com dificuldades no relacionamento com as pessoas (o que caracterizava o isolamento kanneriano); sério retardo intelectual com pequenas ilhotas de normalidade ou habilidades especiais; dificuldades na aquisição da fala ou na manutenção da já aprendida; respostas anormais a estímulos sensoriais (sons, cheiros, sabores); maneirismos ou distúrbios de movimento (excluindo-se tiques).

Outros autores como Clancy, Dougall, Rendle-Short (1969) referiam, na mesma época, sintomas caracterizados por grande dificuldade em agrupar-se; age como se fora surdo; resistência a situações novas; ausência de medo frente a perigos reais; resistência a novos aprendizados; indicação das necessidades por meio de gestos; ri sem motivo aparente; não abraça afetivamente as pessoas; hiperatividade física acentuada; evita olhar de frente; gira ou roda objetos incansavelmente; afeto incomum a objetos especiais; jogos ocasionais de forma repetitiva; comportamento indiferente, isolado, retraído e não-participante.

Ao final dos anos de 1960, mesmo com quadros descritos de maneira similar, porém diagnosticados diferentemente em diversas regiões do globo, incluía-se o autismo entre as psicoses da primeira e segunda infância, que eram então descritas nas seguintes categorias (Gap, 1966):

1. Autismo infantil: considerado como problema primário, a ser distinguido do autismo secundário devido a dano cerebral ou retardo mental;
2. Distúrbio simbiótico interacional: engloba as, assim chamadas, psicoses simbióticas, com dependência incomum à mãe, na forma de um prolongamento da ligação;
3. Outras psicoses: correspondem às crianças com desenvolvimento atípico, que exibem alguns comportamentos autísticos e indiferença emocional.

Na década de 1970, ao se passar de um modelo de pensamento psiquiátrico caracterizado pela compreensibilidade para outro de caráter eminentemente descritivo embasado no modelo empírico-pragmático angloamericano, alteram-se significativamente esses conceitos e diagnóstico com o trabalho de Ritvo sendo paradigmático e conceituando esses quadros enquanto *transtornos abrangentes de desenvolvimento*, caracterizados por distúrbios de percepção; distúrbios de desenvolvimento; distúrbios de relacionamento; distúrbios de linguagem; distúrbios de motilidade.

Hoje, dentro dessa perspectiva, o autismo é considerado como uma síndrome comportamental de base biológica, com curso de um transtorno de desenvolvimento, com um comprometimento de natureza predominantemente cognitiva.

Sua associação com o retardo mental assume cifras da ordem de 75%. Conforme refere Steffemburg (1989), muito poucos pacientes não apresentam quadro biológico associado (cerca de 7% no trabalho citado).

Seu estudo e abordagem são realizados a partir de um diagnóstico acurado visando-se à caracterização sindrômica do quadro, embasada nos sintomas já descritos acima e anteriormente; avaliação da capacidade cognitiva uma vez que o prejuízo maior parece se localizar em módulos específicos de processamento (como o de reconhecimento facial, ou de outros estímulos sensoriais); estudo dos quadros biológicos associados (uma vez que, provavelmente, estes têm relação direta com um prejuízo no *hardware* cognitivo em questão); avaliação funcional (uma vez que o processo adaptativo envolve módulos específicos e gerais de funcionamento cognitivo) e avaliação do ambiente no qual esse indivíduo se situa uma vez que, em sendo um problema eminentemente adaptativo com a sociabilidade sendo o prejuízo principal, o pequeno grupo humano denominado família será então o maior responsável pelos sistemas de suporte de que, eventualmente, esses indivíduos necessitarão.

Esses modelos de suporte, guardadas as características básicas, serão bastante similares àqueles referidos para o portador de retardo mental. Cabe, entretanto, pensarmos algumas características interessantes nessa população, nesse momento de desenvolvimento uma vez que este é marcado por modelos bastante sofisticados de socialização. Isso porque, conforme também já dissemos, os prejuízos básicos nessa população corresponderiam a prejuízos na *teoria da mente* a partir da qual as dificuldades de percepção dos desejos e pensamentos do outro são marcantes, levando assim a dificuldades nesse relacionamento interpessoal, característico da idade (é aqui que se constituem os *Clubes do Bolinha e da Luluzinha*).

Outro prejuízo a ser considerado corresponde ao referente à coerência central, que permitirá ao indivíduo a percepção da totalidade como mais que a mera soma das partes. Em um animal que deve se adaptar a um ambiente hostil (e me parece ingênuo pensar o ambiente humano como não-hostil, mesmo com todos aspectos éticos da sociedade moderna), a percepção do todo lhe permite detectar de maneira eficaz variações que passariam desapercebidas se ele se fixar em somente um detalhe.

Finalmente o comprometimento da função executiva, característico da espécie humana e base da maleabilidade e da adaptabilidade, ao estar comprometido, dificulta o estabelecimento de estratégias eficazes e indispensáveis no funcionamento interpessoal e social, já necessários nessa faixa etária.

TDAH

O transtorno de déficit de atenção/hiperatividade (TDAH) é caracterizado por um padrão persistente de inquietação motora, falta de atenção e impulsividade, mais freqüente e severo do que o observado em indivíduos em nível equivalente de desenvolvimento. É um transtorno comum, especialmente em meninos e provavelmente corresponda a maioria dos encaminhamentos da Psiquiatria Infantil.

Esse transtorno também é conhecido por vários nomes como: *disfunção cerebral mínima, síndrome hipercinética, hipercinesia* e atualmente TDAH (Arnold e Jensen, 1999). Sua prevalência é estimada em 3 a 5% entre as crianças em idade escolar, sendo muito mais freqüente no sexo masculino, com razões masculino-feminino de 4:1 a 9:1, dependendo do contexto.

Seu diagnóstico é estabelecido a partir dos seguintes critérios

A. Ou (1) ou (2)
  1. Seis ou mais dos seguintes sintomas de desatenção persistiram por pelo menos 6 meses, em grau mal-adaptativo e inconsistente com o nível de desenvolvimento:

  Desatenção:
  a) freqüentemente deixa de prestar atenção a detalhes ou comete erros por descuido em atividades escolares, de trabalho ou outras;
  b) com freqüência tem dificuldades para manter a atenção em tarefas ou atividades lúdicas;
  c) com freqüência parece não escutar quando lhe dirigem a palavra;
  d) com freqüência não segue instruções e não termina seus deveres escolares, tarefas domésticas ou deveres profissionais (não devido a comportamento de oposição ou incapacidade de compreender instruções);
  e) com freqüência tem dificuldade para organizar tarefas e atividades;

f) com freqüência evita, antipatiza ou reluta a envolver-se em tarefas que envolvam esforço mental constante (como tarefas escolares ou dever de casa);
g) com freqüência perde coisas necessárias para tarefas ou atividades (por exemplo, brinquedos de tarefas escolares, lápis, livros ou outros materiais);
h) é facilmente distraído por estímulos alheios à tarefa;
i) com freqüência apresenta esquecimento em atividades diárias;

2. Seis ou mais dos seguintes sintomas de hiperatividade persistiram por pelo menos 6 meses, em grau mal-adaptativo e inconsistente com o nível de desenvolvimento.

Hiperatividade

a) freqüentemente agita as mãos ou os pés ou se remexe na cadeira;
b) freqüentemente abandona sua cadeira na sala de aula ou outras situações nas quais se espera que permaneça sentado;
c) freqüentemente corre ou escala em demasia, em situações nas quais isso é inapropriado (em adolescentes e adultos pode estar limitado a sensações subjetivas de inquietação);
d) com freqüência tem dificuldade para brincar ou se envolver silenciosamente em atividades de lazer;
e) está freqüentemente "a mil" ou muitas vezes age como se estivesse "a todo vapor";
f) freqüentemente fala em demasia.

Impulsividade

g) freqüentemente dá respostas precipitadas antes das perguntas terem sido completadas;
h) com freqüência tem dificuldade para aguardar a sua vez;
i) freqüentemente interrompe ou se mete em assuntos de outros (p. ex.: intromete-se em assuntos ou brincadeiras).

B. Alguns sintomas de hiperatividade-impulsividade ou desatenção que causaram prejuízo estavam presentes antes dos 7 anos.
C. Algum prejuízo causado pelos sintomas está presente em dois ou mais contextos (por exemplo, na escola e em casa).
D. Deve haver claras evidências de prejuízo clinicamente significativo no funcionamento social, acadêmico ou ocupacional.
E. Os sintomas não ocorrem exclusivamente durante o curso de um Transtorno Invasivo do Desenvolvimento, Esquizofrenia ou outro Transtorno Psicótico e não melhor explicados por outro transtorno mental.

O aspecto mais marcante das crianças hiperativas consiste nos problemas em que se envolvem em casa, com a família, e na escola, com seus colegas e professores, portanto a sociabilidade é bastante comprometida. Além do fato de que sempre tem alguém chamando a atenção do hiperativo para que ele pare quieto.

Mesmo com inteligência normal, essas crianças apresentam muita dificuldade para completar qualquer tarefa e geralmente apresentam baixo rendimento escolar.

Aqui cabe voltarmos àquela que nos parece a questão central da nossa discussão, a questão adaptativa. Nesse quadro falamos de um comprometimento predominantemente em nível de atenção e de memória, fundamentais para que o indivíduo humano possa refazer trajetórias aprendidas anteriormente visando à solução de determinadas situações. Da mesma maneira, mesmo diante de situações novas essa trajetória previamente vivida pode ser recombinada com outras informações, decorrentes de outras experiências, possibilitando a elaboração de uma nova situação. Sendo assim defrontamo-nos com crianças com dificuldades adaptativas nítidas. Isso porque a atenção, enquanto se referindo a um processo seletivo sobre as informações, determina a quantidade de informação retida em um determinado período de tempo (Bjork, 1996) e também seleciona quais as informações que serão armazenadas e como serão recuperadas (Marrocco, 1998). Considerando-se que essas funções encontram-se prejudicadas, nesse quadro temos que considerar como diretamente envolvido com ele a memória de trabalho (com seus três componentes clássicos, a função executiva central, a alça fonológica e o esquema visuoespacial). Em decorrência dessas alterações, dificuldades em planejamento, processamento lingüístico e estruturação de espaço são características profundamente inadaptantes sob o ponto de vista evolutivo que estamos tentando considerar.

Em função dessa inadaptação, na maioria das vezes, o diagnóstico é feito na idade entre 6 e 11 anos, idade em que são feitos os encaminhamentos em função dos fracassos escolares (Weiss, 1995), o que mostra de maneira flagrante esse comprometimento adaptativo uma vez que nossa cultura atual é predominantemente acadêmica, sendo esse um dos pontos a ser considerado quando falamos em processos adaptativos.

Sua terapêutica é também realizada considerando-se esses aspectos e visa a um melhor desempenho dentro de um contexto sócio-histórico específico (Quadro 7.5).

ESQUIZOFRENIA DE INÍCIO MUITO PRECOCE

A questão da esquizofrenia na infância vai remontar a Sante de Sanctis que descreveu uma forma infantil que denominou *demência precocíssima*,

QUADRO 7.5
Psicofarmacoterapia no TDAH

Droga	Pico sérico	Meia vida	Dose	Interação
Metilfenidato	1,9 hs	2 – 2,5 hs	0,9 a 2,5 mg/kg/dia	Aumenta atividade convulsiva, diminui efeitos dos antidepressivos tricíclicos, crises hipertensivas se associado a IMAO
Dextroanfetamina	2 hs	6 – 8 hs	1,5 a 22,5 mg/kg/dia	similares
Pemolina	2 – 4 hs	8 – 12 hs	3 a 6 µg/kg/dia	Antidepressivos tricíclicos diminuem seus efeitos. Depressores de SNC como álcool ou barbitúricos podem ser aumentados com administração simultânea

aventando a possibilidade da existência de sinais precoces de um quadro esquizofrênico que poderiam existir na infância.

Posteriormente, em 1923, Potter descreveu critérios para o diagnóstico de um quadro que denominou esquizofrenia infantil, caracterizando-o por:

1. retração generalizada de interesses no ambiente;
2. pensar, agir e sentir de modo não-realista;
3. distúrbios de pensamento manifestos por meio de bloqueio, simbolização, condensação, perseveração, incoerência e diminuição do pensamento ao ponto de mutismo;
4. déficit no relacionamento afetivo;
5. diminuição, rigidez e distorção do afeto;
6. alterações do comportamento com diminuição ou aumento da motilidade levando a imobilidade ou hiperatividade com tendência à perseveração ou esteriotipia.

Bender define a Esquizofrenia Infantil enquanto entidade clínica com ocorrência antes de 11 anos, com comprometimento do comportamento global e da área integrativa. Em 1964, Creak estuda os sintomas da esquizofrenia e refere nove pontos que permitiriam o reconhecimento de uma síndrome particular, porém é somente em 1993 que a 10ª Revisão da Classificação Internacional de Doenças descreve um grupo de transtornos com início específico na infância (grupo F–20), correspondente à esquizofrenia, definindo-se que esses transtornos se caracterizam por distorções fundamentais e características do pensamento e da percepção, bem como pelo afeto inadequado ou embotado. Sua consciência é clara, e a capacidade intelectual usualmente se encontra preservada, embora déficits cognitivos possam surgir durante seu curso. Essa perturbação envolve assim as funções mais básicas que propiciam senso de individualidade, unicidade e de direção de si mesmo. Em decorrência, pensamentos, sentimentos e atos são sentidos como conhecidos ou partilhados por outros e, a partir disso, podem se desenvolver delírios explicativos de influência, com o paciente podendo ver a si mesmo como motivo do que lhe acontece. São comuns quadros alucinatórios, principalmente auditivo.

Seu diagnóstico diferencial é de fundamental importância, uma vez que pode ser confundida com as psicoses orgânicas que se apresentam freqüentemente em diferentes patologias médicas. Temos então que procurar separar os seguintes quadros clínicos enquanto preocupações nesse diagnóstico:

QUADRO 7.6
Diagnóstico diferencial das esquizofrenias

Trauma agudo	Insolação, pós-operatório, queimaduras
Toxinas	Medicações, pesticidas, solventes
Metabolismo	Acidose, alcalose, distúrbio hidroelétrico, falência hepática, falência renal
Endocrinopatias	Hiper/hipoadrenalcortecismo Hiper/hipoglicemia
Acidente vascular	Encefalopatia hipertensiva, choque, enxaqueca
Metais pesados	Chumbo, manganês, mercúrio
Hipóxia	Anemia, envenenamento por monóxido de carbono, hipotensão, falência pulmonar/cardíaca
Infecção	Encefalite, meningite, sífilis, AIDS
Abstinência	Álcool, barbitúricos, sedativos-hipnóticos
Deficiência	Cianocobalamina, niocina, tromina
Patologia nervosa	Abcesso, hemorragia, hidrocéfalo normotenso, convulsões, derrame, tumores, vasculite

Na idade a que estamos nos referindo, vai ser chamada de Esquizofrenia de início muito precoce e sua prevalência é bastante baixa.

Hipóteses vinculadas ao neurodesenvolvimento referem anomalias cerebrais como existentes desde o nascimento nessa população, sugerindo-se assim um padrão específico vinculado a aspectos biológicos que, posteriormente, fariam que o indivíduo se relacionasse de maneira inadaptada com o ambiente, criando, em conseqüência, déficits adaptativos específicos.

Essas hipóteses se estabelecem a partir do modelo animal implicando comprometimento de memória de trabalho, fundamental para a espécie humana, uma vez que se relaciona com mecanismos de compreensão, pensamento e planejamento, vinculada a alterações de córtex pré-frontal dorsolateral (Fuster e Alexander, 1971). Assim, esses estudos apresentam que animais com lesões de pré-frontal dorsolateral ao nascimento não apresentam alterações nessas características até sua adolescência em contraposição com aqueles que a adquirem nessa idade ou posteriormente e apresentam quase em seguida a sintomatologia esperada (Ernst, 2000). Experimentos posteriores com ratos (Lipska, 1996) mostram também alterações cognitivas específicas, bem como uma hiper-responsividade ao estresse.

Essa hipofrontalidade é observada ainda em estudos de neuroimagem funcional (Ernst, 2000).

TRANSTORNOS ANSIOSOS

Conforme já falamos anteriormente, a ansiedade é um fenômeno universal, característico da própria espécie humana e a ocorrência do fenômeno ansioso altera os processos de pensamento, comportamento e mesmo a própria fisiologia humana, uma vez que, ao se relacionar a mecanismos de ataque e defesa, sua presença ocasiona sintomatologia caracterizada pelo aumento da freqüência cardíaca e respiratória, bem como da tensão muscular e níveis de glicose e adrenalina.

Como fenômeno constante, podemos vê-la como desgastante e desnecessária, mas dentro de uma perspectiva evolutiva ela passa a ter um alcance de extrema importância. E isso porque nos parece extremamente ligada aos mecanismos de seleção natural e de adaptabilidade mesmo sendo um fenômeno que depende da utilização de uma quantidade maior de energia visualizada sob a forma de dispêndio de calorias.

Exatamente por sua importância, temos de pensá-la a partir de três estruturas que a compõem, uma primeira, característica da espécie e ligada diretamente a padrões neurológicos, permite a esse organismo, independentemente de aprendizado, reações de ataque e fuga diante de perigos reais. Essa característica fica subjacente aos conceitos de *prepotency* e *preparadness*, bem como ao paradigma de Ohman (apud Assumpção, 2000).

Outra estrutura, já não mais característica da espécie, mas profundamente ligada à educação e à cultura passa a ser importante uma vez que, dentro de determinados grupos culturais, o indivíduo passa a estabelecer padrões de conduta necessários para sua adaptação e aprovação dentro do grupo que se incorporarão a sua personalidade e o farão reagir diante de novas experiências.

Finalmente, uma terceira estrutura, eminentemente individual, decorrente da interpretação das experiências pessoais constitui as características próprias de cada um, o que faz que eventos externos ou internos, reais ou imaginários, ocasionem reações de tipo ansioso, independentemente do padrão de aprendizado formal.

Essa forma de pensamento leva-nos obrigatoriamente a pensar a construção do indivíduo a partir de um mundo natural, um mundo social e um mundo próprio e individual, variando-se alterações anatômicas e funcionais e a construção das redes de informação que caracterizam o ser humano. Sendo assim, a ansiedade vai se caracterizar como um sistema de alarme, bem descrito aliás na primeira fase de "estresse" por Selye, que desencadeará mecanismos que providenciarão a análise das situações em questão. Esse sistema de alarme dependerá então da potência do sinal desencadeante (externo ou interno, real ou imaginário, consciente ou inconsciente), da freqüência relativa do sinal no ambiente (interno ou externo), do gasto energético existente na valorização de um sinal falso e no custo de não se valorizar um sinal verdadeiro (que em algumas ocasiões pode representar o risco da própria vida). Essa resposta ansiosa, quando ajustada e realizada de maneira pré-reflexiva, constitui-se em um acurado sistema de análise e detecção para adaptações que se fazem necessárias à sobrevivência. Relaciona-se assim muito mais ao esquema de paixões do que ao das decisões racionais (Nesse, 1995).

DEPRESSÃO E MANIA

Examinando-se a criança, nem sempre encontramos facilmente sintomas que descrevem seu estado interno, referindo freqüentemente somente tristeza ou solidão, de modo inespecífico e pouco claro. Isso porque a identificação dos próprios sentimentos pela criança depende de seu desenvolvimento cognitivo. Por essa razão, grande variedade de termos deve ser utilizada para que seja maximizada a possibilidade de a criança com idade menor ser compreendida quanto aos seus sentimentos e vivências.

Muitas vezes estes são de difícil identificação, de modo que em muitos casos observamos somente maior sensibilidade, choro fácil e irritabilidade.

As súbitas mudanças de comportamento na criança são de extrema importância pelo caráter episódico, tendo que ser consideradas, principalmente, quando a conduta se altera abruptamente, de modo inexplicável. Crianças antes adequadas e adaptadas socialmente passam a apresentar condutas irritáveis, destrutivas e agressivas, com a violação de regras sociais anteriormente aceitas. Esse comportamento pode ser decorrente de alterações de humor tipo disfórico e mostra-se um dos sinais mais importantes para o diagnóstico, uma vez que, dada sua heteronomia, a criança é levada ao psiquiatra da infância muito mais por suas condutas inadaptadas e disruptivas do que por seu próprio sofrimento.

As disforias podem ser descritas pelos pacientes como ansiedade, irritabilidade, tristeza ou mesmo como uma combinação desses afetos.

Entretanto, embora tenhamos descrito de modo claro o quadro clínico das depressões, temos que frisar que é evidente que elas são, muitas vezes, mal diagnosticadas ou mesmo passam desapercebidas. Tal fato ocorre devido à sua pequena especificidade na criança e também ao fato de seu diagnóstico diferencial incluir problemas orgânicos vários, assim como outros quadros psiquiátricos.

Estudos norte-americanos revelam uma incidência de depressão em aproximadamente 1,9 % de escolares (Fu I), sendo que, do número total de afetados, 25% referem aumento de apetite, 30 a 60% referem insônia inicial e cerca de 25%, insônia terminal (Fu I).

Nas crianças antes dos 10 anos, dificilmente observamos ideação suicida e sim sintomatologia caracterizada pelo aspecto deprimido, agitação e queixas somáticas.

A variabilidade sintomatológica, a sua inespecificidade e dificuldades diagnósticas reforçam a necessidade de diagnóstico fidedigno da depressão na criança, considerando-se as diferenças características de seus momentos de desenvolvimento

Na tentativa de sistematizarmos melhor os aspectos encontrados nos quadros depressivos em suas diferentes idades, estabelecemos o Quadro 7.7.

Em crianças os quadros de mania já são citados por Esquirol em 1845, ao descrever algumas crianças com quadro maniforme. Mais tarde, Kraepelin (1921) vai considerá-la rara, referindo que somente 0,5% dos pacientes adultos haviam tido um primeiro episódio na infância (Busse, 1996).

Com as sucessivas mudanças conceituais e de critérios diagnósticos, passou-se a ter uma visão mais ampla, podendo se observar que muitos adolescentes e adultos jovens diagnosticados como esquizofrênicos correspondiam a quadros maníacos segundo as novas classificações diagnósticas,

QUADRO 7.7
Sintomas apresentados conforme o momento de desenvolvimento infantil

Estágio de desenvolvimento	1ª infância	2ª infância	Escolar	Escolar tardia	Adolescência
Psicodinâmica	Falta de segurança/ senso de bem-estar e de estimulação	Necessidade de aprovação	Sentimentos de rejeição e necessidade de atividades gratificantes	Inabilidade em lidar com os relacionamentos familiares e internalizar os ideais parentais	Inabilidade em se separar da família e em cumprir os ideais parentais
Tipo de disforia	Ausência da necessidade de estímulo	Inibição do sentido de vigência da gratificação	Gritos transitórios, mau humor relacionado a situações de frustração e privação	Depressão resultante de deduções cognitivas sobre os fatos	Depressão acentuada por distorções cognitivas sobre a finalidade dos fatos
Sintomas	Protestos, gritos, afastamento, desespero	Apego/ inibição	Mau humor automático em resposta a uma situação imediata	Baixa-autoestima e depressão	Depressão com impulsividade conseqüente da distorção temporal/ sendo exagerado de urgência.

e assim a dificuldade diagnóstica na observação e padronização sintomatológica ficou maior principalmente naqueles indivíduos que se encontravam em faixas etárias menores.

Weimberg (1973), baseado nos critérios de Feigner, elabora critérios para a criança, e ao início dos anos de 1990 estes passaram a ser utilizadas para a avaliação dos transtornos bipolares em crianças e adolescentes, visando-se à maior acurácia diagnóstica. O transtorno maníaco na criança é um quadro grave, que afeta seu relacionamento na família, produzindo também queda acentuada no rendimento escolar. Para efetivação diagnóstica é necessário que se descartem delírios ou alucinações sem alterações afetivas com duração de duas semanas, assim como o diagnóstico de esquizofrenia, transtorno esquizofreniforme, transtorno delirante ou transtorno psicótico sem outra especificação. Cabe atenção ainda ao uso associado de drogas que pode mimetizar o quadro.

Episódios maníacos podem ser classificados em leves, moderados ou graves, devendo-se especificar a presença ou ausência de sintomas psicóticos. Pensando-se sob uma ótica classificatória, podemos falar em:

- Transtorno bipolar, episódio misto, com sintomas mesclados de mania e depressão, observando-se presença de depressão por pelo menos 1 dia, depressão essa que se alterna rapidamente com mania;
- Transtorno bipolar, tipo depressivo, com episódio atual depressivo e relato de um ou mais episódios anteriores de mania;
- Ciclotimia, com inúmeros episódios de hipomania em períodos de, ao menos, um ano, com episódios de humor deprimido ou perda de interesse ou prazer, não reunindo, entretanto, os critérios para episódio depressivo maior ao longo do mesmo período de tempo.

Como em qualquer modelo classificatório, temos que nos lembrar dos chamados transtornos bipolares sem outra especificação, com características maníacas ou hipomaníacas, porém não satisfazendo critérios para qualquer outro transtorno bipolar específico (Cantwell, 1992).

Fatores importantes encontram-se associados ao transtorno bipolar, tais como predomínio no sexo masculino, idades de 10 anos ou mais, história familiar de transtorno bipolar comum, alto grau de insatisfação conjugal entre os pais e episódios de estresse consistindo nos fatores desencadeantes do episódio maníaco, embora não se consiga estabelecer uma relação causal entre os eventos (Fristad, 1992).

Como já referimos, em crianças e adolescentes o diagnóstico é difícil, existindo razões para que sejam mal diagnosticados e confundidos com (Carlson, 1984):

a) episódios de depressão e/ou hipomania leves como sendo transtornos de ajustamento;
b) episódios precoces de transtornos de humor como sendo episódios de ansiedade de separação, recusa escolar, anorexia ou transtornos de conduta, incluindo transtornos de déficit de atenção e hiperatividade;
c) episódios graves confundidos com esquizofrenia em função da sintomatologia produtiva.

Sua ocorrência na criança foi documentada já por Kraepelin, que referiu que 0,4% dos casos com o primeiro episódio maníaco depressivo se dá antes dos 10 anos.

Mais recentemente, descreve-se presença de ciclotimia em cerca de 0,6%, e depressão bipolar, em 0,2%. Em um estudo de revisão em cerca de 147 pacientes, observou-se que 14% poderiam ser diagnosticados como mania, embora grande parte desses pacientes tivessem outros diagnósticos (McCracken, 1992).

Utilizando o DSM III-R, Carlson e Kashani (1988) referem aproximadamente 0,6% de adolescentes entre 14 e 16 anos preenchendo os critérios diagnósticos para mania. Em população internada em hospital psiquiátrico, Krasa e Tolbert (1994) citam 3,4% de pacientes com diagnóstico de transtorno bipolar.

Na verdade, poucos são os estudos sobre transtorno bipolar em crianças, embora De Long (apud McCracken, 1992) refira que possam se apresentar como transtornos comportamentais crônicos, com hostilidade, agressividade e distraibilidade.

Na experiência maníaca infantil, encontramos também a expansão do Eu, que, considerando-se seu momento evolutivo que delineia a patoplastia, se confunde com episódios de hiperatividade. Com essa expansão do Eu, observamos aumento do contato com o ambiente, com verborragia, euforia, irritabilidade e excesso de atividade. Seu mundo que é restrito à família e ao ambiente escolar perde os limites em função da dificuldade instrumental que lhe limita a crítica.

Durante esse período de operações concretas, estrutura-se a concepção de tempo cronológico e a criança passa dos conceitos mágicos e pré-lógicos que caracterizam o tempo como uma sucessão de eventos para um tempo vivido que se altera de maneira significativa nesses episódios, principalmente com o advento do pensamento formal que, posteriormente, estabelecerá a vida dentro de projetos e de estruturas temporais envolvendo a facticidade.

As fases maníacas ocorrem em intervalos mais ou menos freqüentes e se intercalam com episódios de depressão, embora quadros unipolares sejam descritos devido à ausência de episódios depressivos diagnosticados.

Seu diagnóstico de mania primária é realizado quando não existe história concomitante de outras doenças psiquiátricas ou somáticas, e o de mania secundária entra no contexto, freqüentemente, de doenças não-afetivas.

A questão psicogênico-orgânico, com o primeiro caracterizando quadros de origem reativa – psicologicamente compreensíveis na abordagem psicológica –, com o segundo caracterizando quadros de base orgânica, sem compreensibilidade psicológica, leva-nos a um reducionismo de um quadro que requer critérios diferentes de estudo e explanação. Preferimos pensar que a experiência é um conceito mental representando direta e primeiramente o conhecimento confirmável subjetivamente, enquanto o comportamento é um conceito físico descrito e confirmável, intersubjetivamente – conforme refere Goodman (1991).

O impacto da idade mais precoce no início dos transtornos bipolares ainda não é claro, não se observando diferenças significativas, parecendo ser seu curso similar àquele observado no adulto. Ao contrário, episódios de alcoolismo, uso de drogas e doenças neurológicas parecem piorar esse desenvolvimento, aparentando ter um papel importante no aparecimento de episódios mistos e de ciclagem rápida (Hanna, 1992).

Tratamento

Os transtornos de humor são, por definição, um complexo clínico multifatorial. Por isso sua terapêutica deve ser assim orientada.

No caso dos transtornos bipolares, pela sua menor ocorrência, esse tratamento tem sido menos abordado, com a maioria das indicações terapêuticas sendo extrapoladas das do adulto. É fato que as abordagens psicofarmacológicas têm sido privilegiadas, embora poucos estudos sobre a eficácia do carbonato de lítio em crianças sejam encontrados, quando comparados com aqueles realizados com populações adultas. Esses estudos em populações infantis não obedecem aos mesmos modelos daqueles do adulto, com a sugestão de cautela em seu uso, monitoração laboratorial e o ajuste da dose baseado na resposta clínica, com a remissão dos sintomas maníacos e psicóticos. Entretanto, observa-se também aumento das

QUADRO 7.8
Terapêutica com estabilizadores de humor

Droga	Dosagem	Interações
Lítio	0,6 a 1,2mEq/L	Aumenta a toxicidade de neurolépticos e carbamazepina
Valproato	15mg/kg/dia	Potencializa álcool e benzodiazepínicos
Carbamazepina	100 a 1000mg/dia	Diminui vida média do haloperidol, fenitoína e teofilina. Aumenta concentração de Lítio com risco de toxicidade

anomalias eletroencefalográficas pelo seu uso, bem como náusea, diminuição de função tubular e glomerular renal, ganho de peso, sedação excessiva, diminuição da atividade motora, irritabilidade, vômitos e cefaléia (Fristad, 1992). Ainda não há estudos com desenho e amostra consistente empregando os estabilizadores do humor na infância e na adolescência.

Tratamentos biológicos

Considerando-se a eletroconvulsoterapia (ECT) nessa faixa etária, poucos trabalhos são citados, havendo um estudo australiano, realizado com menores de 19 anos (Walter, 1997), que concluiu ser essa uma técnica em geral efetiva e segura, porém sendo utilizada usualmente só após falha de outros tratamentos, não aparentando haver diferenças marcantes quanto a sua indicação, resposta e efeitos colaterais indesejáveis em relação aos adultos.

Psicoterapia

São documentadas, nos quadros afetivos, alterações no relacionamento da criança com seus familiares e amigos, durante e após a fase maníaca, o que nos faz crer que a atuação sobre os distúrbios da interação social é de extrema importância, bem como o suporte educacional e social, visando à sua readaptação.

As intervenções psicoterápicas, das mais diversas correntes teóricas (psicanalíticas, cognitivas, comportamentais), favorecem a melhoria do quadro e a adaptação da criança e do adolescente que deve ser visualizado como uma totalidade, inserido dentro de seu contexto familiar e social.

Psicoterapias de linha cognitiva, treino de habilidades sociais ou interpessoais podem ser úteis ao adolescente, embora alguns estudos não demonstrem eficácia maior do que a das intervenções de suporte ou do que placebo. No entanto, é nossa opinião que a psicoterapia, embora insuficiente, é necessária como componente do tratamento desses quadros (Kaplan, 1995b; Kutcher, 1997).

TRANSTORNOS DE CONDUTA

Para falarmos em Transtornos de Conduta optamos, em primeiro lugar, por localizar o tema nesse momento evolutivo. Isso porque até o momento anterior de desenvolvimento a criança é um ser totalmente heterônomo, sem capacidade biológica de subsistência e sem condições cognitivas de estabelecer um *modus vivendi* próprio ao passo que nesse momento, por conseguir estabelecer operações concretas, já é capaz de testar hipóteses sobre dados empíricos também.

Para Sheldon e Stevens, personalidade é a organização dinâmica de todos os aspectos cognitivos, afetivos, conativos, fisiológicos do indivíduo, enquanto para K. Schneider pode ser pensada como o conjunto de sentimentos e tendências de índole psíquica, valores e volições. Wellek refere caráter como a esfera central da personalidade em função da qual o homem age e julga de maneira responsável.

A questão dos distúrbios de conduta e, conseqüentemente, da delinqüência passa a ser um fator de extrema importância no que se refere à criança e ao adolescente, em função da industrialização e da urbanização crescente que mostrou uma série de crianças com menos de 14 anos apresentando condutas delinqüenciais alarmantes que as aproximavam dos cuidados médicos.

Essas crianças, consideradas emocionalmente doentes, passam a ser estudadas como "desvios" de um tipo normal, relacionado a características psíquicas desviantes.

A partir dessas concepções, tornam-se importantes as questões referentes a transtornos de personalidade que passarão a ocupar lugar de relevo nesse assunto com o aparecimento das idéias de personalidades psicopáticas de Gruhle (Remschimdt, 1977) e Schneider (1974) caracterizando um conceito assistemático e móvel naquilo que se refere à normalidade e anormalidade enquanto padrão médio, independentemente de seus fatores etiológicos.

Na década de 1940 Adelaide Johnson fala de "lacunas de superego" como um defeito na consciência dos pais que toleram todas as desculpas e transgressões nas normas sociais, privilegiando-se uma visão psicodinâmica e social, fato esse reforçado por Michaux quando refere que "... a delinqüência da criança e do adolescente aparece como dependente sobretudo de fatores sociais. É na cidade, nos bairros mais pobres onde as pessoas têm ocupações incertas e rudimentares, onde se encontra o alcoolismo, a sífilis, a tuberculose, e onde a família tende a não ser mais que uma palavra que não corresponde a uma realidade afetiva e moral, que se recrutam os jovens delinqüentes".

Essas idéias embasam outras que sugerem que a delinqüência juvenil seja vista sob a ótica de um contexto cultural, que supre o sistema de valores não honrado pelo transgressor.

Esses comportamentos delitivos se enquadram com grande freqüência nos descritos como transtornos de conduta de acordo com a CID-10 (OMS, 1993) muitas vezes associados a abuso ou negligência parental, bem como a ambientes desorganizados e instáveis ou a pais com psicopatologia associada, da mesma maneira que, em idades mais avançadas, corresponde aos transtornos de personalidade de tipo anti-social principalmente. Considerando-se o descrito por Flavigny (1977), a estrutura básica para o diagnóstico de alterações de personalidade ligadas a processos delinqüenciais poderia ser caracterizada por

a) Sintomas essenciais, caracterizados por passividade intensa e dificuldades em tomar decisões, sendo freqüentemente levados pelas circunstâncias; dependência com falta de autonomia para escolha de seu próprio comportamento; exigências megalomaníacas caracterizando seu relacionamento com o outro; impulsividade enquanto traço característico com o agir predominando sobre o pensar. Desejos de satisfação imediata que reforçam os efeitos da impulsividade também são descritos com o valor do ato sendo proporcional ao desejo e não a um teórico valor objetivo.

b) Sintomas secundários habituais, expressos por meio de instabilidade manifesta com mudanças rápidas de humor, falta de interesse geral com dificuldades em fixar-se em uma atividade específica, embora sua vida sexual mostre-se diferente com intenso interesse e importância; desejos de evasão decorrentes de realidade difícil com presença de fugas e drogas; episódios depressivos vinculados aos sentimentos de rejeição.

c) Angústia oculta, porém constante criadora de mal-estar e insegurança e uma frustração afetiva permanente.

Farrington (2000) refere em sua avaliação maior freqüência de baixos níveis intelectuais, hiperatividade, problemas atencionais, impulsividade como fatores preditivos de atividades violentas, bem como déficits nas funções executivas que incluem atenção sustentada e concentração, raciocínio abstrato, formação de conceitos e objetivos, planejamento, controle de comportamentos inapropriados.

Meloy (2001) também, ao examinar adolescentes assassinos, observa uma tendência ao isolamento, de vitimização, fantasistas, fugas por meio de uso de drogas, alguns com sintomatologia depressiva descrita anteriormente, embora pobremente documentada, apresentando interesse heterossexual, embora algumas vezes narrassem história de vitimização e abuso, preocupações fantásticas e grandiosas, idealização de características, sendo caracterizados por um desejo intenso de controle do outro (não como projeção psicótica) e sentimentos narcísicos, embora não os descreva como com alto índice de impulsividade e sim de oportunismo com sentimentos disfóricos e respostas defensivas à humilhação e à rejeição, com sentimentos de dominação e controle sobre os outros.

Embora não possamos fazer ligações causais diretas entre aspectos ambientais ou genéticos e comportamento delitivo, podemos pensar essa população com algumas características típicas, dado esse também citado por Bergeret (1998) quando, ao descrever o que chama de "perversões de caráter", fala em indivíduos que negam ao outro o direito de possuir um narcisismo próprio, o que os leva a sua intransigência e exclusividade nas relações afetivas com o outro tendo o papel de simplesmente completar seu narcisismo em detrimento do dele.

Todas essas questões teóricas levam-nos a aventar a hipótese de que os fatores ambientais, representados pelo ambiente de origem, funcionariam como "gatilhos" da atividade delitiva que, para se constituir, dependeria de características inerentes à própria personalidade do indivíduo, estruturada sobre uma organização primária, de origem genético constitucional e rearranjada posteriormente, de maneira complexa, por meio das infindáveis influências que o meio ambiente exerce sobre ela, pensadas sempre sob um ponto de vista adaptativo que não se insere dentro de modelos grupais muito organizados e, portanto, extremamente disciplinadores.

A ADOLESCÊNCIA

PENSAMENTO FORMAL. LIBERDADE E ANGÚSTIA

Com a entrada na adolescência, dá-se o início das operações formais que vão possibilitar à espécie humana um processador mental de tal monta e eficácia que lhe permitiu a sobrevivência nesse último milhão de anos, independentemente da hostilidade do ambiente em que se localizava. Assim, ao libertar-se do dado empírico, passa a raciocinar com hipóteses meramente abstratas que lhe permitem um alcance tal que o libertam do espaço (a solução do problema em tela pode ser obtida mesmo na ausência do problema concreto) e lhe dão uma velocidade muito mais ampla, uma vez que, ao libertar-se de um modelo exclusivamente motor, dispensa a realização de atos (tentativa e erro) para chegar a uma solução que passa a ser, então, atingida mais rapidamente e, em conseqüência, de maneira mais eficaz. Logo não basta a solução do problema, mas também a velocidade em que essa é atingida.

Por outro ângulo, por ser um animal gregário, esse ser passa a desenvolver com o passar do tempo (pensando-se onto e filogeneticamente) modelos de regras cada vez mais complexas e abstratas, visando a seu melhor funcionamento grupal. Isso porque, ao passar a utilizar o pensamento formal, esse indivíduo insere-se em um mundo simbólico, já estruturado anteriormente, desvelando a seguir o próprio significado de cada um dos seres e objetos que o rodeiam para, em função disso tudo, estabelecer dentro de seus desejos e possibilidades um projeto existencial que justifique sua existência, minimizando assim seu confronto com a morte e a finitude. Estrutura-se um animal ético e religioso que enfrenta e dá um significado pessoal à sua vida e à sua morte, escapando assim do modelo meramente biológico, predeterminado geneticamente, para entrar em um modelo histórico e social.

Assim, estruturam-se regras morais e éticas, surgindo um conceito de Deus bem mais próximo do conceito adulto, com uma compreensão menos literal dos fatos avaliados sob um aspecto simbólico.

O juízo moral do adolescente pode aqui ser considerado inicialmente como decorrente do contrato social. Ele defende os valores relativos aos direitos e contratos sociais com características de universalidade, mesmo quando em conflito com regras concretas, embora haja o reconhecimento de que esses valores variam conforme os grupos ainda que existam alguns que os transcendam, tais como a liberdade ou a vida, que devem assim serem defendidos independentemente das regras sociais. Desenvolve-se, portanto, uma justificativa ética para fatos relativos à preservação da própria espécie.

Entretanto, estabelece-se também uma ética utilitária na qual os deveres e as leis devem ser baseadas no bem-estar da maior quantidade de pessoas com uma orientação eminentemente social embora seja difícil a integração nos conflitos entre a lei (explícita e característica do grupo) e a moral (teoricamente universalista e transcendente).

Finalmente, enquanto corolário desse advento do pensamento abstrato, estabelecem-se princípios éticos universais de justiça e de dignidade, com as leis sendo subordinadas a esses e não o inverso, percebendo-se a validade dos mesmos e comprometendo-se com eles a partir de um ponto de vista autônomo que percebe a moralidade *em si* e não a partir das finalidades a serem atingidas.

Estabelece-se assim a ética, correspondendo a palavra derivada do grego *ethikos* com o significado de *disposição* e com origem filosófica no discurso da moral e no estudo da conduta, naquilo que se refere ao que é correto ou incorreto, bom ou mau, enquanto finalidade ou ação (Bloch, 1999). Embora seja um ramo da Filosofia que focaliza questões de natureza moral (e aqui estamos no centro do pensamento abstrato e das características humanas dessa espécie animal), pode ser descrita como (Uustal; 1987):

> o estudo dos valores na conduta humana ou o estudo das condutas corretas. É o ramo da filosofia também chamada de filosofia moral. A Ética considera ou avalia os princípios por meio dos quais dilemas, ditos éticos, são resolvidos. Oferece assim uma abordagem crítica, racional, defensável, sistemática e intelectual que determina o que é melhor ou mais correto em situações difíceis.

É assim, conforme já dissemos, diretamente derivada do pensamento abstrato (e, portanto, humano), e inicialmente podemos dizer que ela se sustenta sobre a natureza daquilo que é bom ou mau perguntando-se "o que há de bom nesse ato?", porém não em relação às conseqüências boas que pode trazer para o indivíduo. Em termos práticos, a decisão ética implica escolhas de acordo com os valores e meios adquiridos no transcurso da vida (Crausman, 1996) e sobre os quais se estabeleceram significados. É sob esse aspecto, entre outros, que verificamos a intensa influência do meio que faz que esse animal se construa, em sua individualidade, de maneira completamente diversa das outras espécies e da sua própria naquilo que tem de mais individual e característico.

Entretanto, essa noção de valor é freqüentemente vinculada à noção de seleção, com a crença em um modelo específico de conduta socialmente adotado, expressando propostas e sentimentos da vida, base das lutas e compromissos. Esses padrões éticos, embora não tomem o lugar de uma consciência moral, auxiliam no seu auto-esclarecimento. Esse saber moral não é, portanto, o objetivo e, de maneira diferente da prática e das técnicas, não pode ser aprendido ou desaprendido formalmente, não sendo determinado de maneira independente das situações. Mecanismos grupais e sociais corrigem o rigor da aplicação da lei, mas a relação meio-fim torna-se diferente no saber moral e no saber técnico, uma vez que a técnica elimina o valor da deliberação que sempre se acompanha da sensatez (Cremachi, 2000). Esse dado passa a ter fundamental importância, uma vez que o animal-homem passa então a ser um animal social (gregário), técnico (pela utilização de utensílios) e moral (pela criação de um modelo ético que o afasta do modelo puramente biológico da seleção natural).

Uma condição básica para essa vida moral é o fundamento existencial e ontológico de referência à lei, enquanto lei moral, na própria estrutura interna do Eu, fazendo-se este sujeito dela. Sublinha-se assim um caráter universal e irredutível como elemento indispensável da personalidade ética, inerente à própria estruturação humana. Isso porque, mais do que um mero código temporal de regras e costumes, ela vai constituir-se no próprio fim da natureza humana, estabelecendo um duplo e permanente constrangimento entre a Lei, como refere Kant, e o desejo, como refere Freud, revelando-se nessa oposição a base da conduta moral que obedece a um mandato formal da lei, respeitando os desejos e as inclinações (Kremer-Marietti, 1989). Dessa forma, mais do que um mero sistema de códigos, ela se constitui na transcendência humana (no homem como projeto de si mesmo) que faz que o animal-homem se transforme em um ser particular, totalmente diferente das outras espécies, não em seus mecanismos mas, sim, em seus significados.

Em termos positivistas, ética é um processo racional que determina o melhor curso de uma ação moral em situações de conflito (Brody, 1981 apud Furnham, 1997) sendo uma de suas visões a teleológica que visa a maximizar o bom que, levado às suas conseqüências extremas, nos conduz a uma visão utilitarista muito em voga em nossos dias que privilegia a valorização de um *estado de coisas* oposta à valorização do bem-estar enquanto valor em si, ou seja, a realização plena das potencialidades próprias.(Cremachi, 2000). Essa visão, a meu ver ainda com raízes no modelo puramente adaptativo e de valorização da eficácia, deve considerar que as razões que justificam esse cálculo custo-benefício são diferentes quando aplicadas por um indivíduo no âmbito de sua vida pessoal sem que existam terceiros envolvidos, não se justificando quando aplicadas a uma sociedade como se fosse um indivíduo isolado, uma vez que dessa maneira se outorga a ela o poder de contrabalançar perdas e ganhos entre vários indivíduos (Carvalho, 2000). Essa questão deve ser pensada com profundidade ao objetivarmos o estudo das doenças mentais, principalmente nos significados referentes à sua própria individualidade, pois é sobre essas questões que vai se ancorar, a meu ver, o próprio processo de humanização.

Outra possibilidade de pensarmos a questão corresponde a uma visão deontológica na qual a decisão ética se realiza livremente, sendo a obrigação moral um conceito primário (embora sem substratos de espécie). Seu sistema de aplicação seria um conseqüencialismo no qual o sacrifício do individual em prol do coletivo é compreensível. Isso corresponde à visão kantiana, na qual todos têm os mesmos direitos (Furnham, 1997), ou pode ser encontrada também no homem ético kierkegaardiano, em que Agamenon (o exemplo do homem-ético) sacrifica sua filha Ifigênia para que, uma vez satisfeito, Apolo permita que os ventos soprem e as naus gregas possam se dirigir a Tróia. O sacrifício dos sentimentos paternais de Agamenon em prol de um bem maior representado pela política grega, mostra de maneira clara essa visão ética, eminentemente humana. No homem então, fugindo das regras impostas exclusivamente pela Natureza, estabelece-se uma ontologia moral, ou seja, uma *teoria do bem* com conexão entre este e a identidade (Cremaschi, 2000).

Sob o ponto de vista do desenvolvimento, essa noção ética fundamenta-se em três pré-requisitos (Segre e Cohen, 1995):

1. percepção dos conflitos ou consciência dos mesmos;
2. autonomia enquanto condição de poder posicionar-se entre a emoção e a razão, sendo a eleição ativa e autônoma;
3. coerência.

Temos assim a necessidade dos *inputs* sensoriais e significação para a compreensão dos mesmos, o acesso de um terceiro sistema de emoções, com uma interface eminentemente cognitiva na qual se percebem os impulsos afetivos e desejos que são, entretanto, controlados, aguardando-se a decisão tomada a partir de comparação com experiências anteriores (memórias simbólicas), significados (individuais e com características existenciais) e conseqüências (imagens mentais antecipatórias).

Ao se falar em ética relacionada com a estrutura social em geral (principalmente dentro do raciocínio evolutivo que vimos desenvolvendo), somos tentados a pensar de maneira reducionista sobre um paradigma científico que remonta a meados do século XIX, vendo-se nessa Ciência noções de verdade absoluta e irredutível a partir do descobrimento de regras perfeitas que, teoricamente, fariam que o mundo funcionasse dentro de uma concepção mecanicista.

Entretanto, ao pensarmos o homem, temos que pensá-lo em um mundo material e lógico associado a outro mágico e mítico (ambos simbólicos e não correspondentes necessariamente ao mundo dito natural), pois, como diz Shakespeare, *somos feitos da matéria dos sonhos*, e é sobre essa matéria que construímos nossos significados existenciais (abstratos) e, em conseqüência, nossos conceitos de bom e mau, muito mais do que sobre aspectos mensuráveis e tecnológicos.

Ao falarmos em ética na vida cotidiana, falamos então do homem enquanto atos e determinações interiores e não enquanto razões sensíveis (Kremer-Marietti, 1989), pois, quando pensamos alguém em sua vida diária, temos de pensá-lo como ser envolvido em um dos caminhos de sua existência, conforme refere Kierkegaard (1986).

Nosso momento histórico aponta uma de nossas grandes contradições, pois, ao desenvolver de maneira marcante a tecnologia, o homem, em vez de colocá-la a seu serviço, coloca-se, ele, à sua disposição, e isso nos obriga a uma série de reflexões (Mesquita, 1997), pois misturam-se com a ética outras categorias de pensamento derivadas da formação técnica inserida em uma sociedade pragmática na qual, segundo o modelo de Lagford (1992), são considerados os critérios de prognóstico e de urgência, fundamentais para a nossa atividade em Saúde Mental, idéias essas impregnadas da concepção capitalista de que *tempo é dinheiro*, reduzindo a vida a um valor que, embora de importância, carece freqüentemente de valores éticos (Segre e Cohen, 1995), ficando muito próximos de estruturas primitivas e de outras espécies.

Ao pensarmos a ética sob o ponto de vista filosófico (eminentemente humano e ligada ao padrão abstrato de significados), somos levados ao pensamento de Kant para quem a moralidade de cada ato depende dos princípios que nortearam sua realização, princípios esses individualizados e característicos. Fica assim a grande contradição, e ao mesmo tempo a grande riqueza, da espécie, transitar entre aspectos, ainda que justificados cognitivamente, predominantemente ligados à subsistência própria ou da espécie (na nossa sofisticação ligados à produção e ao desempenho), e aspectos produzidos por aquilo que de mais humano possuímos e que se ligam a questões éticas e morais, muitas vezes totalmente em oposição a esses aspectos mais primitivos e fundamentais de qualquer espécie animal.

ESPAÇO E TEMPO DE SIGNIFICADOS

A questão do tempo é de fundamental importância para a espécie humana, quer sob o ponto de vista físico, quer sob o ponto de vista (e principalmente) psicológico e social. Entretanto, essa estruturação não deve ser pensada somente sob o ponto de vista filogenético, mas também ontogenético, uma vez que em um primeiro momento, de existência sensório-motora, o indivíduo humano vive, momento sem continuidade, centrado em seu corpo e sem significados simbólicos subjacentes. Pensando-se piagetianamente, essa noção de tempo se desenvolve a partir de transformações qualitativas e sucessivas em determinadas estruturas cognitivas que levam a uma árvore de informações ordenadas que se relacionam com outros conceitos tais como os de deslocamento e persistência de objeto.

Ao começar a trabalhar com símbolos, durante o período de pré-operações, inicia a compreender aspectos de seqüencialidade e deslocamentos que lhe permitirão, futuramente, estabelecer as primeiras noções de tempo cronológico, noções essas que se estruturarão a partir das operações concretas que permitirão a esse ser orientar-se no tempo e no espaço, de maneira convencional e intersubjetiva.

Finalmente, o advento do pensamento formal, nessa fase de vida, a adolescência, permitirá a esse ser elaborar noções eminentemente simbólicas e, portanto, eminentemente humanas, do tempo enquanto categoria pessoal, plena de significados e, muitas vezes, independente das percepções ligadas às próprias noções de tempo cronológico. Conforme refere Ades (2001) para uma noção de tempo prospectivo, registros mnésticos e processos atencionais reduzem o próprio tempo subjetivo, fruto dessa etapa de desenvolvimento.

Aqui, estabelece-se a noção de tempo vivido correspondente às sensações, percepções e conceituações sobre o próprio tempo e a consciência de Eu, decorrentes das vivências desse indivíduo na sua relação com o mundo. Estabelece-se assim um *tempo de significados*, estruturado, portanto, a partir dessa árvore informacional codificada por meio de padrões lingüísticos. Essa idéia, concomitantemente desenvolvida com a de espaço, o é no decorrer de toda a vida do indivíduo, embora assuma esses aspectos característicos por ocasião do pensamento formal, podendo a temporalidade ser associada a um *élan vital* (Minkowsky, 1971) que orienta a vida fazendo que se a *transcenda*, ou seja, que se a ultrapasse na construção da própria individualidade (ser-no-mundo) e do projeto existencial. Essa vivência orienta o indivíduo *para algo* no qual o presente se constrói a partir de fibras que emergem de um passado vivido e significado (por meio da memória) e que se imbricam com outras fibras que se originam em um futuro a ser construído (e criadas a partir da imaginação). Com esse mecanismo estrutura-se melhor a própria consciência do Eu, com sua perspectiva de finitude e o projeto existencial que dá sentido ao existir.

O tempo e o espaço deixam, então, de ser meras categorias físicas e se transformam em categorias eminentemente humanas, dando sentido e perspectivas simbólicas à existência dessa espécie peculiar.

TRANSTORNOS DO DESENVOLVIMENTO

A sexualidade é uma conduta, típica desse período de desenvolvimento e ao mesmo tempo tão complexa que envolve praticamente toda a vida psíquica do indivíduo, de seus aspectos afetivos a seus aspectos cognitivos. Por isso, constitui-se em um ponto frágil, diante do qual quaisquer alterações produzem condutas diversas das habituais, caracterizando um ser-no-mundo específico. Isso porque as bases cognitivas alteradas produzem a incorporação dos estímulos ambientais de maneira não-usual, caracterizando um estilo próprio de funcionamento, que caracteriza o próprio ser-no-mundo em questão (Parnas, 1992), diferenciando-o de modo intenso da vida animal, uma vez que implica toda uma vida interior que o leva, em sua consciência, a colocar toda a questão do ser.

Como diz Jaspers (1973), comunicação é amor, não indiferente à qualidade do objeto, lúcido, questionador e provocante na exigência e na compreensão da outra existência. No ato amoroso, abole-se o sujeito, e ambos revelam-se sem reservas, deixando-se questionar. Abolem-se os valores objetivos externos na conquista de si mesmo, doando-se ambos na busca contínua do estar junto. Na questão da sexualidade, encontramos três processos afetivos envolvidos (Buck, 1987) que, já tangenciamos em outras seções de nosso trabalho. Um primeiro sistema corresponde às alterações corporais envolvendo a homeostase e a adaptação do organismo às mudanças externas ou internas visando a um estado de equilíbrio. Esse sistema encontra-se presente na maior parte das espécies animais, uma vez que se encontra ligado a mecanismos básicos de sobrevivência.

Um segundo sistema envolve respostas que se processam por meio de mecanismos sensoriais correspondendo a trocas químicas, expressões faciais, movimentos corporais, posturas, gestos, vocalizações e comportamentos que podem ser vistos, cheirados, tocados e ouvidos, aspecto esse que, para a nossa questão, se reveste de aspectos importantes, uma vez que em primatas o contato ocular é um comportamento mútuo de extrema importância na questão das condutas de seleção de parceiro, sendo desenvolvidos mecanismos para determinar, a partir do olhar do outro, se ele nos olha ou não, e essa informação, associada às provenientes da observação das expressões faciais e do comportamento global, são transmitidas da região visual do córtex cerebral até o hipotálamo, onde são geradas condutas sexuais (LeVay, 1993). Temos então um sistema já observado em mamíferos a partir dos quais os modelos de preservação da espécie são desenvolvidos de maneira bastante eficaz.

Finalmente, um terceiro sistema envolve diretamente a questão do relacionamento entre a emoção e a cognição, com a presença de estados subjetivos e esquemas motivacionais, de extrema importância em nossa temática, uma vez que envolvem o ser humano enquanto um animal gregário, que estrutura uma série de padrões complexos de comportamento para que possa se manter agrupado de maneira eficaz e que altera (e é por ele alterado) o ambiente de modo que possa sobreviver satisfatoriamente.

Essa conduta, usualmente vista como simples, mostra-se extremamente complexa, envolvendo questões cognitivas nos aspectos perceptivos e sensoriais, nos esquemas de representação (linguagem corporal, facial e outros sistemas de sinais) e nos processos simbólicos capazes de estabelecer representações mentais com significados específicos e pessoais passíveis de serem compartilhados.

Os distúrbios de desenvolvimento, conforme estão sendo citados no decorrer do texto, apresentam-se como alterações no desenvolvimento cognitivo global ou de áreas específicas. Dentre eles, dois podem ser considerados como os mais importantes, o retardo mental e os transtornos abrangentes de desenvolvimento, dentro do qual encontramos o autismo.

A limitação intelectual não permite estabelecer uma avaliação real dos fatos cotidianos, levando à construção de projetos não adequados à realidade e às contingências do ambiente. A expressão sexual é comprometida em função das dificuldades na competição envolvida para a seleção de parceiros, nas dificuldades adaptativas a um objetivo específico; na pouca eficácia das estratégias que determinam o sucesso em curto período de tempo, tornando-o factível, independentemente dos modelos de aprendizado formal; nas dificuldades em adaptar as estratégias em um contexto social; e no controle constante das forças afetivas, para que condutas inadequadas não sejam tomadas. Esse déficit, de caráter cognitivo global, faz que a expressão da conduta sexual seja prejudicada.

Por outro viés, o autismo, conceituado como uma síndrome definida comportamentalmente, com déficits neurológicos e etiologia nem sempre definida, é considerado como uma síndrome comportamental com etiologias múltiplas e curso de um distúrbio de desenvolvimento, caracterizado por um déficit na interação social, visualizado pela inabilidade de relacionar-se com o outro, usualmente combinado com déficits de linguagem e alterações de comportamento (Gillberg, 1990). Seus déficits nas relações sociais são descritos, conforme já falamos anteriormente, desde suas descrições iniciais (Kanner, 1943, 1949, 1954, 1955, 1956, 1968, 1973), bem como por Ritvo (1976) e pelas classificações atuais (DSM-IV, 1992; CID-10,1993).

O fato de se encontrar associado a um retardo mental na maioria de seus casos fez que Wing (1988), conforme já referimos, postulasse um *continuum* no qual a variabilidade comportamental nas mais diferentes áreas se encontrasse diretamente ligada ao comprometimento cognitivo. Dessa maneira, quanto mais comprometido está intelectualmente o indivíduo, maior será a indiferença social, a ausência de comunicação verbal ou não verbal, a falta de imaginação social, com a concomitante presença acentuada de padrões repetitivos, resposta a estímulos sensoriais e movimentos estereotipados.

A teoria cognitiva proposta por Baron-Cohen (1988, 1990, 1991) e por Frith (1988) tem como ponto central a impossibilidade de a pessoa autista compreender estados mentais de outros (metarrepresentações), sugerindo que o autismo apresenta uma alteração nessa capacidade, o que ocasionaria o comprometimento dos padrões de representação social e, conseqüentemente, a alteração dos padrões simbólicos, pragmáticos e dos jogos sociais.

A regulação da atividade cognitiva seria alterada, o que contribuiria para a heterogeneidade do desenvolvimento cognitivo e social, notadamente nos aspectos relativos ao sensório-motor, sendo afetadas a atenção e a compreensão lingüística, o que dificultaria a instalação de relações afetivas diferenciadas, alterando-se a expressão emocional da atividade simbólica e inibindo-se a diversificação e a estruturação dos esquemas de ação das representações (Adrien, 1996).

Baron-Cohen (1995) refere, ao falar de sexualidade e autismo, que a intimidade é intrinsecamente ligada a uma habilidade de poder perceber aquilo que o outro pensa. Assim, uma união é dirigida diretamente àquilo que o outro pensa e sente muito mais do que somente a partir de um intercurso sexual. É o compartilhar segredos, desejos, medos e sentimentos que ocorre quando se conhece realmente os pensamentos de outras pessoas e que é considerado quando nos dirigimos a alguém, visando a uma maior intimidade pessoal. Aí percebemos, ou procuramos perceber, suas pressuposições, intenções e outros estados mentais, difíceis de serem percebidos pela pessoa autista. Parte-se daquilo que se costuma chamar de subjetividade, daquilo que podemos chamar de *linguagem do olhar*, e que para as pessoas autistas se reveste de um aspecto misterioso. Podemos, então, pensar na existência de índices baixos de interesse sexual, apresentados de maneira bastante primitiva e sem quaisquer manifestações relacionadas ao relacionamento social propriamente dito que seria aquele que implicaria os significados e a percepção do outro. Pensar sexualidade enquanto comportamento amplo envolvendo diferentes aspectos da vida do indivíduo tornar-se-ia difícil, pois o *fazer amor*, se tomado em sentido literal, é incompreensível, da mesma forma que as transformações corporais que trazem à tona o que sucederá a seguir ou quando essas transformações cessarão (Peeters,1996).

Ocorrem também problemas com a questão da reciprocidade, que corresponde a um nível de sociabilização bastante elevado e que demanda a compreensão das intenções, das emoções e das idéias do outro. Esses padrões podem ser pensados no indivíduo autista de modo diferente da pessoa deficiente mental, uma vez que não dependem somente da alteração cognitiva em sentido amplo, ficando a conduta alterada em função do comprometimento intelectual global e da dificuldade em perceber o outro enquanto pessoa capaz de pensar, estabelecendo assim os estados mentais característicos. O funcionamento cognitivo é um parâmetro importante no funcionamento dessa população, atuando como preditor de sua evolução, embora os interesses sexuais não variem em função do grupo social a que pertence a pessoa, do gênero ou da habilidade cognitiva (Konstantareas, 1997).

Algumas pessoas autistas permanecem em um estágio de desenvolvimento sensório-motor, da mesma maneira que alguns deficientes mentais muito comprometidos sob o ponto de vista intelectual (portadores de deficiência mental profunda) (Majluf, apud Assumpção, 1991). Em conseqüência permanecem sem demonstrar qualquer interesse do ponto de vista sexual, uma vez que a análise dos *inputs* sensoriais é precária com maior interesse em detalhes e perda de visão de totalidade (falha na coerência central [Frith, 1988; Jordan, 1995]). Surgem então comportamentos primitivos, com caráter ritualizado e de auto-estimulação, que aumentam, em freqüência, quando o indivíduo se encontra ansioso. Também a proximidade física inadequada, ocasionando desconforto ao ambiente (Trevarthen, 1996) de maneira semelhante como ocorre no deficiente mental mais comprometido, é constatada. Temos aqui então a dificuldade em perceber, por meio dos sinais emitidos pelo outro, a própria demarcação do espaço territorial pessoal, de fundamental importância na maioria das espécies.

Poderíamos pensar, *grosso modo*, que nesse momento a questão da inserção grupal no animal humano é de extrema importância e complexidade uma vez que ele se estrutura grupalmente visando a sua própria sobrevivência que, se há milhares de anos tinha como objetivo principal a manutenção biológica da espécie, por suas características, passou a ter, na inclusão dentro de um grupo social de extrema complexidade, o papel principal.

A percepção dos estados mentais do outro passa a desempenhar um papel fundamental para a percepção (e conseqüente reação das regras implícitas no contato social, bem como dos rituais de corte) e expressão de condutas na espécie humana.

Conforme já falamos, como os grupamentos humanos, por suas características anti-seletivas, aumentam suas populações de maneira bastante superior a das demais espécies, penso que esses mecanismos perceptuais passam a ser de extrema importância para o equilíbrio dessas populações. Assim, ao pensarmos nos indivíduos portadores de transtornos globais de desenvolvimento, se os considerarmos com prejuízo nos mecanismos de teoria da mente responsáveis pela percepção da subjetividade do outro, bem como de coerência central que lhes dificulta a percepção de globalidade e de funções executivas que lhe permitem a plasticidade e flexibilidade mentais características da adaptação humana, teremos, quase certamente, dificuldades adaptativas significativas, mais do que por um problema meramente social, por um problema de construção social decorrente de características bastante marcadas de espécie e que pode ser solucionado por outra das características de desenvolvimento dessa espécie, representada pela aquisição de pensamento abstrato que lhe permite criar mecanismos éticos e morais e que lhe deveriam fazer abdicar do papel de predador e de competidor dentro de um mundo humanizado.

Quando pensamos o deficiente mental em grau moderado, encontramos a presença de masturbação, compreensível dentro das necessidades fisiológicas desses indivíduos biologicamente normais, sob o ponto de vista sexual, bem como jogos homo e heterossexuais, com conteúdos de curiosidade e exploração sexual, sem, no entanto, seleção de parceiros ou mesmo de gênero sexual, da mesma maneira que as crianças do pré-operatório. Nas pessoas autistas, Jordan (1995) refere que um grupo mostra interesse sexual, embora não consiga demonstrar claramente suas necessidades, sendo fundamental que alguém lhe ensine como expressá-las, com respeito às regras da privacidade e da sociabilidade, inclusive ensinando-o a esperar quando as condições são menos favoráveis socialmente. Dessa forma, a masturbação pode advir como um comportamento repetitivo, que proporciona uma descontração na falta de outras possibilidades e sem a percepção muito clara das convenções nela envolvidas, uma vez que não percebem normas sociais e, por isso, não apresentam sentimentos complexos de vergonha ou culpa, desenvolvidos na criança normal entre o segundo e o terceiro ano de vida, mas uma lacuna nos autistas (Peeters, 1996).

Enquanto no deficiente mental encontramos dificuldades em buscar estratégias eficazes para a expressão da conduta e a presença de condutas sexuais mais primitivas e menos desenvolvidas, nos autistas observamos a não-percepção das regras sociais aprendidas informalmente, bem como a não-percepção do estado mental que tais condutas desencadeiam no outro, de maneira que o próprio aprendizado das condutas consideradas socialmente corretas e adaptadas é mais difícil e mais dependente de aspectos demonstrativos e concretos.

Nos portadores de deficiência mental leve, encontramos condutas caracterizadas por masturbação, auto e heterossexualidade com o estabelecimento de relacionamentos interpessoais diferenciados com a escolha de parceiros específicos quanto a sexo e características pessoais, podendo se estabelecer relacionamentos que, embora com grandes dificuldades em se manterem estáveis (uma vez que as estratégias cognitivas são de fundamental importância para essa estabilidade), são viáveis em sua ocorrência.

Na população autista, com comprometimento similar sob o ponto de vista intelectual global, podemos encontrar interesses quanto à vida sexual propriamente dita, embora estes, muitas vezes, sejam somente a expressão de um desejo de tentar mostrar-se comportamentalmente semelhante aos outros (Jordan, 1995), na forma de um comportamento-eco (Peeters, 1996). Isso porque o desenvolvimento de relacionamentos de tipo afetivo pode nunca ocorrer, mesmo que lhe ensinemos, e ele aprenda, as regras de convívio social. Embora possam ser percebidas as diferenças entre seu corpo e o de um de sexo oposto, a compreensão das condutas que tais diferenças demandam pode não ser percebida, e, como conseqüência, condutas inadequadas podem surgir. Isso porque no indivíduo humano a questão do erotismo e da sexualidade, muito mais do que a expressão meramente biológica de uma necessidade, reveste-se de aspectos de significados desenvolvidos a partir das experiências consigo e com os outros, obtidas no decorrer da vida e analisadas sob óticas diversas, porém com determinado valor dentro do grupamento ao qual pertence.

A adolescência constitui-se no período no qual o indivíduo adquire a capacidade de valer-se das operações formais que lhe permitirão trabalhar com hipóteses fundamentadas sobre outras hipóteses, de maneira a que se abram diante de si infinitas possibilidades com as conseqüentes responsabilidades decorrentes de suas decisões. A partir daí, constrói-se um mundo próprio, enquanto contexto existencial, diante do qual o adolescente se posiciona. Paralelamente, passa a dar significados ao que o rodeia, desvelando cada um dos entes e, finalmente, após a compreensão de si e do que o rodeia, constrói seu próprio ser-no-mundo, escolhendo e estabelecendo um projeto existencial, dentro de suas reais possibilidades, que dará sentido a toda a sua vida futura. Dentro desse contexto, predominantemente abstrato, é que se estabelece a sexualidade adulta. Assim, um parceiro deixa de ser escolhido somente em função das características físicas que exibe, ou mesmo de características meramente formais, passando cada vez mais a ser determinado por idéias, pensamentos, sentimentos e atos que são compartilhados, avaliados de maneira extremamente abstrata e sofisticada.

O adolescente autista, mesmo sem nenhum comprometimento intelectual global, passível de existir em uma pequena porcentagem dos casos, peca exatamente por essa dificuldade em função de suas limitações em perceber os pensamentos do parceiro, ao passo que o indivíduo deficiente mental apresenta suas dificuldades basicamente em função de expectativas e projetos existenciais comprometidos pelo déficit cognitivo global, que o impede de raciocinar com as mesmas características do adulto normal.

No indivíduo autista, em função de seu déficit cognitivo global, existem dificuldades para que ele entre no padrão de pensamento abstrato, a exemplo do deficiente mental, porém, ao entrar, tem dificuldades inerentes a seu próprio prejuízo na *teoria da mente*, que o impede de *perceber* o outro enquanto ser pensante, de maneira a compreender-lhe intenções, afetos, necessidades e, em conseqüência, de estabelecer um relacionamento compartilhado, base dos relacionamentos sexuais estáveis e maduros.

TRANSTORNOS DE HUMOR

Na adolescência, vários são os quadros que irão mimetizar o transtorno de humor depressivo, entre ele o abuso de álcool/drogas, o transtorno de ansiedade e esquizofrenia. Da mesma forma, os transtornos bipolares com características maníacas terão que ser diferenciados dos uso de substâncias psicoativas, hipertireoidismo, traumatismos cranianos e esclerose múltipla, TDAH, transtornos de conduta e também esquizofrenia.

Sua sintomatologia não diferirá grandemente daquela referida nos quadros da infância, com a disforia sendo o sintoma mais marcante, e da do adulto, com a tristeza e a anedonia como fatos mais prevalentes. Entretanto, pelas características que esse indivíduo apresenta, frutos do pensamento formal ora em desenvolvimento, algumas questões marcantes da vivência depressiva podem ser pensadas, principalmente aquelas decorrentes da consciência de si e de seu projeto existencial, ambos em início de construção.

Uma das questões a ela ligada, conforme podemos observar muito bem na figura que segue, refere-se à consciência de si, estruturada a partir de sentimentos de desvalia e de retração que, ao serem significados e expressos pelo adolescente, apresentarão sua impotência diante de um mundo adulto estruturado e cruel que privilegia o desempenho e a produção (dentro de nosso momento histórico), sobrando pouco espaço para o amparo, o apego e a solidariedade que, talvez em um primeiro momento da horda primitiva, estivessem ligados diretamente a questões de sobrevivência dos filhotes que teriam que ser protegidos por todos os adultos do bando, independentemente dos laços de consangüinidade.

Sua concepção de futuro, relacionada a seu projeto existencial, além de envolver aspectos provenientes de seu passado com os respectivos significados (bons ou maus, agradáveis ou desagradáveis), envolve também a forma de olhar, dependente da concepção do eu. Assim, perspectivas catastróficas, ligadas à limitação e ao desamparo vão se encontrar presentes, de maneira marcante, nessa população de modo a alterar intensamente essas perspectivas.

Os desenhos das Figuras 8.1 e 8.2, realizados por adolescente apresentando quadro depressivo, mostram exatamente essas características com a impotência do primeiro expressa de maneira eminentemente concreta, sem repercussão no outro (uma vez que o mesmo referia que, embora a figura gritasse, ninguém a ouvia, pois era mudo) e o segundo apresentando a questão da finitude, mostrada também de maneira concreta ao mos-

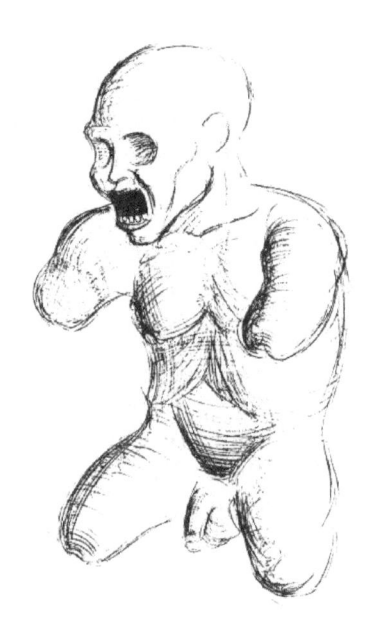

Figura 8.1
Desenho de adolescente deprimido ao lhe ser pedido que desenhasse ele próprio.

Figura 8.2
Desenho de adolescente deprimido ao lhe ser pedido que desenhasse a própria vida.

trar a cidade do fundo do desenho se transformar, gradualmente, em um cemitério pelo qual a primeira figura caminha, carregando, com todo o sofrimento implícito, seu próprio caixão em direção a um destino imutável e inexorável, assustador para um *ser em aberto* e que passa a temer e a questionar as perspectivas que a vida lhe apresenta.

TRANSTORNOS ANSIOSOS

A ansiedade, conforme falamos anteriormente, refere-se a um fenômeno universal, uma vez que se liga a mecanismos de ataque-defesa, vinculados à sobrevivência. Entretanto, na espécie humana, justamente por se tratar de um animal que altera e é alterado pelo ambiente, esse fenômeno adquire características não mais ligadas somente à sobrevivência, mas a padrões significativos, vinculados à sua própria história individual, com repercussões e mecanismos eminentemente biológicos.

Sob o ponto de vista didático, podemos dizer que os transtornos de ansiedade são constituídos pelo transtorno de pânico, transtorno de ansiedade generalizada, transtorno obsessivo-compulsivo, fobias específicas, fobia social e transtorno de ansiedade de separação, acreditando-se que entre 10 e 15% das crianças sejam afetadas por cada um desses transtornos, expressando sua ansiedade por meio de choro (mecanismos de alarme e aviso de perigo?), ficando paralisadas e se agarrando aos pais, ou por meio de crises de birra. Usualmente encontra-se associado com outros quadros, sendo uma das comorbidades mais freqüentes (Pine, 1999), talvez em função de sua própria universalidade.

Para o DSM-IV-TR (APA, 2002), o tempo necessário para que se estabeleça o diagnóstico de transtorno de ansiedade é de quatro semanas, devendo-se avaliar a sintomatologia, sua relação com o desenvolvimento, o contexto familiar, o funcionamento social e o desempenho escolar.

As taxas de familiares com transtorno de ansiedade são elevadas entre crianças ansiosas, existindo fatores preditivos como, por exemplo, a inibição do comportamento, característico de bebês irritados, pré-escolares medrosos e escolares introvertidos (Kagan, 1984; Kagan, 1987).

Embora já os tenhamos descritos na infância, os principais transtornos ansiosos no adolescente podem ser considerados:

- Fobia: tem como característica fundamental o medo excessivo e irracional a um objeto, pessoa ou situação, com manifestações de ansiedade e comportamentos de evitação. Difere do medo *normal*, experimentado diante de situação de perigo real, ou aprendido pelo processo educacional, uma vez que este corresponde a uma situação na qual o organismo tentar fugir ou reagir a um estímulo ameaçador. Para considerar seu diagnóstico, é necessário também que exista um prejuízo em alguma das áreas do desenvolvimento. Embora a prevalência de fobia simples varie de 2,4% (Anderson, 1987) a 9,2% (Costello, 1989b) estudos com adolescentes mostram incidência entre 3,6% (McGee, 1990) a 4,7%. Os principais tipos de fobia, conforme podemos observar, parecem estar ligados a estímulos ameaçadores, reais ou imaginários (animais, escuro), talvez vinculados ao próprio padrão de desenvolvimento filogenético do indivíduo.
- Fobia social: consiste em um significativo e persistente medo de situações sociais ou da *performance* social, devendo-se, para seu diagnóstico, ser levada em conta a competência relativa à fase do desenvolvimento. Pode-se expressar pelos sintomas usuais da ansiedade (choro, paralisia, etc.), com evitação de situações de estresse como ir à frente na sala de aula ou responder questões, evitando ainda brincar em grupo ou outros tipos de contato social

ou de exposição. Sua freqüência é pouco conhecida, com Feehan (1994) referindo prevalência de 11%. Seu início ocorre na puberdade (Hersov, 1985), sendo mais freqüente após a segunda metade da adolescência (Solyom, 1986), e mais prevalente em meninos (Costello, 1989a). Tem evolução crônica e alto índice de comorbidade (Hovens, 1994).

• Transtorno de pânico: corresponde à recorrência inesperada de ataques de pânico, seguido por pelo menos um mês de preocupação com a possível recorrência do ataque, ou com suas conseqüências, ou mudanças de comportamento relacionadas ao ataque. Agorafobia pode ou não estar presente, e o ataque não deve estar relacionado a uma condição médica, uso de drogas ou outro transtorno mental (Garland e Smith, 1990).

Apresenta um componente somático e outro cognitivo, com a criança relacionando os sintomas corporais a eventos externos ou objetos, diferentemente dos adolescentes que relacionam os sintomas a sentimentos e a sensações que ocorrem durante o ataque (Nelles e Barlow, 1988). Sua incidência encontra-se em torno de 0,5% (0,7 para meninas e 0,4% para meninos) na população em geral (apud Black, 1990). Inicia-se na adolescência, entre os 15 e 20 anos, embora já tenha sido descrito em crianças de apenas 3 anos. Pode ser desencadeado por fatores externos, principalmente em pré-púberes, sendo vários os agentes capazes de desencadear o ataque (infusão de lactato, dióxido de carbono, cafeína, álcool, nicotina, *cannabis*, cocaína, privação do sono, dietas, exercícios, relaxamento, hiperventilação, luz fluorescente, situações estressantes e foco temporal) (Bradley, 1990). É importante sua diferenciação dos quadros orgânicos (feocromocitoma, hipertireoidismo, distúrbios respiratórios e cardíacos) que podem cursar com sintomatologia de depressão e ataques de pânico (Gokçe, 1991; Vitiello, 1990).

Seu tratamento, considerando-se nossa abordagem que procura ver esses fenômenos enquanto manifestações biológicas e cognitivas, a partir dos processos de significados que esses indivíduos desenvolveram no decorrer de sua vida, pode ser visualizado de maneira bastante simplificada de forma similar a que referimos em capítulo anterior.

ESQUIZOFRENIA DE INÍCIO PRECOCE

Em 1857, Morel introduziu o nome demência precoce caracterizando-a como uma parada no desenvolvimento mental e uma *degeneração* que inevitavelmente levava à demência. Em 1863, Kahlbaum descreveu essa deterioração mental na adolescência denominando-a parafrenia hebética e descrevendo um caso de catatonia em 1874. Em 1871, Hecker descreve a hebefrenia como uma enfermidade progressiva da adolescência.

Quando Kraepelin, em 1893, descreve as duas grandes psicoses, ele divide a demência precoce em três subgrupos diferentes, agrupando a catatonia de Kahlbaum, a hebefrenia de Hecker e o que denominou de vesania típica, com delírio de perseguição e alucinações auditivas.

Na criança, Sante de Sanctis descreve uma forma infantil que denomina de *demência precocíssima,* porém é Bleuler que, ao redor de 1910, enfatiza os distúrbios emocionais e associativos descrevendo as funções elementares das esquizofrenias e apontando para os distúrbios de pensamento (associações de idéias perdem a estabilidade), afetividade (pacientes sem resposta afetiva) e autismo, como uma perda do contato com a realidade. Sua sintomatologia, de acordo com o modelo classificatório vigente, pode ser descrita como:

a) eco do pensamento, inserção ou roubo do pensamento, irradiação do pensamento;
b) delírios de controle, influência ou passividade claramente referindo-se ao corpo ou movimentos dos membros ou pensamentos específicos, ações ou sensações, percepção delirante;
c) vozes alucinatórias comentando o comportamento do paciente ou discutindo entre elas sobre o paciente ou outros tipos de vozes alucinatórias vindo de alguma parte do corpo;
d) delírios persistentes de outros tipos que são culturalmente inapropriados e completamente impossíveis, tais como identidade política ou religiosa ou poderes de capacidades sobre-humanas (por exemplo, ser capaz de controlar o tempo ou de se comunicar com alienígenas de outro planeta);
e) alucinações persistentes de qualquer modalidade, quando acompanhadas por delírios sobrevalorados persistentes ou quando ocorrem todos os dias durante semanas ou meses continuadamente;
f) intercepções ou interpolações no curso do pensamento resultando em discurso incoerente, irrelevante ou neologismos;
g) comportamento catatônico, tal como excitação, postura inadequada ou flexibilidade cérea, negativismo, mutismo e estupor;
h) sintomas "negativos", tais como apatia marcante, pobreza do discurso e embotamento ou incongruência de respostas emocionais, usualmente resultando em retraimento social e diminuição do desempenho social; deve ficar claro que esses sintomas não são decorrentes de depressão ou medicação neuroléptica;

i) uma alteração significativa e consistente na qualidade global de alguns aspectos do comportamento pessoal, manifestada por perda de interesse, falta de objetivos, inatividade, uma atitude ensimesmada e retraimento social.

O DSM-IV-TR (APA, 2002) é muito semelhante à CID-10 e sugere os seguintes critérios diagnósticos:

a) Sintomas característicos. Dois ou mais dos seguintes, cada qual presente por um tempo significativo por um período de 1 mês (ou menos se for tratado com sucesso):
   1. Delírios
   2. Alucinações
   3. Fala desorganizada (por exemplo, incoerência ou perda de conexões)
   4. Comportamento grosseiramente desorganizado ou catatônico
   5. Sintomas negativos, i. e., embotamento afetivo, alogia ou avolição
   Nota: Somente um sintoma do Critério A é necessário se o delírio for bizarro ou as alucinações consistirem de uma voz que fica comentando os comportamentos ou pensamentos da pessoa, ou delas ou mais vozes conversando.
b) Disfunção social/ocupacional: Por um tempo significativo, desde o início do distúrbio, uma ou mais áreas de funcionamento tal como trabalho, relações interpessoais ou autocuidado estão marcadamente abaixo do nível anterior ao início do quadro (ou quando o início é na infância ou adolescência, falha em atingir o nível esperado de funcionamento interpessoal, acadêmico ou ocupacional).
c) Duração: Sinais contínuos do distúrbio persistem pelo menos por 6 meses. Esse período de 6 meses deve incluir pelo menos 1 mês de sintomas (ou menos se for tratado com sucesso) que preencham o critério A (i. e. sintomas da fase ativa) e pode incluir períodos de sintomas prodrômicos ou residuais. Durante esses períodos prodrômicos ou residuais os sinais de distúrbio podem se manifestar somente por meio de sintomas negativos ou dois ou mais sintomas listados no Critério A presentes em uma forma atenuada (por exemplo, crenças estranhas, experiências perceptuais estranhas).
d) Exclusão de distúrbio esquizoafetivo e afetivo: distúrbio esquizoafetivo e distúrbio afetivo com características psicóticas devem ser eliminados, porque ou (1) nenhum episódio depressivo maníaco ou misto ocorreu concomitantemente aos sintomas da fase

ativa ou (2) se episódios ocorreram durante os sintomas da fase ativa, sua duração total foi breve em relação à duração dos períodos ativo e residual.

e) Exclusão de uma condição médica geral/substância: O distúrbio não é devido aos efeitos fisiológicos diretos de uma substância (por exemplo, uma droga de abuso, uma medicação) ou uma condição médica geral.

f) Relação a um distúrbio invasivo do desenvolvimento: Se houver uma história de distúrbio autístico, ou outro distúrbio do desenvolvimento, o diagnóstico adicional de esquizofrenia é feito somente se delírio evidente ou alucinações estão também presentes pelo menos por um mês (ou menos se for tratado com sucesso).

Esses quadros esquizofrênicos, com início na adolescência e idade adulta, apresentam evolução variável com períodos de crise e melhora, diferentemente da esquizofrenia de início muito precoce, na qual observamos deterioração progressiva (Rapoport, 1997).

Seu diagnóstico diferencial é de importância, pois pode ser confundida com psicoses orgânicas que se apresentam freqüentemente em diferentes patologias médicas, conforme podemos observar no Quadro 8.1.

Essa sintomatologia por nós descrita, diferentemente do que falamos a respeito da ansiedade ou da depressão, apresenta dificuldades que nos impedem de vê-la como variação de um funcionamento normal e nos fazem pensar em uma alteração específica de todo o sistema cognitivo-afetivo. Fica aí a questão de como um *pool* gênico se manteria com o decorrer do tempo de maneira tão inadaptante, principalmente se pensarmos que sua ocorrência diminui, de maneira considerável, a possibilidade reprodutiva em nossa espécie, ficando o se pensar somente em eventuais mutações bastante comprometido.

Talvez um raciocínio viável nos levasse a pensar que sua associação com outros comportamentos (do tipo criatividade?) e ambientes poderiam justificar sua seleção compensando suas desvantagens, entretanto fica difícil estabelecermos padrões de compreensibilidade para essa categoria psicopatológica.

Seu tratamento exige programa que inclui terapias específicas – dirigidas à sintomatologia característica (positiva e negativa) do transtorno e terapias gerais – dirigidas às necessidades psicológica, social, educacional e cultural da criança e da família. Assim, exigem-se intervenções amplas e um enfoque às condições comórbidas, estressores biopsicossociais presentes ou passados, e/ou as seqüelas previsíveis psicológica, social ou no desenvolvimento, com a finalidade de redução da morbidade e da freqüência de recorrência.

QUADRO 8.1
Diagnóstico diferencial das esquizofrenias

Trauma agudo	Insolação, pós-operatório, queimaduras
Toxinas	Medicações, pesticidas, solventes
Metabolismo	Acidose, alcalose, distúrbio hidroelétrico, falência hepática, falência renal
Endocrinopatias	Hiper/hipoadrenalcortecismo Hiper/hipoglicemia
Acidente vascular	Encefalopatia hipertensiva, choque, enxaqueca
Metais pesados	Chumbo, manganês, mercúrio
Hipóxia	Anemia, envenenamento por monóxido de carbono, hipotensão, falência pulmonar/cardíaca
Infecção	Encefalite, meningite, sífilis, AIDS
Abstinência	Álcool, barbitúricos, sedativos-hipnóticos
Deficiência	Cianocobalamina, niocina, tromina
Patologia nervosa	Abcesso, hemorragia, hidrocéfalo normotenso, convulsões, derrame, tumores, vasculite

O tratamento básico consiste em medicação neuroléptica antipsicótica, pois, embora os estudos sejam poucos, sugere-se que crianças com esquizofrenia respondam menos dramaticamente do que os adultos esquizofrênicos. Temos então, no Quadro 8.2, as possibilidades de utilização.

Período inicial de 4 a 6 semanas é necessário para avaliar a eficácia do neuroléptico, e as dosagens utilizadas em crianças variam entre 0,5 e 9,0mg/kg/dia de clorpromazina ou equivalente.

O efeito antipsicótico surge entre 1 a 2 semanas, observando-se sonolência inicial. Observando-se período 4 a 6 semanas sem melhora, deve-se empreender a troca de droga em questão.

Após a fase aguda, observando-se melhoria, deve-se diminuir a dosagem para que se diminuam também os efeitos colaterais. Durante a fase de manutenção, faz-se diminuição gradual de dosagem, embora esta possa ser mantida por tempo indeterminado com o objetivo de se evitar recaídas. Em casos de não resposta a vários neurolépticos diferentes, a Clozapina tem-se constituído em uma opção, embora exija monitoração constante devido a risco de granulocitopenia. Em contrapartida, não ocasiona efeitos extrapiramidais.

QUADRO 8.2
Psicofarmacoterapia nas esquizofrenias

Nome genérico	Dosagem diária mg/kg
Clorpromazina	10-200 (0,5-3,0)
Tioridozina	10-200 (0,5-3,0)
Trifluoperazina	2-20
Haloperidol	0,25-6,0
Tiotixene	1,0-6,0
Pimozide	1-6
Clozapina	?
Risperidona	0,05 mg/kg/dia
Olanzapina	0,2 mg/kg/dia
Quetiapina	?

A combinação entre psicoterapias individuais e familiares tem sido sugerida como mais eficaz para redução de recaídas.

Cabe lembrar que, considerando-se o ponto de vista evolutivo, esses indivíduos, ainda em processo de adolescência, dependem francamente de seu sistema de relações, a saber família, escola e grupos de amigos, todos de fundamental importância durante esse processo e considerando-se a questão adaptativa em sentido estrito. É fundamental importância a abordagem de todos esses ambientes que servirão de sistemas de apoio para que esse indivíduo, prejudicado em suas características mais básicas de adaptação (capacidade de perceber a si e ao outro dentro de um contexto mais amplo, assim como significá-los de maneira compreensível para o ambiente) possa ser protegido e, se possível, voltar a ocupar um papel adaptado dentro de seus grupos de convivência.

TDAH

Pensar os transtornos de déficit de atenção e hiperatividade no adolescente é, antes de mais nada, pensar-se a cultura na qual ele se insere, cultura essa que podemos considerar também hiperativa, uma vez que exacerba, por suas próprias demandas e atividades, a mudança rápida de padrões atencionais em função de um padrão de respostas rápidas com caráter adaptativo marcante que exigem que esses indivíduos, para entrarem em um mundo adulto rapidamente mutável, exercitem-se com recursos tecnológicos cada vez mais diversos.

Das telas de computador às imagens virtuais, da programação televisiva aos meios comunicacionais representados pelos telefones celulares até internet, ou mesmo pelos próprios padrões musicais, marcados pelo ritmo frenético e rapidamente mutáveis e descartáveis, podemos pensar que tudo isso contribua para que o padrão informacional seja cada vez mais rápido nesses bandos constituídos pelo bicho-homem, de maneira que o estímulo sensorial e, em conseqüência, os padrões atencionais tenham que ser tão rápidos que, embora desapareçam do sensório, possam permanecer gravados.

Se tal idéia for verdadeira, esses estímulos poderiam chegar a um padrão tal que saturariam o próprio Sistema Nervoso (em sua memória de trabalho) de tal forma que não mais seriam selecionados, ou seja, o "barulho de fundo" produzido pela própria cultura constituiria um emaranhado de estímulos diferentes que o próprio processador cerebral teria dificuldades em selecionar.

Teríamos, então, um padrão grupal cada vez mais hiperativo com uma geração cada vez mais estimulada a se movimentar mental e fisicamente entre atividades que produzam a sensação de liberdade em um espaço predeterminado (e aqui se localizaria uma das incoerências dessas propostas grupais que talvez pudesse justificar um dado epidemiológico curioso representado pelo fato de que, embora a prevalência do quadro não se tenha alterado nos últimos 20 anos, ela representa hoje, nos países industrializados, cerca de 50% das consultas em ambulatórios de psicopatologia infanto-juvenil [Lecendrier, 2003]).

Passamos, ao falar do adolescente, a trabalhar com uma população que se move em velocidade fantástica sobre a terra (bicicletas, motos, *skates*, patinetes), sobre a água (pranchas de surfe, de *jet-ski*, de *morey-bug*), sobre o ar (parapentes) e mesmo em situações especiais (escaladas urbanas, etc.).

Se somarmos essas condições estabelecidas pelo grupamento social às condições de desenvolvimento do próprio adolescente que, buscando a própria individualidade e autonomia, experimenta os primeiros contatos autônomos com outros indivíduos do próprio bando, poderemos observar condutas perigosas nessas populações portadoras de déficits atencionais e de controle de impulsos, uma vez que, nas sociedades urbanizadas, ao iniciarem-se na condução de veículos (que de maneira geral podem ser pensados como rituais de iniciação na passagem para a vida adulta) de maneira desorganizada, impulsiva e com pequena atenção, expõem-se a um maior número de acidentes, inclusive com ferimentos de maior gravidade e a um maior percentual de infrações e desrespeitos às regra.

Da mesma maneira, ao iniciarem sua vida sexual (que, embora controlada pelo próprio grupo, passa a ter um papel cada vez mais relevante nas experiências desse indivíduo), apresenta maiores dificuldades relacionais uma vez que os mecanismos de falta de controle da impulsividade e de elaboração de estratégias sociais adequadas (por déficit na função executiva) ocasionam prejuízo marcante no contato com o outro sexo, e essas dificuldades, somadas à insegurança característica do período de desenvolvimento, levará muitas vezes a níveis de ansiedade tais que podem ocasionar a busca a formas de proteção e de diminuição da angústia por meio da automedicação por intermédio da utilização de drogas ou de álcool e tabaco.

Constitui-se, assim, essa população portadora desse transtorno específico em população de risco marcante.

Além disso, pelas dificuldades relacionais relatadas acima, são freqüentemente rejeitados por seus pares a partir de breves encontros ou interações, o que ocasiona um déficit importante em um dos mecanismos de defesa usualmente encontrados nesse grupo etário, ou seja, a proteção e a identidade com o grupo de iguais.

Passam então a escolher companheiros similares, ou seja, também portadores de TDAH, diante dos quais também encontram dificuldades relacionais, uma vez que ambos são mais impulsivos e agressivos.

Cabe aos pais e cuidadores responsáveis evitar deixar esse adolescente dirigir veículos, a menos que estejam acompanhados ou que se tenha grande confiança em seu desempenho, uma vez que as conseqüências advindas de tais atividades podem ser graves; fazê-lo ter aulas suplementares, mesmo após ter tirado carta de motorista, afim de que se tenha segurança quanto à sua real condição de desempenho, bem como a de temporizar seus arroubos; sancionar suas más *performances* ao volante exigindo o ressarcimento dos prejuízos em caso de infrações cometidas ou acidentes; apreciar sua *performance* em função do horário do dia e da ingestão dos medicamentos utilizados para que os mesmos possam ser controlados.

Da mesma maneira, visando-se à minimização das conseqüências em ambiente escolar e de trabalho, fundamentais nessa etapa de vida e muito mais exigentes naquilo que se refere a questões adaptativas, sugere-se a esse indivíduo que chegue antecipadamente aos locais de estudo ou trabalho para que possa ocupar um bom lugar, registrando suas aulas ou tarefas com gravador, uma vez que se desorganiza, sob o ponto de vista atencional, perdendo dados que muitas vezes são de extrema importância. Assim, a obtenção de cópias das atividades realizadas passa a ser de fundamental importância da mesma maneira que a freqüência assídua aos "trabalhos dirigidos" e aos trabalhos grupais realizados em pequenos grupos (4 a 5 estudantes) bem como às seções de revisão de atividade ou matérias, tudo no intuito de melhoria da organização das atividades a serem realizadas.

Com isso, otimiza-se o ambiente organizando-o e estruturando-o e, para tanto, ensina-se a estabelecer uma lista das coisas a fazer; a começar sempre na hora obedecendo ao tempo previsto e estabelecendo prioridades; a evitar deixar as tarefas para depois; a transformar os "grandes projetos" em pequenos "subprojetos"; a evitar lugares ruidosos ou de passagem; a determinar os momentos adequados para a realização das atividades físicas necessárias.

Dessa maneira, gerenciam-se suas relações interpessoais de forma heterônoma, estabelecendo-se os padrões organizacionais "de fora para dentro" para que o indivíduo aprenda a dividir o tempo e o espaço com os colegas; desenvolva relacionamentos extraprofissionais, tente fazer o serviço render obtendo a atenção das pessoas e, para tal, que aprenda a utilizar o nome de seus próprios colegas, evitando explosões ou más palavras, desconfiando assim de seus momentos de fadiga; evite conflitos diretos, tentando se acalmar antes de enfrentar uma situação difícil e que passe a observar as condutas que possam aborrecer as pessoas que o cerquem.

Temos assim um perfil comportamental no qual podemos observar uma discrepância entre conteúdo e o estilo com os atos que executa podendo ser apropriados, porém de forma não adequada à situação em tela. Da mesma forma, atos decorrentes de mecanismos de desatenção e impulsividade podem ser confundidos com atos agressivos. Alterações temporais e situacionais podem ser vistas a partir da análise das discrepâncias observadas entre as respostas iniciais e finais, posto que os déficits atencionais e do controle de impulsos muitas vezes não são percebidos de início. As dificuldades no relacionamento interpessoal e os atos sociais refletem padrões específicos relativos à capacidade adaptativa desses indivíduos que, assim, se mostram extremamente prejudicados como animais gregários, que têm de se inserir dentro de um "bando social" para que a própria sobrevivência (nesse momento já eminentemente social) possa ser preservada. Em relação à sociabilidade e à motivação, faz-se necessário perceber que apresentam déficits na habilidade mais do que problemas específicos de *performance*, uma vez que correspondem a indivíduos que não podem executar determinadas tarefas muito mais do que simplesmente não querem executá-las. Isso se reflete em estabelecimento de objetivos atípicos ou desajeitados com a passagem rápida do pensamento ao ato e com o estabelecimento de padrões atípicos de raciocínio.

A CULTURA ADOLESCENTE: SEXO, DROGA E *ROCK-AND-ROLL*

O adolescente é um ser peculiar que, ao se dar conta de que adquiriu um ferramental cognitivo extremamente eficaz, aquele mesmo que a espécie desenvolveu nos últimos um milhão e meio de anos, dá-se conta também de sua extrema fragilidade ao perceber que se encontra só (mesmo sendo um animal gregário), lançado em um mundo hostil (mesmo com a tendência da espécie de criar modelos de proteção) no qual todas as suas atitudes são solitárias, carentes de modelos e, o que é pior, tendentes a se perderem no tempo, uma vez que, enquanto ser finito, o final de seu processo de transcendência o encaminha para a finitude e para a morte. Assim, sobra-lhe uma perspectiva inicial única, o medo associado à angústia que só irá se diluir (se é que isso ocorrerá) a partir da construção de significados pessoais, únicos e intransferíveis que orientarão sua vida. Insere-se aqui o herói religioso kierkegaardiano que, na pessoa de Abraão, por um mera questão de crença nos significados que estabelece, abre mão de prazeres sensoriais e existenciais, na busca da própria fé. Em contrapartida, conforme diz o próprio autor, nessa busca *nunca mais sorri* ao verificar a facticidade do próprio existir.

Claro que enquanto ser ainda em desenvolvimento, o adolescente vai buscar modelos de proteção e de segurança que lhe garantam perspectivas e menores índices de ansiedade. Em função da ausência de rituais de passagem bem-determinados, ausentes em nossas culturas da pós-modernidade, estrutura assim uma cultura própria modelada na fuga e no escapismo dessas modalidades fundamentais da angústia.

Temos então a presença de um tripé constitutivo dessa cultura jovem na qual a perspectiva básica talvez possa ser bem descrita a partir da poesia de Baudelaire quando diz no *princípio era o Nada, e com ele a angústia. É o tédio!* Diante disso, torna-se fundamental a busca da proteção e a fuga da angústia que se dará a partir da utilização de drogas, do sexo fácil e de um padrão de consumo e de agressividade que aumenta cotidianamente.

Sob o ponto de vista biológico, a questão da sexualidade do adolescente não diferirá muito daquela encontrada no adulto, uma vez que teremos uma fase pré-copulatória na qual se colocam em ação todos os órgãos corporais necessários à realização do coito, com seu desencadeamento operado a partir de influências psíquicas (representações mentais) e sensoriais (estímulos tácteis, auditivos, visuais, olfativos, etc.) com uma resposta fisiológica caracterizada por reações vaso-motoras, tais como ereção peniana ou clitoridiana e aumento da atividade das glândulas uretrais e vaginais.

Posteriormente, na fase copulatória a tensão corporal se generaliza por todo o corpo, observando-se uma sensação subjetiva de voluptuosidade e persistência dos fenômenos descritos. Finalmente na fase orgástica, a ejaculação marca seu ápice no sexo masculino ao passo que na mulher observam-se movimentos de musculatura pélvica com diminuição da vasoconstrição e da tensão muscular. Chega-se, então, ao momento do orgasmo no qual a crescente excitação sexual, acompanhada de alterações morfológicas da genitália, culmina com a obtenção de um ápice sensorial seguido de gradual redução da excitação e do aparecimento de uma sensação de liberação. Segue-se, então, uma fase de resolução, refratária, variável segundo a idade, o indivíduo e a participação do par, durante a qual é impossível a realização de novo coito. No sexo feminino não existe tal fase, o que proporciona a possibilidade de novas experiências orgásticas em seguida. Assim, o ato sexual na espécie humana é controlado por intermédio dos sistemas nervoso e endócrino, sendo a cópula constituída de uma série de reflexos integrados nos centros medulares e do tronco cerebral e regulados no sistema límbico e hipotálamo. Cabe lembrar que esse sistema límbico envolve-se ainda em outros comportamentos ligados à sexualidade tais como a elaboração e expressão de emoções, embora estas tenham também, conforme dissemos anteriormente, aspectos cognitivos característicos da espécie que sofisticarão de maneira bastante marcante a conduta desses indivíduos.

Esse padrão de conduta será regulado a partir de um circuito reflexo longo, responsável pela fase pré-copulatória, que surge nos centros cerebrais sob a influência de estímulos psíquicos e sensoriais (vinculados às experiências anteriores e seus significados), caminha até órgãos genitais por meio dos fascículos medulares ou vias de sistemas vegetativos e provoca a vasodilatação dos corpos cavernosos.

Será envolvido ainda circuito reflexo curto, a partir de estímulos nascidos nos órgãos genitais e que atingem a medula lombo-sacra sendo responsáveis pela manutenção da fase de ereção e de *plateau*. O centro ejaculatório (no homem) é estimulado pela distensão uretral, máxima ao momento da ejaculação.

Os centros regulatórios superiores constituídos pelos centros hipotalâmicos, que integram os diferentes estímulos capazes de comandar o ato sexual, são também bastante importantes na expressão dessa conduta. Paralelamente, formações localizadas em regiões límbica e reticular controlam as funções hipotalâmicas com o córtex cerebral integrando e selecionando os estímulos erógenos a partir de mecanismos de espécie e de aprendizado. Assim, a atuação direta em regiões cerebrais altera a conduta sexual com as ablações corticais totais ou parciais produzindo inibições de conduta sexual, contrariamente às lesões límbicas, principalmente de córtex piriforme, que intensificam essa atividade. Também, o aprendizado desempenha um papel importante no desenvolvimento das técnicas de acasalamento que começarão a se desenvolver nesse período da vida humana, a partir do nível dos primatas, embora as respostas básicas estejam presentes independentemente desses aspectos.

O sistema endócrino tem papel mais limitado, embora o equilíbrio hormonal seja necessário para o exercício de um padrão normal de sexualidade, uma vez que os hormônios sexuais não somente atuam na transformação da genitália (fundamental nesse período do desenvolvimento) como interferem na organização das próprias condutas sexuais.

Os comportamentos reprodutivos dos machos e fêmeas é organizado pelo hipotálamo e, assim, observam-se diferenças cerebrais compatíveis com o nível de condutas masculinas e femininas tais como o observado no aumento da região pré-óptica em ratos machos, pela atuação do androgênio, ou os comportamentos de acasalamento dos roedores machos sendo afetados pela di-hidrotestosterona que atua diretamente na região da amígdala.

Então, a elevação de estrógeno nas fêmeas das espécies que não menstruam (cio) provoca alterações de comportamento que afetam as condutas de acasalamento. Portanto, pensando-se a espécie humana, a sexualidade é uma conduta complexa, imbricada com todo o psiquismo do indivíduo, quer consideremos suas experiências pessoais, quer consideremos seu mundo social e relacional. O papel do substrato biológico é grande, principalmente quando consideramos seus controles em nível cortical que fazem que a conduta sexual do homem se transforme em atividade rica e pessoal, repleta de significados e símbolos eminentemente pessoais. Isso pode ser visto quando, da mesma maneira que estímulos hipotalâmicos atuam sobre o córtex cerebral, o inverso também é verdadeiro, uma vez que estímulos corticais agem sobre o hipotálamo e, dessa maneira, a atividade sexual envolve a participação de grandes áreas cerebrais. Numerosos *inputs* sensoriais são então combinados e, conjuntamente com atividade hormonal, alteram a atividade neuronal em regiões específicas (área pré-óptica e núcleos ventromediais). Esses neurônios emitem sinais que vão via medula espinhal influenciados por atividade cortical que fazem que se manifeste o comportamento sexual propriamente dito (Le Vay, 1994). Indiscutível, portanto, a participação biológica com características eminentemente humanas no padrão de sexualidade.

A questão psicológica, logicamente imbricada ao aspecto biológico uma vez que é diretamente ligada a um *hardware* cerebral, parte também de um aspecto sensório-motor indiferenciado para gradualmente, quando o indivíduo entrar no pré-operatório, estabelecer gradualmente noções de identidade e papel sexuais com o estabelecimento, inicialmente, de uma moral heterônoma a ela ligada, que cede lugar progressivamente a um aspecto autônomo que vai ser, cada vez mais, influenciado por noções éticas e morais que fazem do ser humano um animal totalmente diferente dos demais, uma vez que, ao ser ético, estabelece padrões de relacionamento, inclusive sexuais, que fogem totalmente da mera reprodução biológica, entrando no território dos significados que se relacionam diretamente com a concepção do próprio eu na sua relação com o mundo das coisas (existir com) e dos objetos (co-existir), envolvendo diretamente o projeto de vida de cada indivíduo.

Por outra ótica, os aspectos sociais, fruto do aspecto gregário do bicho-homem, nesse momento da modernidade, envolve diretamente profundas mudanças que passam de um modelo social rígido que gradativamente se libera com a introdução de mecanismos provenientes do inconsciente e manifestos na década de 1920 por meio do surrealismo seguido por um movimento pendular de repressão e de rigidez de costumes, facilmente observável nas décadas de 1940 e 1950 com a presença marcante do macartismo norte-americano. Dentro dessa visão pendular na qual um momento de liberação é seguido por outro de retração de costumes, ambos destinados à preservação do grupo social, a década de 1960 apresenta movimentos marcantes de liberalização de costumes com o aparecimento dos movimentos jovens que acentuam os aspectos contestatórios da adolescência, bem como a valorizam como momento de consumo e de idealização. A pílula anticoncepcional traz para o plano concreto essa liberdade que vai permitir a esse grupo o livre exercício da sexualidade, de maneira totalmente diversa da de seus antepassados, uma vez que a temível conseqüência da maternidade passa a ser evitada. Na espécie então, de maneira mais marcante, o aspecto cultural reforça, a partir de um aparato técnico, uma maior independência do determinismo biológico, reforçando assim a idéia de *um ser que altera seu ambiente e é alterado por ele*. Deixa a mulher, então, ser a responsável pelos cuidados da prole, como em grande parte das outras espécies, passando a entrar no mercado de trabalho com uma finalidade eminentemente produtiva, alterando-se valores mais ligados aos atos referentes à própria espécie. Isso ocorre e se manifesta de maneira bastante marcante com os movimentos feministas da década. Entretanto da mesma forma que a liberação sexual se apresenta como uma conquista, mecanismos que a utilizam para a manutenção de um *status quo* também são estruturados de maneira eminentemente cultural e desvinculados da concepção puramente biológica, embora sirvam para a preservação de espaço e da manutenção de determinadas estruturas de poder mais sofisticadas que as observadas em inúmeras espécies, porém guardando similaridades que não podem ser desconsideradas. A *dessublimação repressiva* descrita por Marcuse pode ser considerada um bom exemplo, entre outros, dos artefatos culturais criados pelo *bicho-homem* para a preservação de características a ele inerentes.

Uma conduta básica como a sexualidade, embora alicerçada sobre estruturas biológicas, adquire características que, em muitas ocasiões, passam mesmo a não servir, sob essa ótica, a espécie em questão como quando, ao redor da década de 1980, se passa a pensá-la como fator de consumo, banalizado e vulgarizado, sem a menor finalidade de *proteção dos filhotes* (visto sob um ponto de vista eminentemente biológico) ou de transcendência existencial (visto sob o ponto de vista do homem enquanto o único animal ético).

Por outro ângulo, considerando-se a questão primitiva e primária da fuga do desprazer e da dor, temos, enquanto exemplo maior, o aspecto também trazido por Baudelaire quando diz *eis aí a felicidade! Uma colherzinha bem cheia. A felicidade com toda a sua embriaguez, todas as suas loucuras, todas as suas criancices! Pode-se engolir sem medo, disso não se morre.* Como conseqüência, temos resultados de estudos epidemiológicos com estudantes de ensino fundamental e médio de escolas públicas brasileiras (Galduroz, 1997) que mostram que cerca de 65% dos estudantes já utilizaram álcool em algum momento de sua vida, com cerca de 18,6% fazendo uso freqüente. Da mesma maneira, 30,7% referem uso de tabaco em algum momento de sua vida, e cerca de 6,4% referindo uso freqüente. Comparando-se com estudos norte-americanos realizados em estudantes de ensino médio (Johnston, 1989), estes referem uso de álcool em 92% e de tabaco em 66,4%. Com crianças de rua brasileiras, Carlini (1987) refere uso de álcool em 85,5% deles, sendo que 6,5% referiam uso freqüente. Em contrapartida, o uso de tabaco afetava 64%, sendo que 43,8% referiam uso freqüente.

Sua prevalência parece ainda ser similar entre ambos os sexos correspondendo a aproximadamente 26,8% do sexo masculino e 22,9% no sexo feminino, embora seu crescimento em nosso meio tenha mostrado um incremento da ordem de 2,8% (1987) passando para 3,4% (1989), 4,5% (1993) e 7,6% (1997) no que se refere ao uso de *cannabis*; de 0,5% em 1987 para 2,0% (1993) no que tange à cocaína e de 2,8% (1987) para 4,4% (1997) na utilização de anfetaminas (Galduroz, 1997).

Considerando o adolescente uma população de risco para tal consumo, são fatores a serem considerados quando nos referimos a eles a curiosidade em relação às novas experiências e ao próprio mundo adulto ainda desconhecido em profundidade por ele, fácil acesso e baixo custo das drogas utilizadas em função de todo o processo de industrialização ligado a modelos econômicos e de controle de poder e de espaço, maior aceitação no uso de substâncias, principalmente a maconha, vista com bem maior tolerabilidade que há algumas décadas, modismos ligados à necessidade de permanência nos grupos similares disseminados através da propaganda e pelo *marketing*, uso indiscriminado de medicamentos em função de uma conduta acentuada nas últimas décadas e ligada à fuga da dor e do desprazer de maneira que esses elementos pareçam estar totalmente desvinculadas da própria espécie, a família tanto naquilo que se refere a seus aspectos genéticos (uma vez que encontramos maior concordância entre familiares de usuários) como em relação aos papéis por ela desempenhados e que servirão de modelos para o desenvolvimento da criança e do adolescente. Finalmente deve ser considerada a questão da personalidade da criança que não pode ser vista como absolutamente ligada somente a suas experiências cotidianas como a suas características genéticas, devendo ser pensada enquanto um padrão fenotípico decorrente da interação genótipo-ambiente.

Paralelamente conforme já dissemos anteriormente, a insatisfação e a não-realização de desejos no confronto entre as possibilidades e a facticidade, ambas fundamentais na estruturação do projeto existencial, ocasiona muitas vezes uma angústia e sintomas depressivos tais que obrigam a busca de válvulas de escape de alívio.

Pensando-se esse indivíduo enquanto um animal gregário, é também importante a influência do grupo de amigos, uma vez que o adolescente tenta a qualquer preço se inserir dentro dele, fatores familiares formadores da própria matriz de identidade desse indivíduo, fatores individuais ligados às experiências vividas anteriormente, bem como os significados por elas estruturados, fatores biológicos determinantes de maior ou menor tolerância ao uso e fatores socioculturais e comunitários definidores da maior ou menor aceitabilidade e tolerância do grupo em questão no que se refere ao fenômeno. Enquanto conseqüências afetarão diretamente mecanismos cognitivos envolvendo a capacidade de julgamento, o humor e, em conseqüência, as relações interpessoais da mesma forma que a capacidade de processamento de informações com o comprometimento da capacidade de concentração e retenção com a conseqüente diminuição do desempenho escolar, fundamental para o processo adaptativo desse ser em grupos mais industrializados e competitivos.

A estruturação da personalidade também será afetada, uma vez que as experiências e seus significados serão totalmente diversos daqueles encontrados na população não-usuária e, em conseqüência, com padrões adaptativos bastante diversos naquilo que se refere a relacionamentos sociais (a partir de estratégias determinadas), mas principalmente de relacionamentos afetivos que são bastante específicos e complexos na espécie humana. Quadros psicopatológicos diversos são então possíveis de forma a se caracterizarem intoxicações manifestas por meio de quadro com delírios persecutórios, alucinações, desorientação têmporo-espacial, hipoprosexia e discurso desconexo; abstinência caracterizada por quadro similar porém acompanhado, ou não, de *delirium*.

Seu uso regular proporciona alterações de crítica, juízo e humor concomitantes com a negação do problema e a minimização de sua gravidade, usualmente acompanhado de alterações de conduta com furtos e roubos, maior freqüência de tráfico e conduta sexual promíscua, irritabilidade, episódios de agitação, agressões, sintomas e sinais de ansiedade e depressão. Cuidados devem ser tomados uma vez que 89% dos adolescentes usuários têm outros diagnósticos associados, observando-se tentativas de suicídio mais prevalentes em meninas bem como são também mais freqüentes os transtornos ansiosos, esquizofrenia, transtornos de ajustamento, bulimia, TDAH (Kaminer, 1994).

Observam-se ainda depressões primárias ou secundárias ao uso da substância, TDAH que proporciona maior risco de utilização (Biederman, 1995) e constituindo-se um fator prévio associado ou não a transtorno de conduta e personalidade anti-social. Transtornos alimentares também são observados nessas populações encontrando-se em 22,9% dos bulímicos (Holderness, 1994), sendo, porém, menos comum nos anoréxicos (Bulik, 1992), provavelmente estando ligados ao uso indevido de anorexígenos.

O tratamento desses quadros é multifatorial, sendo necessária a avaliação inicial: informações sobre o grau de envolvimento e a gravidade do quadro clínico. Também é de fundamental importância o exame clínico e neurológico para que se detectem eventuais comprometimentos físicos decorrentes do quadro, sendo estes complementados por meio de avaliações laboratoriais e de neuroimagem com, eventualmente, o rastreamento toxicológico da droga quando observamos a presença de sintomas psiquiátricos agudos, alterações na capacidade cognitiva, mudanças abruptas de comportamento, ocorrência de acidentes inexplicados e repetitivos (Kaminer, 1994).

A avaliação familiar faz-se também necessária, uma vez que esse grupo será o ponto de apoio e a rede relacional, teoricamente mais importante, no modelo terapêutico que então se construirá a partir de informações propícias para a promoção da saúde física e mental dessa população, haja vista que, quanto mais tarde o início do uso, menor a chance do indivíduo se tornar usuário regular (Kandel, 1978). Cabem ainda campanhas de esclarecimento escolares, diagnóstico precoce e intervenção, avaliações periódicas realizadas por pediatras e clínicos gerais (U.S.Pública Health Service), visando-se à abstinência com uma, teórica, reformulação da identidade (Kandel, 1984).

Esse tratamento parece-nos de fundamental importância, uma vez que esse bicho, enquanto animal ético que trabalha a partir de significados, sofre por eles e por meio deles e assim a falsa idéia de que tais possibilidades sejam somente evitadas em função de aspectos segregacionistas e moralistas da própria cultura parecem mais causadora de perda de processos adaptativos fundamentais para a espécie para permanecer gregária e, em conseqüência, para sobreviver biológica e simbolicamente. Isso porque como diz Huxley (1974) *o céu está vinculado ao inferno e subir ao céu não representa liberação mais do que a descida ao horror.*

Poderíamos pensar que a grande urbanização acompanhada das grandes massas populacionais bem como o processo cultural que a espécie humana criou e ao qual se submete ocasionaram alterações de tal magnitude que, gradualmente, alguns mecanismos adaptativos também passaram a ser desenvolvidos a partir de uma bagagem genético-constitucional específica. Assim, essas características presentes na espécie humana hoje desenvolveram em níveis extremos os mecanismos de competição e de luta pela sobrevivência com demarcações de território cada vez mais difíceis e custosas, uma vez que, se para um mamífero qualquer a demarcação territorial passa por um espaço geográfico determinado, para um homem primitivo essa demarcação é maior pelas suas possibilidades de locomoção e de comparação com os demais da espécie e, no homem moderno, pelo processo de globalização, transforma-se em uma competição abstrata, com todos os indivíduos do planeta de maneira tal que passa a ser praticamente utópica a sua satisfação em nível de sucesso em alguma área.

Isso somado à progressiva dissolução dos grupos sociais com a dissolução das famílias extensas, o aumento do processo de deslocamento e de desraização faz que os grupos de suporte sejam minimizados e as proximidades sejam cada vez maiores com os competidores e não com os que fazem esse suporte afetivo. Em função dessas lacunas e dos mecanismos depressivo-ansioso que, como vimos no decorrer de nosso trabalho, funcionam de maneira defensiva, a utilização de meios artificiais de suporte podem ser vistos como esperados, cabendo-nos a difícil tarefa de pensar outras alternativas.

REFERÊNCIAS

ADES, C. *A experiência psicológica da duração*: estudos avançados. São Paulo: Instituto de Estudos Avnçados da Universidade de São Paulo, 2001. p.6-14. (Série Ciências Humanas, v.6)

AMBROSINI, P. et al. Antidepressant treatments in children and adolescents. I. Affective disorders. *J. Am. Acad. Child Adolesc. Psychiat.*, v.32: p.1-6, 1993.

AMERICAN PSYCHIATRIC ASSOCIATION (APA). *Diagnostic and statistical manual of mental disorders*. 3rd ed. Washington D.C., 1980.

_____. *Diagnostic and statistical manual of mental disorders*. 3rd ed. rev. Washington, D.C., 1989.

_____. *Diagnostic and statistical manual of mental disorders:* DSM-IV. 4th ed. Washington, D.C., 1993.

_____. *Manual diagnóstico e estatístico de transtornos mentais:* DSM-IV-TR). Porto Alegre: Artmed, 2002.

ANDREASEN, N.C. Changing concepts of schizophrenia and the ahistorical fallacy. *Am. J. Psychiatry,* v.151, p.1405-7, 1994. Editorial.

ARIÉS, P. A família e a cidade. In: VELHO, G.; FIGUEIRA, S.A. *Família, psicologia e sociedade.* Rio de Janeiro: Campus, 1981

ASHTON, H. *Brain systems, disorders and psychotropic drugs.* Oxford: Oxford University, 1987.

ASSUMPÇÃO JR., F.B. *Autismo infantil:* um algoritmo clínico. 1991. Tese (Livre Docência) – Faculdade de Medicina da Universidade de São Paulo, São Paulo, 1991.

AYUSO-GUTIERREZ, J.L. Old and new antidepressant: were are we? *J. Biol. Psychiatry,* v.3, n.3, p.112-114, 2002.

BAGBY, R.M.; PARKER, G.J.; TAYLOR, G.J. The twenty item Toronto alexithymia scale I. Item selection and cross validation of the factor structure. *J. Psychosom. Res.,* v.38, n.1, p.23-32, 1994

BALDWIN, D.; THOMPSON, C. The future of antidepressant pharmacology. *World Psychiatry,* v.2, p.3-8, 2003.

BANDIN, J.M.; SOUGEY, E.B.; CARVALHO, T.F.R. Depressão em crianças: características demográficas e sintomatologia. *J. Bras. Psiq.*, v.44, n.1, p. 27-32, 1995.

BARKLEY, RA. Genetics childhood: XVII. ADHD, part 1: the executive functions and ADHD. *J. American Academy of Child and Adolescence Psychiatry,* v.39, n.8, p.1064-1067, 2000.

BARON-COHEN, S. Social and pragmatic deficits in autism: cognitive or affective? *J. Autism Develop. Disord.*, v.18, n.3, p.379-401, 1988.

BARON-COHEN, S. Autism, a specific cognitive disorder "mind-blindness". *Int. Rev. Psychiat.*, v.2, p.81-90, 1990.

_____ . The development of a theory of mind in autism: deviance an delay? *Psychiat. Clin. North Amer.*, v.14, n.1, p. 33-52,1991.

BARON-COHEN, S.; ALLEN,J.; GILLBERG, C. Can autism be detected at 18 months? *British J. Psychiat.*, v.161, p.839-843, 1992.

BAUCHNER, H.; BROWN, E.; PESKIN, J. Escalas de prematuridade da unidade de tratamento intensivo neonatal: um guia para acompanhamento. *Clínicas Pediátricas de América do Norte*, v.6, p.1229-1252, 1988.

BELISÁRIO FILHO, J. *Prevalência de sintomatologia depressiva em pacientes recém-admitidos em Unidades de Internação Geral de Clínica Pediátrica.* 1998. Dissertação (Mestrado). Universidade Federal de Minas Gerais, Belo Horizonte, 1998.

BERGERET, J. *A personalidade normal e patológica.* Porto Alegre: Artmed; 1998.

BERNARDI, M. *A deseducação sexual.* São Paulo: Summus,1985.

BERRIOS, G.E.; CHEN, E.Y.H. Recognising psychiatric symptoms. *Br. J. Psychiatry*, v.163, p.308-314, 1993.

BESSEGHINI, V.H. Depression and suicide in children and adolescents. *Ann. N. Y. Acad. Sci.*, v.816, p. 94-98, 1997.

BICKERTON, D. *Language and human behaviour.* London: UCL, 1996.

BILAC, E.D. Família: algumas inquietações. In: CARVALHO, M.C.B. et al. *A família contemporânea em debate.* São Paulo: Cortez/EDUC, 1995.

BJORK, E.L.; BJORK, R.A. *Memory.* London: Academic Press, 1996.

BLACKER, D.; TSUANG, M.T. Contested boundaries of bipolar disorder and the limits of categorial diagnosis in psychiatry. *Am. J. Psychiatry*, v.149, p.1473-1483, .1992

BONHUYS, A.L.; JANSEN, C.J.; HOOFDAKKER, R.H. Analysis of observed behaviors. *J. Affect. Dis.*, v.21, p.79-93, 1991.

BOULOS, C.; KUTCHER, S. Antidepressant use in adolescents. *Bull. Can. Acad. Child Psychiat.*, v.1, p. 52-56, 1992.

BOWLBY, J. *Attachment, lose and separation.* New York: Basic Book, 1980.

_____ . *Trilogia, apego, perda.* São Paulo: Martins Fontes, 1985.

BRAZELTON, T.B.; KOSLOWSKI, B.; MAIN, M. Origins of reciprocity. In: LEWIS, M.; ROSEMBLUM, L. (Ed.). *Mother infant interaction.* New York: John Wiley, 1974.

BUBER, M. *Eu e tu.* São Paulo: Morais, 1977.

BURACK, J.A. Debate and Argument: clarifying developmental issues in the study of autism. *J. Child Psychol. Psychiat.*, v.33, n.3, p.617-621, 1992.

BUSSE, S.R. Histórico e conceito dos transtornos na infância e na adolescência. In: ASSUMPÇÃO JR., F.B. *Transtornos afetivos na infância e na adolescência.* São Paulo: Lemos, 1996.

BYRUM, C. et al. Limbic circuits and neuropsychiatric disorders. *Neuroimaging Clinics of North America*, v.7, n.1, p.79-99, 1997.

CADMAN, D. et al. Chronic illness, disability, and mental and social well-being: *Findings of the Ontario Child Health Study Pediatrics*, v.79, n.5, p. 805-813, 1987.

CAMUS, A. *Le mythe de sisyphe*. Paris: Gallimard, 1942.

CANNING, E.H. Mental disorders in chronically ill children: case identification and parent-child discrepancy. *Psychosom. Med.*, v.56, n.2, p. 104-108, 1994.

CANNING, E.H. et al. Mental disorders in chronically ill children: Parent-child discrepancy and physician identification. *Pediatrics*, v.90, n.5, p. 692-696, 1992.

CANTWELL, D.P. Clinical phenomenology and nosology. *Child and Adolescent Psychiatric Clinics of North America*, v.1, n.1, p. 1-12, 1992.

CANTWELL, D.P.; BAKER, L.; RUTTER, M. Family factors. In: RUTTER, M.; SCHOPLER, E. (Ed.). *Autism*: a reappraisal of concepts and treatment. New York: Plenum, 1979. p.269-296.

CARLSON, G.A. Classification issues of bipolar disorders in childhood. *Psychiatr. Dev.*, v.4, p. 273-285, 1984.

CARLSON, G.A.; KASHANI, J.H. Maniac symptoms in a non-refered adolescent population. *J. Affective Disord.*, v.15, p. 219-226, 1988.

CARNOY, C. *L'abc de la sexualité*. Belgique: Marabout, 1998.

CASTELLANOS, F.X. et al. Executive function oculomotor tasks in girls with ADHD. *J Am. Acad. Child Adolesc. Psychiatry*, v.39, n.5, p.664-650, 2000

CASTIEL, L.D. O problema mente-corpo e o paradigma da complexidade. *Revista ABP-APAL*, v.14, n1, p.19-25, 1992.

CERVENY, C.M.O. *O scenotest como instrumento de investigação das relações familiares, no processo do diagnóstico*. 1982. 106 f. Dissertação (Mestrado) - PUC-SP. 1982, São Paulo.

CHAHINE, N. As décadas. In: CHAHINE, N. et al. *Beleza do século*. São Paulo: Cosac & Nalfy, 2000.

CHARBONEAU, P.E. A família brasileira de amanhã. In: ESCOLA de pais do Brasil: que família, em que Brasil? São Paulo: Escola de Pais do Brasil, 1988.

CHAUÍ, M. *Repressão sexual*: essa nossa (des)conhecida. São Paulo: Brasiliense, 1984.

CHEN, L.S.; EATON, W.W.; GALLO, J. Understanding the heterogeneity of depression through the triad of symptoms, course and risk factors. *J. Affect. Disord.*, v.59, p.1-11, 2000.

CHURCHLAND, P.S.; SEJNOWSKI, T.J. *The computational brain*. Cambridge: MIT, 1996.

CIOMPI, L. Affects as central organizing and integrating factors: a new psychological/biological model of the psyche. *Br. J. Psychiatry*, v.159, p.96-105, 1991.

CLASSENS, M. *Les dessous de l'intelligence*. Paris: Imago, 1990.

COELHO, E.F. *O deficiente mental no Japão*. Porto Alegre: Modelo, 1986.

COLE, L.M. et al. Extended open-label fluoxetine treatment of adolescents with major depression. *J. Child Adolesc. Psychopharmacology*, v.4, p. 225-232, 1994.

COOKE, S.F.; BLISS, T.V.P. The genetic enhacement of memory. *Cellular and molecular life science*, v.60, p.1-5, 2003.

COPPEN, A.J. et al. Abnormalities of indolamines in affective disorders. *Arch. Gen. Psychiatry*, v.26, p.474-478, 1972.

COSTA, R.P. *Os onze sexos*: as múltiplas faces da sexualidade humana. São Paulo: Gente, 1994.

CROSS, S.S.; HARRISON, R.F.; KENNEDY, R.L. Introduction to neural networks. *Lancet*, v.346, p.1075-1079, 21 Oct. 1995.

CUNHA, B.B.B. *Classes especiais para deficientes mentais?* 1989. Dissertação (Mestrado) - Instituto de Psicologia, USP, São Paulo, 1989.

DA MATTA, R. A família como valor: considerações não familiares sobre a família brasileira. In: ALMEIDA, A.M. (Org.). *Pensando a família no Brasil*: da colônia à modernidade. Rio de Janeiro: Espaço e Tempo/Ed. Da UFRJ, 1989.

DEBRAY, P.; MÉLÉKIAN, B. *Perturbações no comportamento da criança*. Rio de Janeiro: Nova Fronteira, 1973.

DELAY, J. *Glossaire de psychiatrie*. Paris: Masson, 1969.

DEMYER; M.K.; HINGIITGEN, J.N.; JACKSON, R.K. Infantile autism reviewed: a decade of research. *Schizophrenia Bulletin*, v.7, n.3, p.49-66, 1981.

DEVANE, C.L.; SALLEE, F.R. Serotonin selective reuptake inhibitors in child and adolescent psychopharmacology: a review of published experience. *J. Clin. Psychiat.*, v.57, p. 55-66, 1996.

DOBBING, J. Undernutrition and the developing brain. In: HIMWICH, W. *Developmental neurobiology*. Springfield: Charles C. Thomas,1970.

DOLGIN, M.J. et al. Behavioral distress in pediatric patients with cancer receiving chemotherapy. *Pediatrics*, v.84, n.1, p. 103-110, 1989.

DURAND, V.M.; BARLOW, D.H. *Essential of abnormal psychology*. Pacific Grove: Wadsworth, 2003.

DWIVEDI, K.N.; VARMA, V.P. *Depression in children and adolescents*. London: Whurr, 1997.

ELKIN, I. et al. National Institute of Mental Health treatment of depression: collaborative research program. *Arch. Gen. Psychiatry*, v.46, p.971-982, 1989.

ENGEL, G.L. Anxiety and depression withdrawl: the primary effects of unpleasure. *Int. J. Psychoanal.*, v.43, n.2-3, p. 89-97, 1962.

ENGELS, F. *A origem da família, da propriedade privada e do estado*. Rio de Janeiro: Civilização Brasileira, 1974.

ERESHEFSKY, L.; LACOMBE, S. Pharmacologic profile of risperidone. *Can. J. Psychiatry*, v.38, p.580-8, 1993. Suppl. 3.

ERNST, M.; RUMSEY, J.M. *Functional neuroimaging in child psychiatry*. Cambridge: Cambridge University, 2000.

ESCALONA, S. Babies at doublé hazard: early development of infants at biologic and social risk. *Pediatrics*, v.70, p.670-676, 1982.

_____ . Social and other environmental influences on the cognitive and personality development of low birthweight infants. *Am. J. Ment. Defic.*, v.88, p.508-512, 1984.

ESTEVÃO, G. *Velocidade dos processos psíquicos e dimensão do campo vivencial no diagnóstico da depressão*: valor terapêutico. 1993. Tese (Doutorado) - Hospital do Servidor Público Estadual "F.M.O." IAMSPE, São Paulo, 1993.

EYSENCK, H.J.; KAMIN, L. *O grande debate sobre a inteligência*. Brasília: UnB, 1981.

FARAONE, S.V.; TSUANG, M.T.; TSUANG, D.W. *Genetics of mental disorders*. New York: Guilford, 1999.

FARRINGTON, D.P.; LOEBER, R. Epidemioly of juvenile violence. *Child Adolesc. Psychiatric Clin. North Am.*, v.9, n.4, p.733-748; 2000.

FENNIG, S.; CARLSON, G. A. Advances in the study of mood disorders in childhood and adolescence. *Curr. Opin. Pediat.*, v.7, p. 401-404, 1995.

FETNER, H.H.; GELLER, B. Lithium and tricyclic antidepressants. *Psychiat. Clin. N. Am.*, v.15, n.1, p. 223-241, 1992.

FETTACINI, C.M. et al. Tianeptine stimulate uptake of 5 HT in vivo in rat brain. *Neuropharmacology*, v.29, p.1-8, 1990.

FIQUEIRA, A.S. *Uma nova família?* Rio de Janeiro: Zahar, 1987.

FLAVIGNY, H. De la psychopatie. *Rev. Neuropsychiatrie Infantile*, v.25, n.1, p.19-75,1977.

FONSECA, V. *Educação especial*. Porto Alegre: Artmed, 1995.

FREEMENTLE, N.; ANDERSON, I.M.; YOUNG, P. Predictive value of pharmacological activity for the relative efficacy of antidepressant drugs. *Br. J. Psychiatry*, v.177, p.292-302, 2000.

FRIEDRICH, S. *Tentativas de suicídio na infância*. 1989. Tese (Doutorado) - São Paulo: Faculdade de Medicina da Universidade de São Paulo, 1989.

FRISTAD, A.; WELLER, E.B.; WELLER, R.A. Bipolar disorder in children and adolescents. *Child and Adolescent Psychiatric Clinics of North America*, v.1, n.1, p. 13-29, 1992.

FRITH, U. *Autism: explaining the enigma*. Oxford: Blackwell, 1989.

_____ . Autism: possible clues to the underlyng pathology: psychological facts. In: WING, L. *Aspects of autism:* biological research. London: Royal College of Psychiatrists & The National Autistic Society, 1988.

FUSTER, J.M.; ALEXANDER, G.E. Neuron activity related to short term memory. *Science*, v.173, p. 652-654, 1971.

GARRALDA, M.E.; BAILEY, D. Psychiatric disorders in general paediatric referrals. *Arch. Dis. Child*, v.64, p. 1727-1733, 1989.

GATHERCOLE, S.E.; BADDELEY, A.D. *Working memory and language*. Hillsdale: Laurence Eribraum, 1993.

GENTIL FILHO, V. Mecanismo de ação, especificidade e limites de atuação doa antidepressivos. *J. Bras. Psiquiatria*, v.40, p.225-275, 1991. Suppl. 1.

GERSHON, S. Depression: patient profile and treatment options. *J. Clin. Psychiatry*, v.10, p.437-444, 1991.

GILBERG, G. Infantile autísm diagnosis and treatment. *Acta Psychiat. Scand.*, v.81, p. 209-215, 1990.

GOLDMAN, R. *Religious thinking from childhood to adolescence*. London: Routdlege & Kegan Paul, 1964.

GONÇALVES, E.L. A metamorfose da família: do sistema patriarcal ao de hoje. In: ESCOLA de pais do Brasil: o poder da família. São Paulo: Escola de Pais, 1995.

GOODMAN, A. Organic unity theory: the mind-body problem revisited. *American Journal of Psychiatry*, v.148, n.5, p. 553-563, 1991.

GOODWIN, F.; JAMISON, K.R. *Manic-depressive illness*. New York: Oxford University, 1990.

GOODWIN, G.M. *Biological psychiatry*. Chichester: Wiley, 1988.

GREEN, W.H. Child and adolescent clinical psychopharmacology. Philadelphia: Lippincott, 2001.

GRUNSPUN, H.; GRUNSPUN, F. *Assuntos de família*. São Paulo: Almed, 1991.

GUEDENEY, A. De la reaction precoce et durable de retrait a la depression chez le jeune enfant. *Neuropsychiatr. Enfance Adolesc.*, v.47, n.1-2, p. 63-71, 1999.

_____ . La construction et la validation d'une échelle de retrait relationnel du jeune enfant. voir ensemble pour intervenir plus tôt. *Perspectives Psy*, v.39, n.3, p.179-184, 2000.

KARASU, T.B. *Treatments of psychiatric disorders*. Washington, D.C.: American Psychiatric Association, 1984. v.1.

GUIMARÃES, I. *Educação sexual na escola*: mito e realidade. Campinas: Mercado de Letras, 1995.

HAMILTON, M. Symptoms and assessment of depression. In: PAYKEL, E.S. *Handbook of affective disorders*. Edinburg: Churchil Livingstone, 1982. p. 3-12.

HAPPÉ, F.G.E. Wechsler IQ profile and theory of mind in autism: a research note. *J. Child Psychiat.*, v.35, n.8, p.1461-1471, 1994.

HARRIS, J.C. et al. Intermittent high dose corticosteroid treatment in childhood cancer: behavioral and emotional consequences. *J. Am. Acad. Child Psychiat.*, v.25, n.1, p.120-124, 1986.

HEALEY, D. The marketing of 5 HT depression or anxiety? *Br. J. Psychiatry*, v.158, p.737-742, 1991.

HELMCHEN, H. Therapy resistance in depression. In: GASTPAR, M.; KIELHOLZ, P. *Problems of psychiatry in general practice*. New York: Hogrefe & Huber, 1991. p. 97-106.

HORTON, R.W.; KATONA, C.L.E. *Biological aspects of affective disorders*. London: Academic Press, 1991.

HOUZEL, D. Reflexões sobre a definição e a nosografia das psicoses. In: MAZET, P.; LEBOVICI, S. *Autismo e psicose na criança*. Porto Alegre: Artmed, 1991.

HOBSON, R.P. *Autism and the development of mind*: essays in developmental psychology. Hove: Erlbaum, 1997

HUDSON, J.I.; PAPE, H.G. Affective spectrum disorder. *Am. J. Psychiatry*, v.147, p.552-556, 1990.

HUTCHINGS, D.E.; DOW-EDWARDS, D. Animal models of Opiate, cocaine and cannabis use. *Clinics in Perinatology*, v.18, n.1, p.1-23, 1991.

IRONSIDE, W. The infant development distress syndrome: a predictor of impaired development? *Aust. N. Z. J. Psychiat.*, v.9, n.3, p. 153-158, Sept. 1975.

JAIN, U. et al. Fluoxetine in children and adolescents with mood disorders: a chart review of efficacy and adverse effects. *J. Child Adolesc. Psychopharmacology*, v.4, p.259-261, 1992.

JARROLD, C.; BOUCHER, J.; SMITH, P.K. Executive function deficits and the pretend play of children with autism: a research note. *J. Child Psychiat.*, v.35, n.8, p.1473-1482, 1994.

JAYSON, D. et al. Which depressed patients respond to cognitive-behavioral treatment? *J. Am. Acad. Child Adolesc. Psychiat.*, v.37, n.1, p. 35-39, 1998.

JONES, B. Schizophrenia: into the next millenium. *Can. J. Psychiatry*, v.38, p.567-569, 1993.

JOYCE, P.J.; FRANZ, C.P.; PAYKEL, E.S. Predictors of drug response in depression. *Arch. Gen. Psychiatry*, v.46, p.89-99, 1989.

KANNER, L. Autistic disturbance of affective contact. *Nerv. Child,* v.2, p.217-250, 1943.

_____ . Early infantile autism, 1943-1955. *J. Orthopsychiat.*, v.26, p.55-65, 1956.

_____ . Problems of nosology, and psychodynamics of early infantile autism. *American Journal of Orthopsychiatry*, v.19, p.416-426, 1949.

KASANIN, J. The acute schizoaffective psychoses. *Am. J. Psychiatry*, v13, p.97-126, 1933.

KASHANI, J.; HAKAMI, N. Depression in children and adolescents with malignancy. *Can. J. Psychiatry*, v.27, p.474-477, 1982.

KAPLAN, C.A.; HUSSAIN, S. Use of drugs in child and adolescent psychiatry. *Br. J. Psychiat.*, v.166, p.291-298, 1995a.

KAPLAN, A.C.; THOMPSON, A.E.; SEARSON, S.M. Cognitive behaviour therapy in children and adolescents. *Arch. Dis. Child*, v.73, p. 472-475, 1995b.

KAPLAN, S.L. et al. Depressive symptoms in children and adolescents with cancer: a longitudinal study. *J. Am. Acad. Child Adol. Psychiat.*, v.26, n.5, p. 782-787, 1987.

KAUFMAN, J. et al. Schedule for affective disorders and schizophrenia for school-age children: present and lifetime version (K-SADS-PL): initial reliability and validity data. *J. Am. Acad. Child Adolesc. Psychiat.*, v.36, n.7, p. 980-988, 1997.

KIRK, S.A.; KUTCHINS, H . *The selling of DSM*: the rhetoric of science in psychiatry. New York: Gruyter; 1992.

KLEINGINNA JR., P.R.; KLEINGINNA, A.M. A categorized list of emotion definitions with suggestions for a consensual definition. *Motivation and Emotion*, v.5, n.4, p.345-379, 1981.

KOLB, L. *Modern clinical psychiatry*. Philadelphia: WB Saunders, 1970.

KOVÁCS, Z.T.L *O cérebro e sua mente*. São Paulo: Acadêmica, 1997.

KRASA, N.R.; TOLBERT, H. A. Adolescent bipolar disorder: a nine year experience. *J. Affective Disord.*, v.30, p. 175-184, 1994.

KRYNSKI, S. *Deficiência mental*. Rio de Janeiro: Zahar, l969.

KUHN, R. The discovery of modern antidepressant. *Psychiatry J. University Ottawa*, v.14, p.249-252, 1989.

KUPFER, D.J. et al. Psychomotor activity in affective states. *Arch. Gen. Psychiatry*, v.30, p.765-768, 1974.

KUTCHER, S. Practitioner review: the pharmacotherapy of adolescent depression. *J. Child Psychol. Psychiat.*, v.18, n.7, p. 755-767, 1997.

KUTCHER, S. et al. Response to desipramine treatment in adolescent depression: A fixed-dose, placebo controlled trial. *J. Am. Acad. Child Adolesc. Psychiat.*, v.33, p. 686-694, 1994.

KUTTNER, L.; BOWMAN, M.; TEASDALE, M. Psychological treatment of distress, pain and anxiety for young children with cancer. *Dev. Behav. Pediatr.*, v.9, n.6, p. 374-381, 1988.

LANDESMAN, S.; RAMEY, C. Developmental psychology and mental retardation. *American Psychologist*, v.44, n.2, p.409-415, 1989.

LANNELONGUE, M.P. As décadas. In: CHAHLNE, N. et al. *Beleza do século*. São Paulo; Cosac & Naify, 2000.

LARSSON, B.; MELIN, L. Prevalence and short-term stability of depressive symptoms in school children. *Acta Psychiatr. Scand.*, v.85, p. 17-22, 1992.

LARSSON, B.; BREITHOLTZ, E.; ANDERSSON, G. Short-term stability of depressive symptoms and suicide attempts in Swedish adolescents. *Acta Psychiatr. Scand.*, v.83, p. 385-390, 1991.

LE DOUX, J.E.; HIRST, W. *Mind and brain*. Cambridge: Cambridge University, 1986.

LEBOVICI, S.; DUCHÉ, D.J. Os conceitos de autismo e psicose na criança. In: MAZET, P.; LEBOVICI, S. *Autismo e psicoses na criança*. Porto Alegre: Artmed, 1991.

LEIGH, D.; PARE, L.M.B.; MARKS, J. *A concise encyclopaedia of psychiatry*. Edinburg: MTP, 1977.

LEME LOPEZ, J. Diagnóstico diferencial das psicoses afetivas e suas implicações terapêuticas. *J. Bras. Psiquiatria*, v.33, p.201-205, 1984.

LELLORD, G.; SAUVAGE, D. *L'autisme de lénfant*. Paris: Masson, 1991.

LEONARD, H.L. et al. Pharmacology of the selective serotonin reuptake inhibitors in children and adolescents. *J. Am. Acad. Child Adolesc. Psychiat.*, v.36, n.6, p. 725-736, 1997.

LEONHARD, K. *Aufleitung der endogenen psychoses*. Berlin: Academie Verlag, 1959.

LILES, E.G.; WOODS, S.C. Anorexia nervosa as viable behaviour: extreme self-deprivation in historical context. *History of Psychiatry*, v.10, n.38, p.205-226; 1999.

LURIA, S.E. *Vida:* experiência inacabada. São Paulo: EDUSP, 1979.

MARCELLI, D. La dépression dans tous ses états. *Neuropsychiatr. Enfance Adolesc.,* v.46, n.10-11, p.489-51, 1998.

MARIOTTO, P. *"A gênese do Humano em Martin Buber":* encontro e diálogo como dádivas de relação. 1992. Tese (Doutorado) - Campinas, Unicamp, 1992.

MARROCCO, R.T.; DAVIDSON, M.C. Neurochemistry of attention. In: PARASURAMAN, R. (Ed.). *The attentive brain.* Massachusetts: A Bradford Book, 1998. p.35-50.

MARTINS, M.H.P. Restaure-se a moralidade. *Educação,* v.28, n.242, p.26-29; Jun. 2001.

MATTUNEN, M.J. et al. Mental disorders in adolescent suicide. *Arch. Gen. Psychiatry,* v.48, p. 834-839, 1991.

MCCONVILE, B.J. et al. An open study of the effects of sertraline on adolescent major depression. *J. Child Adolesc. Psychopharmacology,* v.6: p.41-51, 1996.

McCRACKEN, J.T. Etiologic aspects of child and adolescent mood disorders. *Child and Adolescent Psychiatric Clinics of North America,* v.1, n.1, p. 89-109, 1992.

_____ . The epidemiology of child and adolescent mood disorders. *Child and Adolescent Psychiatric Clinics of North America,* v.1, n.1, p. 53-72, 1992.

MEDINA, A. et al. Quality of life and medicine: a historical note. *History of Psychiatry,* v.7, n.26, p.225-230, 1996.

MELOY, J.R. et al. Offender and offense characteristics of a nonrandom sample of adolescent mass murderers. *J. Am. Acad. Child Adolesc. Psychiatry,* v.40, n.6, p.719-728, 2001.

MELTZER, H.Y. Beyond serotonin. *J. Clin. Psychiatry,* v.52, p.58-62, 1987. Suppl. 5.

MEZZACAPPA, E. et al. Tricyclic antidepressants and cardiac autonomic control in children and adolescents. *J. Am. Acad. Child Adolesc. Psychiat.,* v.37, n.1, p. 52-59, 1998.

MILUNSKY, J.M.; MILUNSKY, A. Aconselhamento genético na medicina perinatal. *Clínicas Obstétricas e Ginecológicas da América do Norte,* v.1, p.1-17, 1997.

MINISTÉRIO DA EDUCAÇÃO E CULTURA (MEC). *Programa de ação mundial para as pessoas com deficiência.* Brasília: Coordenadoria Nacional para Integração da Pessoa portadora de Deficiência - CORDE, 1977.

MINKOVSKI, E. *El tiempo vivido:* estudos fenomenológicos y psicológicos. México: Fondo de Cultura Econômica, 1971.

MISÉS, R. Classification française des troubles mentaux de lénfant e de l'adolescent, *Neuropsychiatrie de l'Enfance,* v.38, n.10-11, p.523-539, 1990.

MITHEN, W.S. *A pré-história da mente.* São Paulo: UNESP, 1998.

MOHRT, F. As décadas. In: CHAHINE, N. et al. *Beleza do século.* São Paulo: Cosac & Naify, 2000.

MONEDERO, C. *Psicopatologia evolutiva.* Madrid: Nueva, 1976.

MONOD, J. *O acaso e a necessidade.* Petrópolis: Vozes, 1971.

MOORE, K.L.; PERSAUD, T.V.N. *Embriologia clínica.* Rio de Janeiro: Guanabara Koogan, 1994.

MOREY, L. Classification of mental disorders as a collection of hypothetical constructs. *J. Abnorm. Psychol.,* 100:289-93, 1991.

MUNHOZ, M.L.P. *Casamento:* ruptura ou continuidade dos modelos familiares? São Paulo: Cabral, 2000.

MUSGROVE, F. *Família, educação e sociedade.* Porto: Rio Ed, s/d.

NESSE, R.M.; WILLIAMS, G.C. *Why we get sick*. New York: Vintage Books, 1995.

O'BRIEN, G.;YULE, W. *Behavioural phenotypes*. Cambridge: Cambridge University, 1995.

O'CONNOR, T.G. et al. Maternal antenatal anxiety and children's behavioural/emotional problems at 4 years. *Br. J. Psychiatry*, v.180, p.502-508; 2002.

OATES, M.R. Adverse effects of maternal antenatal anxiety on children: causal effect or developmental continuum? *British Journal of Psychiatry*, v.180, p.478-479, 2002.

ORGANIZAÇÃO MUNDIAL DE SAÚDE (OMS). *Classificação de transtornos mentais e de comportamento da CID-10*: descrições clínicas e diretrizes diagnosticas. Porto Alegre: Artmed, 1993.

ORNITZ, E.M. The moderation of sensory input and motor output in autistic children. In: SCHOPLER, E.; REIELLLER, R.J. (Ed.). *Psychopathology and child development*. New York: Plenum, 1978. p.115-133.

OWENS, H.; MAXMEN, J.S. Mood and affect: a semantic confusion. *Am. J. Psychiatry*, v.36, p. 97-99, 1979.

PAGLIA, C. *Personas sexuais*. São Paulo: Companhia das Letras, 1992.

PAYKEL, E.S.P. Topical review of experience with current diagnostic systems. *Psychopathology*, v.35, p.94-99, 2002.

PARKER, J.D.; TAYLOR, G.J.; BAGBY,RM. Alexithymia and the recognition of facial expressions and emortion. *Psychoterapy and Psychosomatics*, v.59, n.3-4, p.197-207, 1993.

PARKER, S.; GREER, S.; ZUCKERMAN, B. Duplo perigo: o impacto da pobreza no desenvolvimento inicial da criança. *Clínicas Pediátricas de América do Norte*, v.6, p.1253-1268, 1988.

PASCHOALICK, W.C. Deficiência mental: problema de definição e diagnóstico em educação especial. *Didática*, v.18, p.115-123, 1982.

PATAKI, C.S.; CARLSON, G.A. Affective disorders in children and adolescents. In: TONGE, B. *Studies on child psychiatry*. Amsterdam: Elsevier, 1990. p. 137-160.

PEDROZO, C.A.Z.P. et al. A dança da transição. In: NÚCLEO DE PESQUISA E ESTUDOS DE FAMÍLIA (NUPEF). *Sempre a mesma família...nunca a mesma família...* São Paulo: PUC; 1996. p.23-65.

PFEFFERBAUM-LEVINE, B. et al. Tricyclic antidepressants for children with cancer. *Am. J. Psychiatry*, v.140, n.8, p. 1074-1075, 1983.

PINKER, S. *Tábula rasa*. São Paulo: Companhia das Letras, 2002.

POPPER, K.R.; ECCLES, J.C. *O eu e o cérebro*. São Paulo: Papirus, 1992.

POST, R.M. et al. Disphoric mania. *Arch. Gen. Psychiatry*, v.46, p.353-358, 1989.

POSTER, M. *Teoria crítica da família*. Rio de Janeiro: Zahar, 1979.

POZO, J.I. *Aquisição de conhecimento*. Porto Alegre: Artmed, 2005.

PRIGOGINE, I. *Tan solo uma ilusión?* Barcelona: Tusquets, 1989.

RAIT, D.S. et al. Characteristics of psychiatric consultations in a pediatric cancer center. *Am. J. Psychiatry*, v.145, n.3, p. 363-364, 1988.

RAPAPORT, D. *The collected papers of David Rapaport*. New York: Basic Books, 1967.

RASHKIS, H.A. Letters to the editor. *Arch. Gen. Psychiatry*, v.4, p.682-688, 1990.

RITVO, E.R.; FREEMAN. B.J. A medical model of autism: etiology, pathology and treatment. *Pediatric Annals*, v.1, n.3, p.298-3051, 1984.

RITVO, E.R.; ORNITZ, E.M. *Autism*: diagnosis, current research and management. New York: Spectrum, 1976.

ROUSSO, F. A beleza através da história. In: CHAHINE, N. et al. *Beleza do século*. São Paulo: Cosac & Naify, 2000.

RUSH, J. Problems associated with the diagnosis of depression. *J. Clin. Psychiatry*, v.51, p.15-22, 1990. Suppl. 6.

RYAN, N.D. The pharmacologic treatment of child and adolescent depression. *Psychiat. Clin. N. Am.*, v.5, p. 29-40, 1992.

SACHS, O. *Um antropólogo em Marte*. São Paulo: Companhia das Letras, 1995.

SALLE, E. *Estudo da sintomatologia depressiva em adolescentes de 15 a 17 anos de IIº Grau de Porto Alegre, através de escalas auto-aplicáveis BDI,CRS e CES-D*. 1999. Dissertação (Mestrado) – Universidade Federal do Rio Grande do Sul, Porto Alegre, 1999.

SANTOS, C.; BRUNS, M.A.T. *A educação sexual pede espaço*. São Paulo: Ômega, 2000.

SCHACTER, D.L. The psychology of memory. In: LE DOUX, J.E.; HIRST, W. *Mind and brain*. Cambridge: Cambridge University, 1986. p. 189-214.

SCHAFFER, R. Internalization: process or phantasy? *Psychoanal. Study Child*, v.27, p.411-436, 1972.

SCHELLER, M. *Wessen und formen der sympathie*. Bonn: Cohen, 1923.

SCHILDKRAUT, J.J. The cathecolamines hypothesis of affective disorders: a review of supporting evidence. *Am. J. Psychiatry*, v.122, p.509-522, 1965.

SCHNEIDER, K. *Las personalidades psicopáticas*. Madrid: Greidos, 1974.

SCHNEIDER, W. Varieties of working memory as seen in biology and in connectionist/control architectures. *Memory & Cognition*, v.21, n.2, p.184-192, 1993.

SCHOPLER, E.; MESIBOV, G.B. *Diagnosis and assesment in autism*. New York: Plenum, 1988.

SCHULTE, W.; TOLLE, R. *Psychiatrie*. Berlin: Springer, 1977.

SHAPIRO, J. Family reactions and coping strategies in response to the physically or handicapped review. *Soc. Sci. Med.*, v.17, p.913-931, 1976.

SHEPHERD, M. Historical epidemiology and the functional psychoses. *Psychol. Medicine*, v.23, p.301-304, 1993.

SIMEON, J.G. et al. Adolescent depression: a placebo controled fluoxetine treatment study and follow-up. *Prog. Neuropsychopharmac. Biol. Psychiat.*, v.14, p. 791-795, 1990.

SIVAK, R.; WIATER, A. *Alexitimia*: la dificultad para verbalizar affectos. Buenos Aires: Paidós, 1998. p.17-34;109-126.

SIDEKUM, A. *A intersubjetividade em Martin Buber*. Porto Alegre: Est/UCS, 1979.

SIMEON, J.G. et al. Adolescent depression: a placebo controled fluoxetine treatment study and follow-up. *Prog. Neuropsychopharmac Biol. Psychiat.*, v.14, p. 791-795, 1990.

SOLOMON, R.M.; MILLER, H.L.; KRYSTALL, J.H. Lack of behavioural effects of monoamine depletion in healthy subjects. *Biol. Psychiatry*, v.41, p.58-64, 1997.

SONENREICH, C.; ESTEVÃO, G. Cérebro e depressão. *Temas*, v.26, p.103-122, 1984.

SONENREICH, C.; ESTEVÃO, G.; MARCELLOT, J.G. Cerveau et dépression. *Psychologie Médicale*, v.22, p.753-756, 1990.

SONENREICH, C. Terapia biológica e psicológica das depressões. *J. Bras. Psiquiatria*, v.39, p.83-92, 1990.

SONENREICH, C.; CORREA, F.K.; ESTEVÃO, G. *Debates sobre o conceito de doenças afetivas*. São Paulo: Manole, 1991.

SPITZ, R. *O primeiro ano de vida.* São Paulo: Martins Fontes, 1996.

SPITZ, R.; WOLF, K.M. Anaclitic depression: an inquiry into the genesis of psychiatric conditions in early childhood. *Psychoanal. Study Child*, v.2, p. 313-341, 1946.

SPITZER, R.L.; ENDICOTT, R.E.; ROBINS, E. *Research diagnostic criteria for a selected group of functional disorders.* New York: New York State Psychiatric Institute, 1978.

STEFFEMBERG, S. Neuropsychiatric assesments of children with autism: a population based study. *Develop. Med. Child Neurol.*, v.33, p.495-511, 1991.

STOCH, M.B.; SMITHE, P.M. Undernutrition during infancy, subsequent brain growth abd intellectual development. In: SCRIMSHW, A.E.; GORDON, J.E. *Malnutrition, learning and behaviour.* Cambridge: MIT, 1968.

STOKES, PE. The changing horizon in the treatment of depression. *J. Clin. Psychiatry*, v.52, p.35-43, 1991.

STRAVAKAKI, C.; VARGO, B. The relationship between anxiety and depression. *Br. J. Psychiatry*, v.149, p.7-16, 1986.

STROBER, S. Effects of imipramine, lithium and fluoxetine in the treatment of adolescent major depression. *NIMH New Clinical Drug Evaluation Unit (NCDEU) Annual Meeting*, Key Biscaine, Fl, June 4-6, 1989.

SZABADI, E.; BRADSHAW, C.M.; BESSON, J.A.O. Elongation of pause time on speech: a simple, objective measure of motor retardation in depression. *Br. J. Psychiatry*, v.129, p.592-597, 1976.

TATOSSIAN, A.; AZARIN, J.M. Phénoménologie et analyse existentielle. *Encycl. Med. Chir. (Paris)*, 37815 A10; 4-1990. p. 1-5.

TAYLOR, G.J.; BAGBY, R.M.; PARKER, J.D.A. *Disorders of affect regulation.* Cambridge: Cambridge University, 1999. p.26-45.

_____ . The revised Toronto Alexithymia Scale: some reliability, validity and normative data. *Psychoterapy and Psicosomatics*, v.57, n.1-2, p.34-41, 1992.

TENGAN, S.K. Distimia na infância e adolescência. In: ASSUMPÇÃO JR., F.B. *Transtornos afetivos da infância e adolescência.* São Paulo: Lemos, 1996.

TIERNEY, E. et al. Sertraline for major depression in children and adolescents: preliminary clinical experience. *J. Child Adolesc. Psychopharmacology*, v.5, p. 13-27, 1995.

TOFFLER, A. *A terceira onda.* Rio de Janeiro: Record, 1980.

TYRER, P.J. Anxiety states. In: PAYKEL, E.S. *Handbook of affective disorders.* Edinburg: Churchil Livingstone, 1984. p. 59-69.

VAN PRAAG, H.M. Reconquest of the subjective against the waning of psychiatric diagnosing. *Br. J. Psychiatry*, v.160, p.226-231, 1992.

VELHO, G. Parentesco, individualismo e acusações. In: VELHO, G.; FIGUEIRA, S.A. *Família, psicologia e sociedade.* Rio de Janeiro: Campus, 1981.

VOLKMAR, F.R. et al. Autistic disorder. In: VOLKMAR, F.R. *Psychoses and pervasive developmental disorders in childhood and adolescence.* Washington, D.C.: American Psychiatric Press, 1996.

WALTER, G.; REY, J.M. An epidemiological study of the use of ECT in adolescents. *J. Am. Acad. Child Adolesc. Psychiat.*, v.36, n.6, p. 809-815, 1997.

WEISS, M. Fluoxetine treatment of adolescent depression. *Child Depression Consortium Meeting*, Toronto, Canada.

WELLER, E.B.; WELLER, R.A. Mood disorders. In: LEWIS, M. *Child and adolescent psychiatry*. Baltimore: Willians & Wilkins; 1991. p. 646-664.

WHITE, J. M. *Psicofarmacologia pediátrica*. São Paulo: Manole, 1979.

WIDLOCHER, D. La place du ralentissement psychomoteur dans la psychopathologie dépressive. *Acta Psychiatr. Belg.*, v.86, p.686-698, 1986.

WILLNER, P. *Depression*: a psychobiological synthesis. New York: John Willey, 1985.

WILSON, M. DSM III and the transformation of american psychiatry: a history. *Am. J. Psychiatry,* v.150, p.399-410, 1993.

WILSON, J.T. et al. Pharmacotherapy of depression in children. *Curr. Opin. Pediat.*, v.7, p. 199-207, 1995.

WINCKLER, C.R. *Pornografia e sexualidade no Brasil*. Porto Alegre: Mercado Aberto, 1983.

WOLF, N. *O mito da beleza*. Rio de Janeiro: Rocco, 1992.

WOLMAN, B.B.; STRICKER, G. *Depressive disorders*: facts, theories and treatment methods. New York: John Wiley, 1990.

WORLD HEALTH ORGANIZATION (WHO). *Classificação dos transtornos mentais e de comportamento da CID 10*. Porto Alegre: Artmed, 1993.

ZIMMERMAN, M.; SPITZER, R.L. Melancholia: from DSM III to DSM III R. *Am. J. Psychiatry,* v.146, p.20-26, 1989.

ZWANG, G. *Les comportements humains*: éthologie humaine. Paris: Masson, 2000